隆美尔神话
MYTHOS ROMMEL

信徒？叛徒？
盖棺定论隆美尔充满矛盾的一生

〔德〕莫里斯·菲利普·雷米（Maurice Philip Remy）著　秦琥 译

重庆出版集团　重庆出版社

MYTHOS ROMMEL by Maurice Philip Remy Copyright © Ullstein Buchverlage GmbH, Berlin.
Published in 2002 by List Taschenbuch Verlag Simplified Chinese translation copyright © 2019 by Chongqing Publishing House
All rights reserved.

版贸核渝字（2015）第120号

图书在版编目（CIP）数据

隆美尔神话／（德）莫里斯·菲利普·雷米著；秦琥译. -- 重庆：重庆出版社，2019.3
 书名原文：Mythos Rommel
 ISBN 978-7-229-14024-3

Ⅰ. ①隆… Ⅱ. ①莫… ②秦… Ⅲ. ①隆美尔(Rommel, Erwin Johannes Eugen 1891-1944)－生平事迹 Ⅳ. ①K835.165.2

中国版本图书馆CIP数据核字(2019)第017671号

隆美尔神话
MYTHOS ROMMEL

〔德〕莫里斯·菲利普·雷米（Maurice Philip Remy） 著
秦 琥 译

责任编辑：连　果
责任校对：李小君
书籍设计：博引传媒

重庆出版集团　出版
重庆出版社

重庆市南岸区南滨路162号1幢　邮政编码：400061　http://www.cqph.com
重庆长虹印务有限公司印制
重庆出版集团图书发行有限公司发行
E-MAIL:fxchu@cqph.com　邮购电话：023-61520646
重庆出版社天猫旗舰店　cqcbs.tmall.com
全国新华书店经销

开本：710mm×1000mm　1/16　印张：22.25　字数：280千
2019年3月第1版　2019年3月第1版第1次印刷
ISBN 978-7-229-14024-3
定价：68.00元

如有印装质量问题，请向本集团图书发行有限公司调换：023-61520678
版权所有　侵权必究

发行评语
Advance Praise for MYTHOS ROMMEL

远远超越自传性质的肖像刻画。

——《世界报》（德国）

一项精准的心理人格研究。

——《星期日世界报》（德国）

关于本书
About the book

埃尔温·隆美尔（Erwin Rommel）的历史镜像似已固化。然而，针对"隆美尔神话"，我们仍需追问：如何依据事实评价隆美尔的功绩，他是希特勒构建的杀人体系帮凶吗？对此，他负有个体责任吗？他是什么时候确切加入纳粹组织的？对犹太人的谋杀，他知之多少？隆美尔避免了无意义的死亡，却是希特勒的忠实信徒，自始至终对希特勒充满迷恋，即便在参与反抗希特勒运动之时亦如此。毫无疑问，经常被忽略的事实是，隆美尔曾经希望单方面与盟军缔结和平、终结战争，以避免帝国迫在眉睫的陨落。

第二次世界大战后，有人为隆美尔作过系统辩护，而近年来针对隆美尔的严厉批判不绝于耳。为撰写《隆美尔神话》，作者莫里斯·菲利普·雷米（Maurice Philip Remy）开展了广泛深入的调查研究，他为我们刻画了 幅权威的关于这位德国陆军元帅的个性镜像，提供了一份详尽的陆军元帅直面罪恶时的心路变迁人格研究。

目录
Contents

荐序 / 1

前言 / 1

1 前进 / 1
2 钟摆 / 39
3 赛跑 / 87
4 服从 / 107
5 围猎 / 129
6 间奏 / 155
7 稻草火 / 187
8 反抗 / 211
9 魔力 / 233
10 真相 / 277

后记 / 323
致谢 / 329

荐　序
Recommended preface

纵观第二次世界大战的德军战将，隆美尔是个独一无二的存在。纳粹时期，他是享誉德国的战争英雄；战后，又以反纳粹而牺牲的形象得到西方世界的追捧。私生活上，他对妻子露西的专情更是成就了一番佳话。故而，在很长的一段时间，他成为了完美无瑕的军人典范。所谓时势造英雄，隆美尔在纳粹政权和西方民主国家这两个截然相反的世界里迅速走红皆因当时的时代背景所造。

隆美尔在纳粹政权里荣辱沉浮的根本在于希特勒和代表德国国防军的传统军官团相克相生。希特勒是草根出生的第一次世界大战的小兵和街头政治家，对阶级固化的军官团有着天生的敌意和不信任感。纳粹政权起家的宣传口号，即第一次世界大战失败之本源在"插入背后的匕首"，而非前线军队作战的失利。军队在逼迫德皇威廉二世逊位上扮演的不光彩角色让希特勒时刻提防着体制内的任何不安定因素。他从不相信名字里带有"冯"称号的那些贵族军官。他设立多种重叠的管理机构，让部下互相牵制，甚至不惜牺牲指挥的通达。除了大力提拔隆美尔这样平民出身的军官外，他还设立了党卫军这样的第二国防军。到战争后期，更是赤裸裸地把资源倾斜投入到他更为信任的党卫军中，使国防军日渐式微，无法对他的统治形成威胁。他让德国无数城市成为了抵抗的焦土，绑架德意志民族几乎战至最后一人，为自己殉葬。

隆美尔神话

隆美尔作为一名技术过硬且没有贵族背景的技术军官，在纳粹上台后并不排斥国家社会主义。因为在战前，德国人普遍认为新政权将使德国更加强大，即便非人道的反犹行为也成为了可被接受的瑕疵。1937年，他因自己的著作《步兵进攻》声名鹊起后，很快被希特勒相中并留在身边使用。他很快得到了提拔，且获得了斐然的战果。他在北非的辉煌胜利辅以戈培尔的大力宣传，使其成为了纳粹时期新英雄的理想人选。这也是隆美尔和希特勒的蜜月期。当隆美尔在北非因资源不济而被对手碾压时，他逐渐认识到，敌方所拥有的物质优势德国难以抗衡，他的军事构想与希特勒的全局战略矛盾日益加深。希特勒也渐渐认为，隆美尔和之前那些被他罢免的国防军军官一样，无法共患难，面对优势敌人就患上了"软骨病"。

一次次面谏希特勒的挫败让隆美尔逐渐意识到，德国如继续按照当前路线走下去，只会走向覆灭。因此，他开始被反叛集团拉拢。他之所以参与对希特勒的密谋行动，主要迫于德国在军事上的失败。他希望与英美媾和，共同反苏，这样的想法暗合西方国家后来的冷战需要。因此，他也成为了英美所渴求的理想的宣传人物。第二次世界大战之后，对隆美尔的印象可分为三个阶段，皆与时代大背景相关。

第一阶段为造神运动。西方国家在战后决定扶植西德政府重新武装，以充当对抗苏联的马前卒。英国前军人德斯蒙·杨格在1950年出版的《隆美尔：沙漠之狐》和英国军事思想家李德·哈特在1953年出版的《隆美尔战时文件》无疑是奠定隆美尔神话的开山巨作。主要论调为"纯洁"的德国国防军和战争罪行毫不相关，罪恶皆归咎于纳粹和党卫军。有这样的历史切割，联邦德国才能理直气壮地利用二战老将以重整军队。

第二阶段为打下神坛。此时，联邦德国已重新成为经济巨人，北约面对华约已足够自信。英国作家戴维·欧文在1977年撰写的

荐 序

《隆美尔：狐狸的踪迹》成为了流传最广的隆美尔传记，并于20世纪80年代由解放军出版社在中国出版。欧文通过大量走访，用一手材料描绘出了一个充满矛盾的隆美尔——既有身先士卒、具有骑士精神的一面，又有刚愎自用、小肚鸡肠的一面。此书披露了隆美尔经历中的很多细节，让读者眼前一亮。但作者的个人倾向过于明显，似乎一定要将隆美尔之前的战神形象彻底打碎，将其简单矮化为一个战略上的侏儒，将其取得的胜利归结于一系列的偶然。

尤其令人失望的是，其对隆美尔之死的探究充满了矛盾。欧文一口咬定隆美尔手下的参谋长施派达尔出卖了元帅，同时，又以隆美尔妻子露西在战后的表述提炼出隆美尔并未参与密谋的结论。从某种程度上看，施派达尔作为反抗希特勒集团和隆美尔之间的连线人，确有可疑之处。他不但在720刺杀事件后未被当即绞死，还在战后暧昧地靠塑造隆美尔反纳粹神话而飞黄腾达，成为德国新国防军的创始人之一。但欧文是个态度坚定的右翼分子，曾因否定针对犹太人的大屠杀而遭到过广泛抵制，其立论的根基较偏激。故而，阅读他的书后会产生疑惑也就不足为奇了。

第三个阶段为去魅，回归原本。随着冷战的结束，人们可以更客观地评价半个世纪之前的人物。莫里斯·雷米作为德国著名制片人，出版《隆美尔神话》，用详尽到具体日期、具体出处的证据，理清了历来流传甚广的疑团。他并不避讳隆美尔的私生女或许会影响元帅的形象，一步步地将隆美尔的战争经历及其心路历程细致剖析，让人明白隆美尔的每一个决定都是那么的自然，不会产生唐突感。因此，本书作为最后一个阶段的代表作可谓弥补了对隆美尔认识中的缺失部分，为隆美尔一生盖棺定论。

2017年，也即作者完成此书的15年后，德国国防部拒绝了左翼历史学家要求将位于北威州的隆美尔元帅兵营（德国最大的陆军基地，常驻4 300人）更名的请求，并称目前的研究并未表明此

隆美尔神话

命名不合时宜。我想,这或许可作为隆美尔最后的定论吧。

——林立群
《503重装甲营战史》《二战德军装甲侦察兵战史》译者

前 言
Introduction

2001年5月28日，星期一，早上7时，他们来了。"淫雨霏霏，绵柔无声，"《哥斯拉报》第二天这样写道，"在连绵阴雨中，6个工人完成了一项任务，这在此前数月已在公众中引起了轩然大波。"只用了半个小时，两块悬挂于哥斯拉（Goslar）原"猎人俱乐部"房屋立面上已经剥蚀的纪念牌被移除了。一块是为德国陆军元帅埃尔温·隆美尔（Erwin Rommel）所立，隆美尔从1933年起担任哥斯拉"猎骑兵营"营长达一年半之久；另一块为德国陆军大将海因茨·古德里安（Heinz Guderian）所立，这位"坦克之父"也曾服役于哥斯拉"猎骑兵营"。古德里安在第一次世界大战之前是一位年轻的少尉军官，此后曾短暂担任过该部连长。哥斯拉市议会持多数派的红-绿联盟是这样为他们的决定辩解的："两块纪念牌带有对犯罪政权的代表人物表达尊崇之意，在目前的这个地方（当时的猎人俱乐部现被改建为一所小学），它们既不适合用于回顾历史，也不可作为当今青年人效仿的榜样。"

1961年11月15日，情况则完全不同。在为哥斯拉"埃尔温·隆美尔纪念牌"举行的隆重的揭幕仪式上，当时的西德联邦国防军总监弗里德里希·弗奇（Friedrich Foertsch）上将赞誉道："联邦国防军尊隆美尔为元帅，杰出的士兵，伟人。他将永远是我们年轻士兵的榜样，我们有义务追寻。"随后致辞的是第二次世界大战时期的陆军大将赫尔曼·霍特（Herman Hoth），这位德国国防

隆美尔神话

军将领曾在1948年被纽伦堡国际军事法庭判处15年监禁，6年后提前获释。霍特在1941年颁发的一项军事命令中，将"灭绝"犹太人称为"自我保存之需要"。但20年之后，在哥斯拉隆美尔纪念牌揭幕仪式上，霍特却证实说，隆美尔身上体现了德国士兵的荣誉感。"在说这番话时，"正如《哥斯拉报》的评论，"他显然并未对隆美尔在反抗运动中扮演的角色及其自杀事件作出回应——事实上，是掌权者实施的谋杀。"

很明显，与霍特自己的过往相比，霍特对隆美尔的反抗角色的表述更成问题。只不过当时的人们并未注意，因为隆美尔在公众中的形象一直受到由非洲军团老兵撰写的如潮水般的回忆文章而影响。这些文章的论调大多与在战争期间由戈培尔掌控的宣传机器所塑造的隆美尔形象一脉相承。因而，最知名的著作出自战时宣传连成员的手笔则不足为奇了，这些陆军通讯员在非洲为戈培尔发回有关隆美尔的一切报道。另外，隆美尔在第二次世界大战后声望日隆，与英美作家的贡献不无关联。这些作者续写了早在战争期间就已在英国织就的"隆美尔神话"（Mythos Rommel），它非常适合于转移人们的视线——掩盖英国将领在北非战场上颇具争议的战绩，并为蒙哥马利这位隆美尔征服者赋予永恒的神圣色彩。

隆美尔似乎可作为多个投影而存在，无论是曾经的敌手，还是那些不加批判地美化历史的德国人，以及那些已转向新的自由社会并从1944年7月20日的殉道者们的身份认同中汲取有益养分的德国人。凡不合宜之处，均会被遮掩掉。这样，在德国以《没有仇恨的战争》为题出版的隆美尔札记与英语版本之间存在差异，也就不难理解了。《没有仇恨的战争》为了保存他的故乡德国的颜面，大量有关他与妻子露西的私人通信的节选被小心翼翼地删除。因为通过这些信件，人们会清楚地发现，长期以来，隆美尔与纳粹政权以及它的独裁者阿道夫·希特勒（Adolf Hitler）是多

前言

么的惺惺相惜，决不允许有任何不和谐的声音来玷污这位无可指摘的陆军统帅形象。或者，正如当时的陆军中将海因里希·基希海姆（Heinrich Kirchheim）在一封私人信件中所言："任何针对这位已经被神化的人物的公开批评都将损害德国士兵群体的声誉……"

隆美尔的历史后来经历了深刻的范式转换。1977年，英国右翼作家戴维·欧文（David Irving）在潜心调查研究的基础上完成了他的隆美尔传记。他第一次打破了"沙漠之狐"神话。这本传记的核心论题是：隆美尔与反抗运动毫无瓜葛。在欧文的眼中，隆美尔与希特勒亲密有加，且从不加以批判直至生命的最后时刻。自《隆美尔传》出版，直至隆美尔纪念牌被摘除仅剩下时间问题。1994年，有关隆美尔的文章开始从权威著作《7月20日：反抗者肖像》新版中被删除。同年，《反抗运动百科辞典1933—1945》也不再提及隆美尔。诸如"戈德哈根争论"或者"德国国防军罪行展览"则成为了使隆美尔堕入万劫不复之深渊的催化剂。

比如，汉堡政论作家拉尔夫·乔达诺（Ralph Giordano）直接宣称隆美尔为战争罪犯。按照乔达诺的说法，隆美尔要为"半个意大利……陷入废墟"承担主要责任；隆美尔甚至对1944年7月20日行刺希特勒失败后数百万德国人的死亡明确表示过认同。裹挟着这些观点，乔达诺在新著《传统谎言》中再次陈述了自己对隆美尔的指责。乔达诺纠缠着多任联邦国防部长，强求他们对4个以"隆美尔"命名的联邦国防军军营更名。历史学家温弗里德·海涅曼（Winfried Heinemann）对此震惊不已。他在一篇关于乔达诺的《传统谎言》的书评中断言："这是德国公众历史讨论的彻底粗鄙化。""怎么都行，"海涅曼说，"这些言论已无所羁绊地适用于历史教科书了。"

"怎么都行"，当年刚获任文化部国务秘书的米夏埃尔·瑙曼（Michael Naumann）先生想必也是如此想法。1999年2月，在

隆美尔神话

柏林（国际）电影节快结束时，瑙曼对英国记者宣称，英国人对第二次世界大战时期德国军事力量的印象是错误的。他以"沙漠之狐"隆美尔为例，认为隆美尔在英国被刻画成了英勇的有骑士风度的军官形象。事实上，瑙曼说，德国国防军是一台"杀人机器"，是一个"流动屠宰场"。现实中的隆美尔以及他的将军们跟詹姆斯·梅森（James Mason）在1951年的电影《沙漠之狐》中所塑造的银幕形象相去甚远。瑙曼将有关隆美尔印象的获得归咎于英国记者。

哥斯拉的"希尔达之争"使得有关隆美尔的辩论陷入了低潮。之所以如此，并非因为两块纪念牌被摘除，而是因为许多针对隆美尔冠冕堂皇的指责在未被深究之前就被毫无疑义地全盘接受了。比如，在一张传单上，哥斯拉社会民主党青年团团员表达了这样的观点：对两位"在第二次世界大战期间实质性参与谋杀数千人"的将军表示尊崇，是不负责任的。在《哥斯拉报》的读者来信中，一位20岁的哥斯拉社会民主党青年团团员再次添油加醋地诋毁道："隆美尔和古德里安是不折不扣的（战争）罪犯，他们实质性参与屠杀了数百万人"。

将隆美尔归于诸如阿道夫·艾希曼（Adolf Eichmann）等身负数百万条人命的谋杀者之列，是极不合适的。"隆美尔是一个信念坚定的因而必须受人鄙视的国家社会主义者，还是一位反抗希特勒的英雄？"这个问题由戴维·欧文首次提出并在此后的无数版本中被反复探究。然而，我们审慎翻阅德国历史后，发现这个问题无任何人提及。这个问题的答案简单且令人惊讶——隆美尔两者兼具。

基于原始材料与遗留物，除了那些常见的陈词滥调，本书主要讲述的是令人着迷的且在很大程度上全新的有关隆美尔人生变迁的故事。希特勒麾下的高级军事将领除隆美尔之外，绝无第二人留下如此浩瀚的笔记。他的私人通信几乎完整地得以保留，隆

前 言

美尔亲自起草的例行报告、命令、笔记摘要使得几无缝隙地重构其军事生涯成为可能。隆美尔身边亲密之人的证词对这些材料作出了几近无穷的补充——日记、信件、纪念文章以及大量真实可信的回忆录为我们刻画了这位第二次世界大战期间最著名的德国将领每个生命阶段的鲜明形象。

此外，我们在为数众多的档案馆、私人收藏及遗物中历经数年的深入调查，使得大量至今尚未公开或未受重视的文献得以重见。这些文献对某些至今尚未澄清的问题，部分地给出了令人瞠目的答案。与本书出版同步进行的是，我们为德国公共广播联盟（即德国电视第一台）制作的三集纪录片。与超过150位时代见证人的访谈、上千帧影片镜头及图片使单调乏味的史实获得新生，变得丰满完备起来。通过对这些浩繁的材料进行批判性的处理分析，以及与知名历史学家的通力合作，一个在多面性与多样化上与迄今为止所有刻画迥然有别的隆美尔形象跃然纸上。

受新近出版的卡尔·楚克迈耶（Carl Zuckmayer）《秘密报告》的激励，蒂尔曼·克劳泽(Tilman Krause) 在《世界报》（*Die Welt*）上撰文，我们不应评判，应首先重构出精致纯粹的人物传记，然后尝试去理解。这正是我们这本隆美尔传记的旨趣。本书的出版，决不是另一首"沙漠之狐"的英雄赞歌，也决不是为隆美尔的历史翻账。本书尝试基于扎实的材料，尽可能走近真实的隆美尔——尝试去理解，而不是评断。

莫里斯·菲利普·雷米

2002年8月，慕尼黑

"他不仅与我们国家社会主义者关系密切,他就是一个国家社会主义者。"
希特勒谈隆美尔,柏林,1942年10月

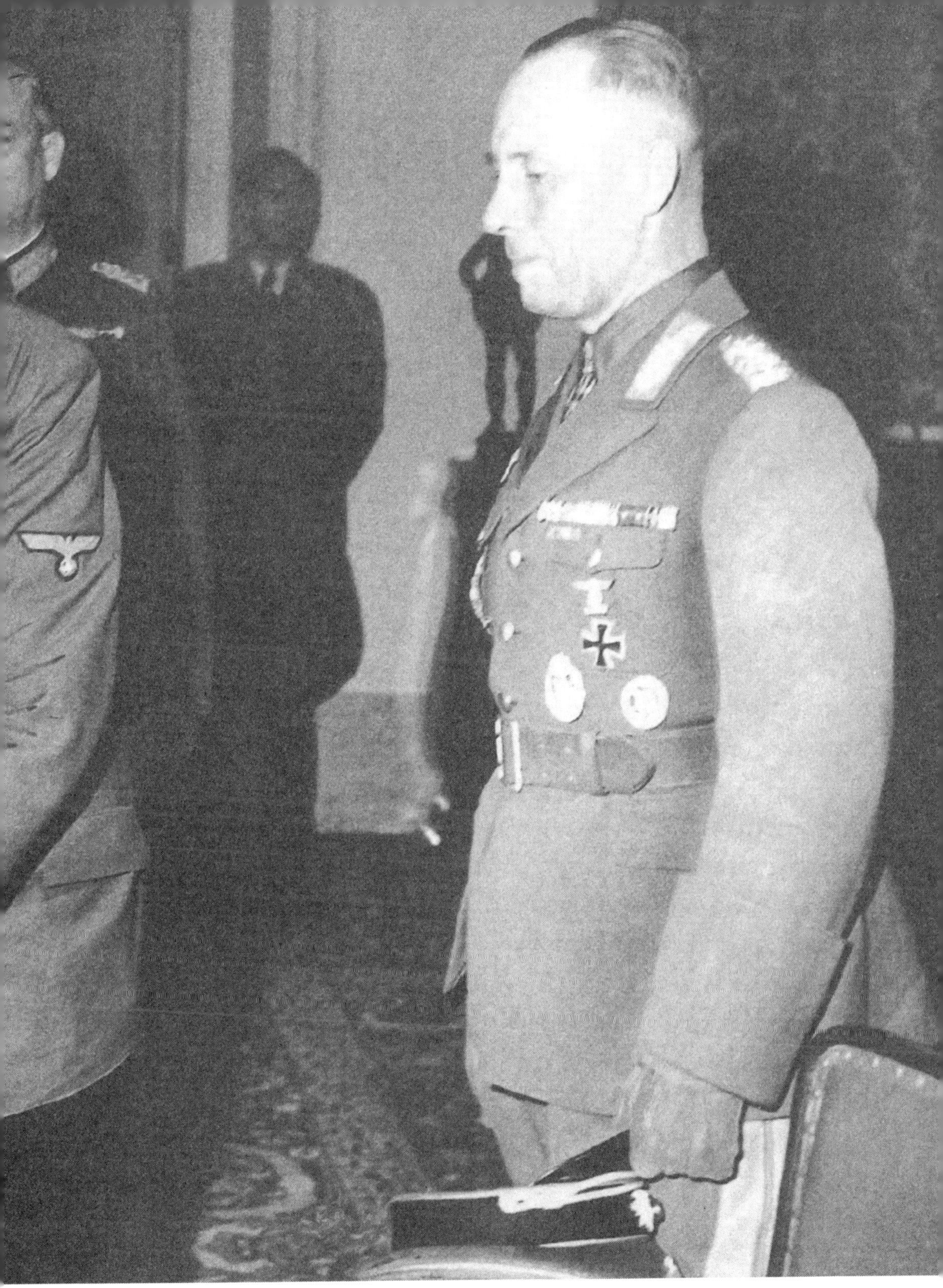

1
前　进

"我于1891年11月15日出生在布伦茨河畔的海登海姆市（Heidenheim an der Brenz），是家中的第二个孩子。我的父亲名为埃尔温·隆美尔（Erwin Rommel），是当地文理中学的一名教师，母亲名为海伦娜（Helene），娘家姓卢茨（Luz）。他们都信奉新教。据我的记忆，我的童年经历相当愉快，因为我每天都能在房前屋后的庭院和大花园里嬉戏玩耍。"

用上述话语开启履历陈述的，正是本书的主人公：18岁的学生约翰内斯·埃尔温·欧根·隆美尔（Johannes Erwin Eugen Rommel）。1910年3月，隆美尔申请加入驻魏因加滕（Weingarten）的符腾堡皇家陆军"威廉一世国王"第6步兵团（即德意志帝国陆军第124步兵团）。事实上，他本想成为一名工程师，一名飞机工程师。"空中无梁"，老隆美尔据此反对，并强迫他的儿子作出选择：要么像他那样当一名教师，要么当一名军官。小隆美尔只得两害相权取其轻。在那个年代，对出身于上层中产阶级的年轻人来说，如果没有什么突出的天赋，参军不失为一条通往成功之路。

作为初级中学的校长，隆美尔的父亲在阿伦（Aalen）小城德高望重。闲暇时间，父亲爱用虔信派信徒惯有的威严考查孩子们的知识水平。孩子们主要从母亲那里获得关爱，与母亲一生亲密无间并对其感恩有加。后来，隆美尔的弟弟卡尔（Karl）成为了一

隆美尔神话

名成功的牙医,最小的弟弟格哈德(Gerhard)成为了一名不太出色的歌剧演员。隆美尔尤其偏爱他的姐姐海伦娜(Helene),海伦娜认识了人智学世界观的创立者鲁道夫·施泰纳博士(Dr. Rudolf Steiner),并加入了施泰纳发起的华德福教育运动,之后成为了斯图加特华德福学校(Waldorfschule)的艺术和手工教员。

1911年3月,在但泽(Danzig)皇家军官候补生学校学习期间,埃尔温·隆美尔在一次舞会上认识了17岁的露西亚·玛利亚·莫林(Lucia Maria Mollin)。虽然她出身于一个虔诚的天主教家庭——她的父亲同样是一位东普鲁士迪尔绍(Dirschau)小镇的中学校长,但"露西"(Lucie)与信奉新教的候补军官隆美尔之间仍然萌生

带有虔信派信徒惯有的威严。 母亲海伦娜·隆美尔与父亲埃尔温·隆美尔

没有突出的天赋。候补军官生隆美尔（左三），1910年

出了羞涩的浪漫情愫。11月，隆美尔不得不返回驻魏因加滕的步兵团。两个月后，他被晋升为少尉。在此后的几年里，隆美尔一直负责新兵的训练工作。

不久之后，隆美尔又一次爱上了来自魏因加滕的20岁年轻姑娘瓦尔布加·施黛默（Walburga Stemmer）。据隆美尔回忆，施黛默的母亲曾是阿德勒旅馆老板娘的富家女，老板娘因为丈夫而散尽了万贯家财。这对一名年轻少尉来讲，可不是什么理想条件。当时，一名军官想要结婚，至少得有1万马克的保证金，才能过上体面的家庭生活。而这个数目，已远超埃尔温·隆美尔的个人财产。

1913年7月，当老隆美尔获悉两人之间的关系后，立刻要求他的儿子与施黛默分手。然而，遭到了小隆美尔的拒绝。老隆美尔不知道的是：此时的施黛默已怀有5个月的身孕。他更不可能知道的是：自己会在当年的12月5日去世。3天后，瓦尔布加生下了一个女儿，以格特鲁德（Gertrud）作为教名受洗。很长一段时间里，隆美尔都思考着是否应该离开军队，与瓦尔布加结婚。隆美尔曾经这样跟他的"小妈妈"畅想他们的未来："我们的小巢必须布置得呱呱叫。对此，我是多么期盼啊！"也许是军官团的朋友们让隆美尔打消了放弃军队职业的想法。他最终还是选择了留在军队，并未与瓦尔布加结婚，虽然他一直照料着她们母女俩的生活。瓦尔布加从未透露过格特鲁德的生父是谁。

1914年8月3日，德国对法国宣战。同一天，隆美尔向他的姐姐海伦娜坦承了私生女一事。就在头一天晚上，隆美尔所在的第124步兵团已经移防到了卢森堡边境地区。而仍在驻防地等待后备部队的隆美尔也将在两天后赶到那里。鉴于迫在眉睫的战争，他请求姐姐海伦娜："假如我……战死，我唯一的愿望是，希望有人照料我那可怜的特鲁德尔（Trudel）和瓦尔布格（Walburg）（信件原文如此）。我的1万马克人身保险赔偿将付现给瓦尔布格·施黛默，用作特鲁德尔的抚养费。此外，我请求每月再资助瓦尔布格50马克，直至她谋得一份工作，凭借这份工作她能无忧虑地将特鲁德尔养大成人。或者，只要你们愿意，资助我那可怜的无辜的孤儿特鲁德尔不限时长。母亲大人和你无疑是我最亲爱的人，请满足我这唯一的愿望吧。如果命运垂青于我，让我平安归来，我唯一的目标是好好抚养特鲁德尔并尽全力帮助瓦尔布格。尽管薪饷不多，迄今为止我还是做到了这一点。如果我能为她们母女俩做点好事儿，我情愿放弃所有的娱乐消遣活动。我爱她们胜过爱自己。我想弥补自己的过错。"

在这封写于1914年8月3日的信中，还有一段话符合隆美尔的典型特征。"昨天晚上，我所在的团开拔了，"在信的结尾处，

1 前进

这位时年22岁的少尉给他的姐姐写道,"我跟随我亲爱的第7连抵达了火车站。所有人都如此喜欢我,真是不可思议。他们甘愿为我粉身碎骨,从中士到下士再到新兵。这种感觉棒极了。"隆美尔发现,自己在军队中拥有非凡的亲和力。"在军队和他之间,"隆美尔在非洲战场上的参谋长西格弗里德·韦斯特法尔(Siegfried Westphal)几十年后写道,"存在某种无法辨析的气场,这种气场对每位军事领袖来说都意味着一种恩赐,它如此不可多得——也许正因为罕见——才使得隆美尔如此具有正当性。"隆美尔1944年在法国战场上的总参谋长汉斯·施派达尔(Hans Speidel)也找不到这种现象的合理解释:"他拥有领袖的魅力,一种令军队陪同自己冲锋陷阵的天赋,一种无法用理智解释的对士兵的影响力。"这种影响力也许就是这位"沙漠之狐"的根基吧。

第一次世界大战期间,隆美尔转战于法国的马斯河(Maas)地区、凡尔登(Verdun)西部地区、阿尔贡(Argonnen)地区、孚日(Hochvogesen)山区,以及罗马尼亚和意大利战场。他两次身负重伤,晋升中尉军衔,并获得二级和一级铁十字勋章嘉奖。1917年10月,隆美尔夺取了尤利安阿尔卑斯山脉(die Julischen Alpen)的马塔尤尔山(Monte Matajur),达到其战争生涯的一个巅峰。在这场对阵意大利军队的战斗中,隆美尔充分展现了其非比寻常的像棱镜一样炫目多姿的战争领导艺术。

1917年8月,意大利人第一次成功地从伊松佐(Isonzo)河谷深入推进至奥地利腹地。这样,奥地利前线则受到了严重威胁。德国野战军必须驰援盟友,为此,7个师被抽调开往伊松佐前线。

奥托·冯·贝洛(Otto von Below)上将率领的第14集团军发起了有计划的反攻,目标直指威尼斯湾。为此,必须首先攻克意大利人沿伊松佐河岸分三个梯队构筑的坚固防守阵地。第三梯队,也是公认的最难占领的意大利人阵地,从科罗弗拉山(Monte Kolovrat)山脊向西延伸至库克山(Monte Kuk)直至马塔尤尔山。

隆美尔神话

1万名意大利士兵扼守凭借高地和山峰构建的坚固防御工事，并控制了位于其下的山坡。贝洛让德国阿尔卑斯军团夺取这些阵地。阿尔卑斯军团的右翼攻击部队由巴伐利亚皇家近卫步兵团以及埃尔温·隆美尔中尉当时所在的符腾堡山地营组成。

巴伐利亚人和符腾堡山地营之间本就存在某种竞争态势。就在战役发起之前，贝洛将军还加剧了这种竞争。他悬赏道：谁征服马塔尤尔山，谁就将获颁普鲁士最高勇敢勋章——"蓝马克斯勋章"（Pour le Mérite）。1917年10月24日凌晨2时，待炮兵向意大利人的防守阵地密集开炮之后，德军展开了猛烈的攻势。黎明时分，在瓢泼大雨中，部队开始冲锋。隆美尔虽然还只是一名连长，却已是大约500名士兵的最高指挥官——3个山地连，外加1个机枪连，共同构成了所谓的隆美尔营。不久后，第一个意大利人的阵地被突破了，多支德军突击队开始向山顶进发。

山坡灌木丛生，畸形林木漫山遍野。隆美尔营小心翼翼、悄无声息地寻路而上。隆美尔所不知道的是：意大利人已经发现了他的先头部队，正等待着他们进入自己的机枪射程。意大利人达到了突袭效果。在激烈的交火中，5名符腾堡山地营步兵受伤了。想要突破似乎变得无比艰难。隆美尔见机行事，他让先头部队在意大利机枪掩体前潜伏下来，然后与隆美尔营一起悄然退下。在灌木丛的掩护下，隆美尔营沿着与意大利阵地防线相平行的路径开始冒险向上攀爬。

半个多小时后，隆美尔偶然发现了一条意大利人伪装过的小路。他能看见意大利防线上的一个掩体就在大约60米开外处。隆美尔命令所部呈战斗阵型展开。意大利驻防士兵并未察觉。尽管如此，这仍然是一次冒险的举动。这时，隆美尔脑中闪现了一个近乎疯狂的想法。他让一队侦察兵若无其事地行走在这条伪装的小路上，就像一队意大利士兵刚从前置哨所返回防线一样。这条出人意料的诡计收到了奇效。未放一枪一弹，8名山地营步兵成功渗透进了

1 前进

意大利的阵地。意大利人惊惶无措，还没等缓过神来，驻防阵地就被一锅端了。隆美尔突破了意大利人的第二条防线。

隆美尔驱策所部继续前进。但隆美尔并非孤军奋战——大约 11 时，隆美尔在远处发现了巴伐利亚皇家近卫步兵团一部。隆美尔中尉率领所部向"近卫兵"靠拢，经过几场规模不大的战斗，大约 17 时抵达一座岩峰，这座岩峰恰巧位于所谓 1114 号高地的下方。显然，符腾堡山地营的出现让巴伐利亚皇家近卫兵团的指挥官马克斯·冯·博特默伯爵（Graf Max von Bothmer）少校颇为不快。19 时许，博特默命令隆美尔前往近卫兵团营地，明确禁止隆美尔所部向 1114 号高地或者马塔尤尔山发动任何攻势。博特默有自己的小算盘，他向隆美尔隐瞒的事实是：就在 1 个小时前，近卫兵团第 12 连在指挥官费迪南德·舍尔纳（Ferdinand Schörner）少尉的带领下已突入了位于 1114 号高地圆形山顶的意大利阵地。舍尔纳后来也因此被授予"蓝马克斯勋章"。

10 月 25 日拂晓，隆美尔的指挥官特奥多尔·施普洛瑟尔（Theodor Sproesser）少校撤销了博特默的命令。隆美尔营重新出发，与意大利人的防线相平行，小心翼翼地向西运动前进。大约 1 个小时后，隆美尔突袭了一处由数十人把守的阵地并获得了成功。隆美尔率领所部闪电般地跨越障碍，突入了意大利人的防线。科罗弗拉山阵地第一次被真正攻克了。当 1114 号高地上的战斗喧嚣声还在山谷中沉闷回响之时，隆美尔的山地营步兵已神不知鬼不觉地从后方向敌人掩体发起了攻击，数百名意大利士兵惊悚无比，纷纷缴械投降。

15 分钟后，隆美尔的奇袭行动才被其他意大利部队发现。在随后的反击战中，隆美尔在最后一秒钟奋力扭转了战局。带有传奇色彩的向马塔尤尔山发起的冲锋开始了。11 时 15 分，隆美尔营就已打响了争夺库克山东坡的战斗。要占领库克山顶必须付出沉重代价，山地营步兵没有恋战，沿着通往下一座山峰——克拉格

隆美尔神话

恩扎（Monte Cragonza）的方向深入推进了3公里。隆美尔所部失去了与其先头部队的联系。现在，隆美尔仅率150人的战斗部队出现在了敌人的后方。15时30分，隆美尔再次聚拢所部，直至人数达到足以冒险登顶克拉格恩扎山峰。

10月26日5时许，隆美尔营向意大利人占据的山顶阵地发起了冲锋。经过2小时的激战，意大利人的防守阵地被攻破了。隆美尔继续驱策他的士兵向下一座山峰默兹利山区（Mrzli Vrh）挺进。

但是，在隆美尔营攻击之势尚未形成之际，却收到了特奥多尔·施普洛瑟尔少校的一纸命令："符腾堡山地营列队返回。"这位团长惊讶于意军俘虏人数——在过去的24小时，单单隆美尔营就使得3200名意大利士兵缴械投降，以至于他得出结论：马塔尤尔山上的意军反抗已被制服。隆美尔并无收兵的意愿。他让山地营步兵大部返回，独自带领100名士兵继续向前挺进。

与此同时，对隆美尔颇为有利的一面是：意大利士兵早已对隆美尔势如破竹的进攻闻风丧胆，以至于他们总不战而降。即便是意军最后一次大规模在默兹利山区的集结，即萨勒诺旅（Brigade Salerno）第2团，也在11时许未加抵抗地放下了自己的武器。意大利士兵晃动着手帕，隆美尔独自一人径直从他们面前走过。此刻，距离他的目标还有1500米。隆美尔与他的士兵欣喜若狂地向马塔尤尔山顶攀援。当驻守在山巅的意大利士兵发现下方的山地营步兵时，他们主动放下了武器。马塔尤尔山被征服了。"1917年10月26日11时40分，"隆美尔在回忆录中这样写道，"3发绿色信号弹加1发白色信号弹，宣告马塔尤尔山脉被攻克。我命令所部在山顶休息1个小时。这是他们应得的待遇。"

对隆美尔而言，这是一场非同寻常的胜利。后来，隆美尔在德累斯顿步兵学校的一位朋友跟同事，库尔特·黑塞（Kurt Hesse）写道："对于占领马塔尤尔山，他精通行动之道。从根本上讲，他依旧是那位掌控瞬息万变的局面并据此采取闪电行动的少尉。"

1 前进

隆美尔的战术既简单又有效："因时因地制宜，以突袭致胜。"隆美尔的这种思想成为了德国国内外几代军官的指导思想，经久不衰。

隆美尔的战术也有其局限的一面。在向马塔尤尔山发起的猛攻中，隆美尔不止一次被切断与大部队的联系，从而使自身陷入被彻底剿灭的危险。很多情况下，这不啻为一种孤注一掷的行为，即便隆美尔非同凡响的战斗指挥艺术帮助拯救了许多忠诚于他的士兵的生命。为此，这位年轻的"前进少尉"将其士兵的身体极限发挥到了极致。"流汗不流血"成为他铁一般的法则。"他极其冷酷无情，"关于隆美尔，黑塞后来这样写道，"但这种冷酷无情并不仅是针对他的士兵，甚至包括他自己。"第二次世界大战期间的一位年轻军官恰如其分地将隆美尔喻为"现代的汉尼拔"——战争让他疯狂，就像发情期让动物疯狂一样。

自马塔尤尔山开始，隆美尔就紧咬住溃散的意大利人不放。隆美尔所部成为阿尔卑斯军团乃至整个14集团军的佼佼者，其胜利之师一直推进到了意大利皮亚韦河（Piave）与隆加罗内（Longarone）防线。在那里，一股痛苦的失落感向他袭来。在一张前线战报上，隆美尔读到一篇关于普鲁士皇家陆军上西里西亚第4步兵团（即德意志帝国陆军第63步兵团）第4连瓦尔特·施尼伯尔（Walther Schnieber）少尉被授予"蓝马克斯勋章"的报道。10月27日，德皇威廉二世在前线视察时，亲自将令人向往的八角蓝釉勋章挂到这位年轻连长的脖颈上。当隆美尔读到施尼伯尔获颁这枚勇敢勋章的缘由时，他不敢相信自己的眼睛。这位西里西亚少尉"通过果敢、自主的决定及其强悍的领导，不顾生死，多次制服敌人激烈的反抗，占领傲视一切的马塔尤尔山，从而对集团军的后续行动发挥了决定性影响"。发生了什么？事实情况是，10月25日，上西里西亚步兵团第4连夺取的是科隆纳山峰（Monte Colonna），这座山峰高耸入云，位于马塔尤尔山后方。连长施尼

隆美尔神话

伯尔少尉通过无线电向师部正确汇报了他们所占领的山峰名称。然而，第12师师部将登临科隆纳山说成了攻克马塔尤尔山。第14集团军最高指挥官没有忘记自己的承诺，在10月25日当天就向上峰申请了"蓝马克斯勋章"，两天之后，这枚勋章便颁授给了施尼伯尔少尉。

隆美尔立即求助于他的团长，以抗议这种不公。然而，施普洛瑟尔却试图和稀泥。于是，隆美尔递交了一份书面申诉。这件事眼看有变成一桩丑闻的危险。第14集团军总参谋长康拉德·克拉夫特·冯·戴尔门辛根（Konrad Krafft von Dellmensingen）接见了施普洛瑟尔和隆美尔，并在当天的日记中写道："我保证，如果施普洛瑟尔和隆美尔的报告属实，即便不能收回颁给施尼伯尔少尉的勋章，也不能让符腾堡山地营官兵的心灵受到伤害。"针对德皇亲自颁发的"蓝马克斯勋章"，戴尔门辛根也束手无策。

隆美尔的申诉上达至德国皇帝陛下的军人内阁。戴尔门辛根最终在11月26日的日记中记录道："第12师的报告如此渲染事实，以致功绩仿佛应全归于施尼伯尔。他排除了马塔尤尔山上的防御设施，从而理所当然地获颁了这枚勋章。这样的辩白矫揉造作。然而，此事关乎脸面，也不一定非得说第12师就全无正确报告。"这是一种对公开造假的雅致而又婉转的改述。不管怎样，施普洛瑟尔和隆美尔两人最终均获颁了"蓝马克斯勋章"。

这是一个惨痛的教训，对隆美尔来说不啻为一次心灵创伤。在伊松佐前线夺取山顶阵地的战斗中，无疑属隆美尔的战绩最辉煌。恰恰是这位战绩最辉煌的军官，却不得不通过申诉途径才获颁"蓝马克斯勋章"。1918年1月，隆美尔被短暂调往"特遣第64统帅部"，即调离前线去往更高一级的军事参谋部。战争结束后，他放弃了参加成为总参谋部军官的培训机会。对于一位获如此高级别的勇敢勋章且才华横溢的军人而言，迈出这样一步意义非比寻常。因为在当时的条件下，放弃参加培训就意味着拒绝了挺进将

1 前进

经历心灵创伤之后终获"蓝马克斯勋章"。1917年

隆美尔神话

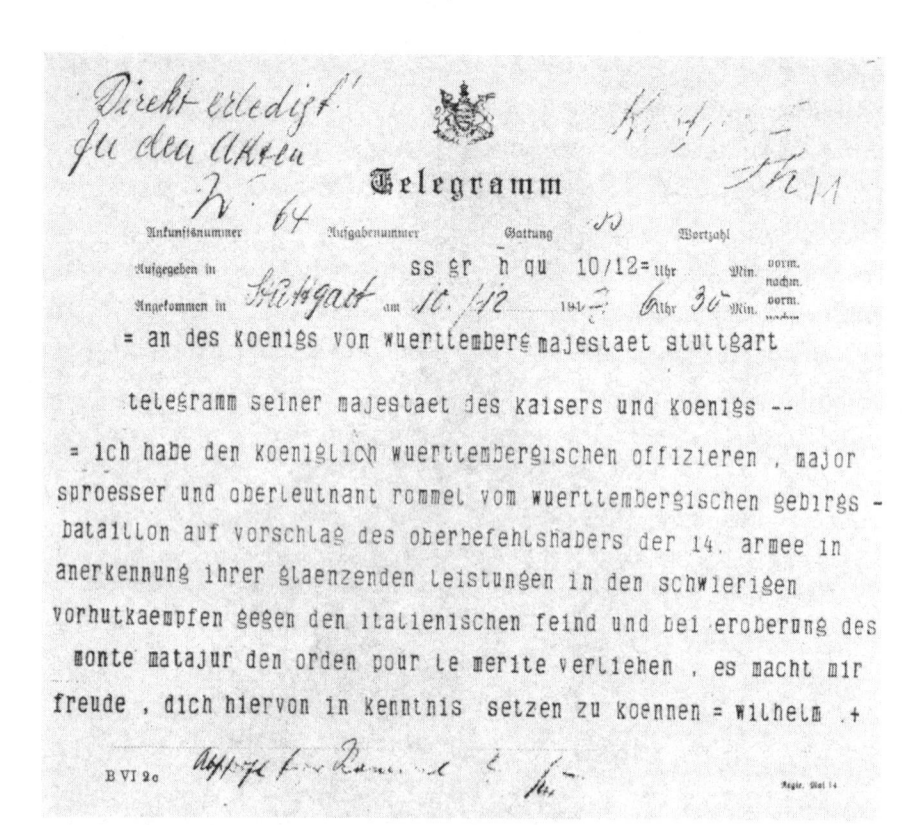

> Direkt erledigt
> zu den Akten
> N 64
>
> **Telegramm**
>
> Ankunftsnummer Aufgabenummer Gattung Wortzahl
> Aufgegeben in Stuttgart ss gr h qu 10/12= Uhr Min. vorm. nachm.
> Angekommen in Stuttgart am 10./12 1917 6 Uhr 30 Min. vorm.
>
> = an des koenigs von wuerttemberg majestaet stuttgart
>
> telegramm seiner majestaet des kaisers und koenigs --
> = ich habe den koeniglich wuerttembergischen offizieren, major sproesser und oberleutnant rommel vom wuerttembergischen gebirgs-bataillon auf vorschlag des oberbefehlshabers der 14. armee in anerkennung ihrer glaenzenden leistungen in den schwierigen vorhutkaempfen gegen den italienischen feind und bei eroberung des monte matajur den orden pour le merite verliehen, es macht mir freude, dich hiervon in kenntnis setzen zu koennen = wilhelm .+

通过申诉途径而获颁"蓝马克斯勋章"。德国皇帝威廉二世的贺电

德意志皇帝国王陛下致驻斯图加特之符腾堡国王陛下的电报：

依第14集团军最高指挥官之建议，我已授予符腾堡山地营军官施普洛瑟尔少校和隆美尔中尉"蓝马克斯勋章"，据以表彰他们在抗击意大利敌军的壮烈前沿战斗以及在占领马塔尤尔山之役中展现出的卓越功绩。朕心甚慰，特此电告于你。

威廉

1 前进

军俱乐部的入场券。隆美尔想要做他曾经做的——成为战斗部队中的一员。

1918年10月18日,就在战争即将结束之际,隆美尔被擢升为上尉。三个星期后,战争结束了。1919年,隆美尔在林道(Lindau)参与镇压了一场没有流血的"红色委员会"反抗。就在这年的10月18日,隆美尔向新的共和国宣誓效忠。1920年3月,极右翼的"卡普政变"爆发,施瓦本格明德市(Schwäbisch Gemünd)愤怒的工

在家是一个体贴的丈夫。跟露西·隆美尔在一起,但泽,1916年

隆美尔神话

人阶级欲以武力夺取市政厅的方式表达抗议。隆美尔参与了这场没有流血冲突的市政厅保卫战。1921年12月，隆美尔成为了驻斯图加特的一个机枪连连长。在这里，隆美尔度过了此后的8年时光。

魏玛共和国并非是一个赋予其士兵足够尊严的国家。一方面，《凡尔赛和约》只允许战败国保留10万人以下的正规军，这导致了军官们的晋升阻塞。即便是隆美尔，直至1932年4月，即14年之后也依然停留在上尉军衔。另一方面，1918年德国的战败腐蚀了军队的自信心。魏玛共和国极右翼反对者的政治口号尚且不论，德国战败对绝大多数民族主义保守派军官团所造成的打击已深根在他们的心底。曾经的符腾堡山地营步兵指挥官特奥多·施普洛瑟尔在为他的步兵团团史撰写的"前言"中写道："与我们相敌对的世界……越是致力于压抑我们的民族自信心，越是致力于压抑我们对全部领域——我们伟大的过去、我们的精神以及我们的战绩——所取得的伟大成就的合理自豪感，我们就越是有权利和义务，耗尽毕生精力为我们的孩子以及我们的孩子的孩子，去照料、维护、强调、坚定我们在第一次世界大战中曾作为一名德国士兵的无限自豪感！"隆美尔是个不擅政治思维之人。这种感觉，是短暂的，出自他曾经的上级施普洛瑟尔之口，隆美尔隐约有所感受。隆美尔的反应与当时的绝大多数军官相似——战争以及革命风潮结束后，重返普通的军营生活和自己的私人生活。

早在1916年11月，隆美尔利用一次短暂回家休假的机会，与他的初恋露西·莫林在但泽结婚。露西作出与隆美尔结婚的决定并非易事，她不得不容忍她的丈夫拥有私生女的事实。此外，她还被驱逐出天主教会，因为她是按照新教仪式和隆美尔结婚的。他们的婚姻很幸福，隆美尔虽然在外经常表现得粗暴，但在家里他是一个体贴的丈夫。性格坚毅的露西成为隆美尔一生中最亲密的知己。1928年12月，在度过了12年没有子嗣的岁月后，这对夫妇终于迎来了他们的儿子曼弗雷德（Manfred）的降生。

1 前进

重回私人生活。德累斯顿，1932年

　　这件原本喜悦之事却被蒙上了一层阴影。就在两个月前，隆美尔女儿的生母瓦尔布加·施黛默在魏因加滕死于肺炎。埃尔温·隆美尔是她一生的至爱。直至死神降临之前，她也没有放弃隆美尔重返自己身边的希望。露西·隆美尔怀孕的消息给她沉痛一击。瓦尔布加·施黛默是因此而丧失了生活的意志吗？瓦尔布加死后，隆美尔和他的夫人露西共同承担起了照顾小格特鲁德的责任，格特鲁德跟她的外祖母一起生活，在魏因加滕长大。在公众眼里，在很长一段时间内，格特鲁德都充当着曼弗雷德的"表姐"身份。隆美尔本人在写给格特鲁德的信中也总是以"你的舅舅埃尔温"结尾。

　　1929年9月，隆美尔调任德累斯顿步兵学校任督察长。这听上去似乎是一件美差，事实并非如此。隆美尔上尉负责主持年轻候补军官生们在步兵实践方面的教学工作。大多数情况下，他会把军刀用两个晾衣夹夹在自行车的车架上，然后骑自行车去学校，

隆美尔神话

给候补军官生们教授战争艺术的实践课程。他有时会带领候补军官生们到野外实地考察，或在阶梯教室里利用当时最先进的教学手段给他们上课。他会使用幻灯放映机把他亲自手绘的简单示意图投影到墙壁上，向他的学生们讲解各种不同的战场局势。教材则源自隆美尔在第一次世界大战中的鲜活经历。高潮总是出现在他讲述攻占马塔尤尔山之际。隆美尔很享受候补军官生们给予他的尊重，尤其心醉于那枚始终挂在胸前跟他形影不离的"蓝马克斯勋章"。但这并不意味着在待人接物方面隆美尔也能做到得心应手。当其他教员在课堂休息期间与他们的学生高谈阔论时，隆美尔总是退缩到一个角落。隆美尔与人交谈永远只有两个主题——战争与数学。在这两方面，他拥有特殊的天赋。当时在德累斯顿

终于有了一个孩子。儿子曼弗雷德，德累斯顿，1931 年

1 前进

阿尔伯特·施内茨（ALBERT SCHNEZ）
德累斯顿步兵学校候补军官生

时代见证人 ZEITZEUGEN

"在课堂上，隆美尔总是给我们列举战争实例。比如，在法国战场，当时有一处高地，高地上有一座房舍，房舍里边驻守着一队法国士兵，他们一起开火向德军射击。隆美尔当时要攻占高地，但是他说，如果我在这里发起进攻，人员伤亡一定很大。

然后，他问我们：'换作你们会如何选择呢？'我们当然说要构建火力掩护等。后来，我们问他：'您当时是怎么做的呢？'他说：'我带着我的信号枪悄悄靠近，然后瞄准库料房射击。库料房燃烧起来，法国人逃窜了，我们进入了屋内。'"

步兵学校教授战争史的库尔特·黑塞评价说，"隆美尔并非一位伟大的思想者"。

海登海姆、阿伦、魏因加滕、乌尔姆（Ulm）、腓德烈斯哈芬（Friedrichshafen，也译作弗里德里希港）、斯图加特，现在又到了德累斯顿。外省生活经历在埃尔温·隆美尔身上打下了深深的烙印。黑塞说，"他（隆美尔）是一个淳朴的拥有自我塑造的世界观的人"。淳朴，但并非无教养或者愚钝，有时还带点含蓄的幽默。就像恩斯特·云格尔（Ernst Jünger）后来所写的那样，"正是这种淳朴，是的，这种'幼稚'成为隆美尔通向'第三帝国'之路的关键。"

17

隆美尔神话

1933年1月30日，柏林发生政权更迭。此时终于被擢升为少校的隆美尔，在德累斯顿密切关注着事件的发展。跟其他大多数军官一样，隆美尔最初更多是作为观察者而非当事者来看待这件事情。德国防卫军有意识地不问政治，恪守"10万人军队"这一规定。任何政治宣扬、行动，甚至选举参与都被严格禁止。在一个风雨飘摇、岌岌可危的民主政体中，尝试将一切有关军队自主行动的思想扼杀于摇篮之中的一切想法皆为徒劳。这种尝试在专制独裁的条件下注定失败。

1933年10月，隆美尔被调往哥斯拉并被任命为第17步兵团具有悠久历史传统的第3营营长，即所谓的"哥斯拉'猎骑兵营'"。上任之初，他在向第3营所作的一次短暂讲话中也曾明确提及"我们的帝国总理阿道夫·希特勒拥有无与伦比的功绩"。在这次集会结束之际，"乌拉—乌拉—乌拉"的欢呼声响彻天空，士兵们用这种方式向帝国总统兴登堡和帝国总理希特勒致敬。需要提及的是，隆美尔关于新政府的讲话既不能证明他是希特勒的特殊拥趸，也不能证明他是一位忠实的国家社会主义者。新政府的施政纲领，比如扩充军备、增加军队数量以便重建国防力量，在当时均非常自然地获得了德国防卫军军官的一致首肯。

调往哥斯拉任职之初甚至导致了隆美尔与新政权之间关系的疏离。原因主要在于国家社会主义德国工人党（Nationalsozialistische Deutsche Arbeiterpartei，简称NSDAP）的冲锋队（Sturmabteilung，简称SA）在哥斯拉所扮演的角色。如历史学家彼得·舒伽（Peter Schyga）所言，与德国其他许多市镇一样，即便是哥斯拉这样的小城，也存在由小资产阶级和流氓无产阶级的打手和滋事者组成的"道德败坏团伙"。褐衫队员用赤裸裸的暴力四处恐吓哥斯拉的犹太人和异见人士。1933年5月5日，即隆美尔抵达哥斯拉的半年前，几组全副武装的冲锋队队员强迫曾担任社会民主党议员多年的威廉·索弗格（Wilhelm Söffge）和小杂货店店主犹太人塞尔玛·霍赫伯格（Selmar Hochberg）蹲在一辆屠宰场的手推车上。在手推车两侧贴上"猪猡专用"的牌子，两人的脖子上也被分别挂上了"我是投机商索弗格"和"我是犹太人霍赫伯格"的标语牌。在由鼓手和笛手组成的军乐团的喧闹声中，二人被推着穿越整个城市。一些哥斯拉市民欢呼着加入游行队伍，一些路过的行人向蹲在手推车上的两个手无寸铁的男人脸上吐口水，另一些人则惊异地关上他们的百叶窗并对这种没有人性的行为愤愤不已。但他们不能作出任何反击，因为冲锋队员们全副武装。

在隆美尔抵达哥斯拉之后，作为卫戍司令的他不可避免地陷入了与褐衫打手团员之间的冲突。冲锋队员三番五次地向他的士兵发起挑衅，滋事生非。一位退役的哥斯拉将军，恩斯特·冯·欧芬（Ernst von Oven）在禁令颁布之后继续坚持到犹太人的商店购物，因而遭到了一个声名狼藉的冲锋队队员的辱骂与威胁。此后，根据未经证实的口头传说，隆美尔在欧芬家的楼梯间配置了一个机枪哨位，并威胁冲锋队，任何向欧芬发起的攻击在必要的情况下均将受到武力还击。不管怎样，可以确定的是，隆美尔对这种由国家社会主义德国工人党庇护的暴力无政府状态提出了严厉批评。

隆美尔与哥斯拉冲锋队之间的地方性问题，在1934年就某些特定方面而言甚至在国家层面上找到了对应物——德国防卫军将领跟傲慢的冲锋队参谋长恩斯特·罗姆（Ernst Röhm）之间的争执。罗姆日益迫切地要求将他的褐衫队确立为某种形式的第二军队。这与德国防卫军的设想完全相反，德国防卫军也心怀嫉妒地要捍卫自己在国家中的优势地位。1934年6月，冲突达到高潮。冲锋队有预谋地发动政变的传言四散开来。陆军指挥部长官命令各军区司令不动声色地调集所辖军队。这一措施，相信身为哥斯拉"猎骑兵营"营长的埃尔温·隆美尔也已知悉。不管怎样，隆美尔的猎奇兵营在6月30日抵达了位于马格德堡（Magdeburg）附近的阿尔登格拉博（Altengrabow）练兵场，参加了一场军事演习。就

希特勒视察哥斯拉。1934年9月30日（隆美尔在希特勒左方）

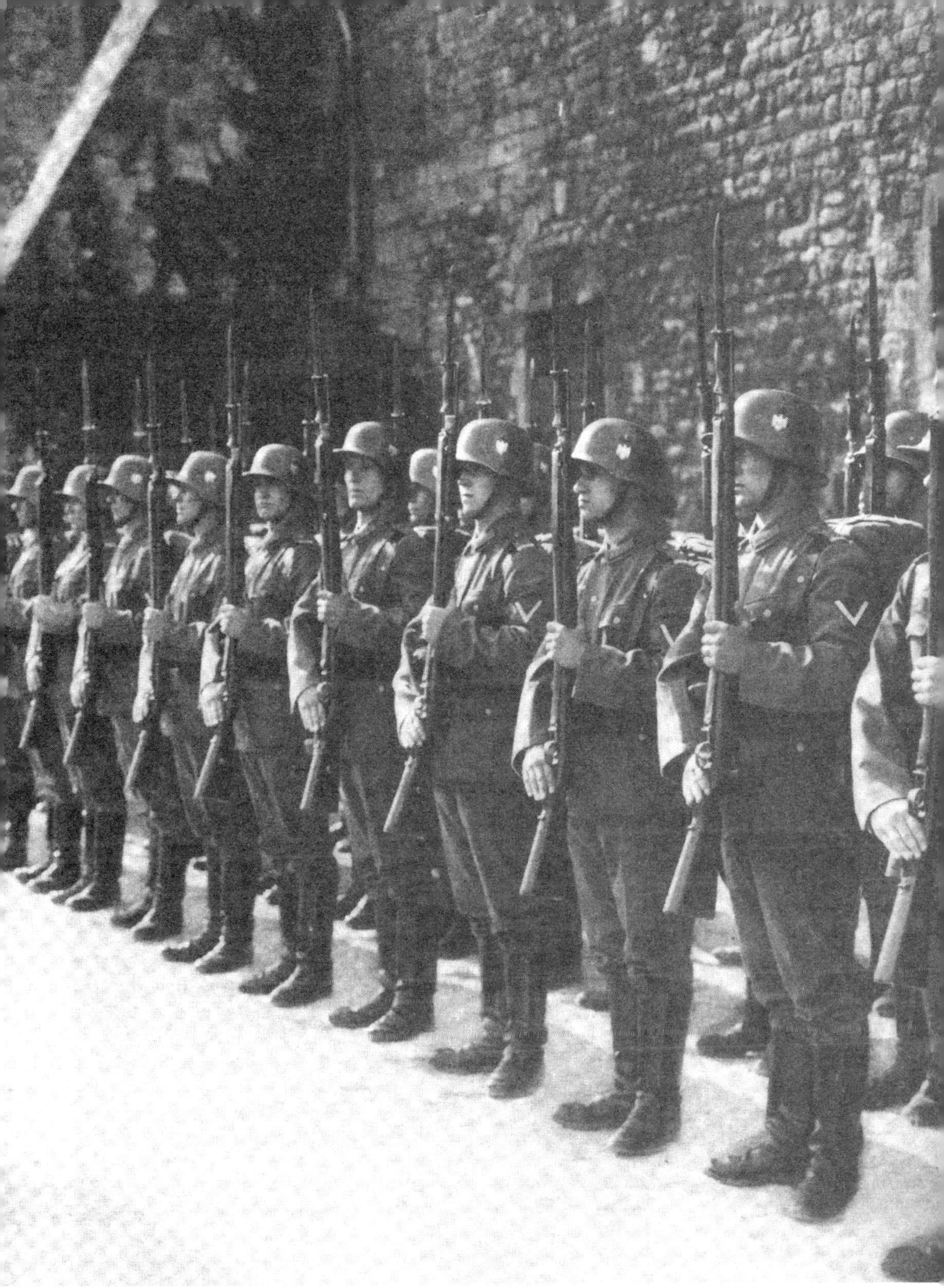

隆美尔神话

在这天，希特勒用自己特有的方式解决了问题——85名冲锋队将领以及政府反对者依照希特勒的命令被处死。

对公众来说，这场屠杀被描述为对有预谋政变的镇压。德国防卫军军官们（大多对事件的真实情况作出了错误估计）坚定地对希特勒的做法给予了积极评价。比如，当时26岁的中尉克劳斯·申克·冯·施陶芬伯格伯爵（Claus Schenk Graf von Stauffenberg）就说，"针对冲锋队将领的清洗行动，就像疖子破裂一般，终于把他们解决了。"埃尔温·冯·维茨莱本（Erwin von Witzleben）少将（他是继隆美尔之后第二位因1944年反抗运动被谋杀的陆军元帅）甚至因为没能亲自参与针对冲锋队队员的复仇行动而抱憾不已。6月30日，率猎骑兵营急行军返回哥斯拉的隆美尔，也对"长刀之夜"表达了欢迎之意。"利用这次机会，"隆美尔说道，"能将整个脓包清除就好了。"

"罗姆政变"使隆美尔与新政权走近。这成为隆美尔接近希特勒与国家社会主义的序幕。1934年8月2日，帝国总统保罗·冯·兴登堡（Paul von Hindenburg）去世。此后，德国防卫军向"元首兼帝国总理"希特勒宣誓效忠。9月，希特勒亲临哥斯拉。在收获节期间，通过花费巨资的宣传——莱尼·里芬施塔尔（Leni Riefenstahl）甚至使用了彩色胶片进行录影——在这座"帝国农民之城"向人们展示国家社会主义运动跟农民阶级之间的天然联系。隆美尔在德意志帝国皇帝行宫前负责排演仪仗队。有那么几分钟的时间，隆美尔跟在希特勒身后第二排，陪同希特勒检阅列队完毕的士兵。接着，"元首"在皇帝大厅接受"农民阶级的致敬"。隆美尔并未引起"元首"的持续关注。

1935年3月，隆美尔被晋升为中校。他越来越沉迷于希特勒政权的虚假成功。3月17日是帝国"阵亡将士纪念日"。这天，隆美尔在大教堂军营前的庆祝会会场发表了一番热情洋溢的讲话。就在3月16日，希特勒宣布重新引入普遍义务兵役制，命令将国

1 前进

防力量扩充为12个军团36个师。隆美尔将"前线士兵阿道夫·希特勒"吹捧为"现在和未来的开拓者"。具体来说,"'元首'通过采取天才般的措施"消除了失业问题,社会弱势群体得到妥善照料。整个国家重新出现了某种乐观主义——"元首"积极的外交政策……重拾德国的自尊心;通过重新引入普遍义务兵役制以及扩充军队,《凡尔赛和约》中对德国的耻辱条款被勇敢地撕成碎片。隆美尔用下述话语作结:"德意志人民并不想复仇。他们想为自己和世界创造和平——关乎荣誉与权利的和平。"

在哥斯拉,隆美尔认识到了希特勒政权的阴暗面。与许多人一样,隆美尔也曾错误地认为,通过镇压"罗姆政变",社会毒瘤

战术教官。跟军事学校校长在一起(右为隆美尔),波茨坦(Potsdam),1938年

隆美尔神话

"决不能被视为国家社会主义者"。波茨坦，1938年

已被清除干净。在有着将近23000名居民的哥斯拉小城，仅生活着50名犹太人。他们被隔绝，他们的权利被剥夺，他们的商店被涂上了各种标语，他们的生活受到法律约束，他们的生命遭受挑衅和胁迫——所有这些都似乎成为了常态，漫布整个德国。隆美尔在私人朋友圈里对政府的反犹太主义表示过拒绝，就像他的儿子曼弗雷德所强调的那样。但他并没有为正在遭受迫害的受难者做过什么。

隆美尔多年来所获好评如潮，早在1935年1月，他就被预言调往波茨坦军事学校担任课程主管。10月15日，好事成真。隆美尔在波茨坦重拾教鞭，这次他担任的是战术教官。就像在德累斯顿一样，他的观点与课程仍然不拘一格。课堂高潮仍然不可避免地出现在讲述如何夺取马塔尤尔山的场景。

直到1937年，隆美尔的生活才又一次发生了变动。一方面，隆美尔出版了《步兵攻击》一书，这是一本关于第一次世界大战的回忆录。这本书刚出版就成为了畅销书，不仅限于军事圈。另一方面，1937年2月25日，隆美尔被赋予了一项特殊的任务：他成为了德国国防军与帝国青年领袖之间的联络官。对隆美尔来说，这意味着他跟帝国青年组织的干部建立起了联系。作为一名在第一次世界大战期间获颁高级勋章的老兵，他有机会在一大群兴高采烈的希特勒青年团团员面前炫耀自己在攻占马塔尤尔山时的辉煌经历。事实上，他被帝国战争部委以重任，即将帝国青年组织置于德国国防军的控制之下。德国国防军曾尝试过架空希特勒青年团，亲自掌控帝国青年在入伍前的培训工作。但在1935年由于帝国青年领袖巴尔杜·冯·席腊赫（Baldur von Schirach）的反对而失败。现在，该隆美尔试试运气了。

跟席腊赫的第一次会面并不顺利。隆美尔到席腊赫位于科赫尔湖（Kochelsee）湖畔的度假寓所拜访。席腊赫的夫人亨丽埃特（Henriette）女士一直想把这位来自波茨坦的施瓦本人的注意力转

隆美尔神话

移到巴伐利亚阿尔卑斯山的美景上，但一切都是徒劳。"无意之中，"对隆美尔没有任何偏见的席腊赫在他的回忆录中如此写道，"亨丽埃特给了我们这位客人一个提示词——山！一听到'山'字，隆美尔就开始滔滔不绝地讲起他攻占马塔尤尔山的经历，持续了整整两个小时！"

到了1938年5月，形势开始变得严峻起来。一次，帝国元首在魏玛宿营。为此，一个能够容纳3000名希特勒青年团领导人的大帐篷被搭建起来。此时，已被晋升为上校的隆美尔向帝国青年领袖的副手哈特曼·劳特巴赫（Hartmann Lauterbacher）递交了一份协议草稿。劳特巴赫勃然大怒并予以断然拒绝："按照这个协议的结论，我们将肯定不会再作为国家社会主义德国工人党的一个分部而存在，将变为德国国防军的军事后备组织。"经过一番温和的争辩后，隆美尔同意重新起草一份妥协方案呈送给巴尔杜·冯·席腊赫。根据劳特巴赫的回忆，隆美尔第二天将协议的最初版本呈送给了帝国青年领袖，并误导席腊赫以为自己看到的文件是隆美尔与他的副手商定后的妥协方案。席腊赫不明就里地签了字。

不久之后，席腊赫怒不可遏地收回了自己的签字，并宣布协议无效。此外，这位帝国青年领袖直接陈书希特勒，对德国国防军的动议予以回绝并要求将隆美尔解职。他成功了。希特勒青年团继续作为党的一个组织而存在，隆美尔在1938年8月不动声色地从联络官的位置上离职。"隆美尔，"席腊赫如此言辞凿凿地向马丁·鲍曼（Matin Bormann）倾诉，"决不能被视为国家社会主义者。"这位老国家社会主义者是对的：隆美尔或许被希特勒政权的虚假成功吸引了，但隆美尔终其一生均对国家社会主义的意识形态敬而远之。

看起来，这对隆美尔并未造成多大损伤。1938年10月1日至9日，在进军苏台德地区（Sudetenland）期间，隆美尔被任命为元首大本营指挥官。从军事角度上看，这项任务并无多大挑战性。隆美尔要为希特勒的安全负责。但对他个人而言，大本营指挥官一职意味着这位上校被弹射进了权力场的核心。隆美尔拥有几位炙手可热的靠山。其中之一是希特勒的空军副官尼古劳斯·冯·贝洛（Nicolaus von Below），隆美尔在德累斯顿步兵学校当候补军官生的时候就认识他了。另一位是国防军元首副官长鲁道夫·施蒙特（Rudolf Schmundt），正是他推荐隆美尔担任元首大本营指挥官的。在施蒙特和隆美尔之间甚至发展出了一段友谊。施蒙特至死（因参与1944年7月20日的反抗行动而被谋杀）都是隆美尔的支持者，同时也是隆美尔在元首大本营最重要的对话伙伴。

从元首大本营返回后，1938年10月10日，隆美尔被任命为玛利亚·特雷西亚军事学院（Maria Theresianische Militärakademie）院长。这所军事学院位于维也纳新城，历史悠久。此后不久，他第三次赴柏林参加为高级军官举办的国家政治训练班。训练班结业之时，希特勒亲自到场训话。很明显，希特勒的讲话给隆美尔留下了深刻印象。他在给妻子露西的一封信中写道："元首昨天说：今天的士兵必须懂政治，因为他必须时刻准备着为新的政治而献身。德国国防军是捍卫新的德国世界观的利剑。"

在某种形式上，隆美尔行至此刻的发展之路就像一面镜子，映射出了德国防卫军当时的状况及未来——它们秉持错误的信仰，一心希望成为国家的第一力量。映射出它们是如何一步一步跟着希特勒的独裁政权纠缠到一起的，从而越来越依赖于希特勒，深陷泥沼且不能自拔。"听元首的话，而不是听党的话！"成为人们信奉的格言。它助纣为虐，使人们对希特勒政权明目张胆的犯罪行为视而不见，隆美尔也不例外。

1938年年末，隆美尔获邀前往瑞士。他的《步兵攻击》一书在这里颇受欢迎，已被应用于为瑞士候补军官生开设的战术课程。现在，作者本人可以在巴塞尔（Basel）、苏黎世（Zürich）、沙夫

隆美尔神话

豪森（Schaffhausen）、奥尔滕（Olten）等地向瑞士候补军官生们讲述他的作战经历了。然而，巡回报告导致了一个令人不快的后果。隆美尔一如既往地列举攻克马塔尤尔山的战例，绘声绘色地描述当时士气低落的意大利军队的反应。对此，意大利驻瑞士武官向德国驻伯尔尼的公使馆提出抗议，"他听到一些流言，隆美尔在作报告时用轻蔑的口吻发表针对意大利士兵的言论。"这可不是无关痛痒的指责——意大利在1936年成为了轴心国伙伴，意大利"领袖"贝尼托·墨索里尼（Benito Mussolini）是德国"元首"的"朋友"。隆美尔必须为此作出辩护。

隆美尔向国防军最高统帅部写了两页的声明书，他保证："我严格遵循了历史事实，并未作任何贬低意大利士兵及其战斗价值的评论。"在声明书的最后一段，隆美尔短暂提及了他此次瑞士之旅的一些背景故事。他写道："尤其是年轻一点的军官们表达了他们对于新德国的同情之心——个别人也相当理智地就犹太人问题谈了自己的观点。"这表明，隆美尔在瑞士的巡回报告探讨了德国对待犹太人的问题。此时，离1938年11月9日的所谓"帝国水晶之夜"，刚过去不到1个月时间。隆美尔的儿子曼弗雷德甚至想去看一眼维也纳新城被纵火之后的犹太教会堂废墟，但由于在通往废墟之路特地设置了障碍而被警察遣送回家。

如何理解隆美尔所说的"相当理智"？难道某些瑞士军官表达了赞成这场血腥大迫害（Pogrom）的观点？这听上去似乎没有可能性。或者，只要对犹太人的隔离、剥权、迫害，在"有秩序的轨道"上运行，他们就对此表达欢迎，而只对褐衫暴徒"自发"性质的骚乱表示谴责？这是一种在当时的德国盛行的态度？又或者，即便德国针对犹太人的迫害时有发生，即便爆发了1938年11月9日的"水晶之夜"，这些瑞士军官仍然对"新德国"表示欢迎？不管怎样，隆美尔决不是一个反犹太主义者。他将"犹太人问题"肯定无疑地视为某种负面事物，正如他的儿子曼弗雷德所说的那样（当时，他只有10岁）。事实上，没有任何确知的原始资料可以证明隆美尔持有敌视犹太人的态度，哪怕是一丁点儿苗头也没有。

1939年3月，在进军捷克斯洛伐克和接收默默尔地区（Memelland）期间，隆美尔再次担任了两个星期的元首大本营卫队长。从现在开始，隆美尔进入了接近这位独裁者的阶段。它将发展为一个近乎灾难性的事件，隆美尔至死也未能完全摆脱出来。与希特勒在捷克斯洛伐克边境地区相遇，构成了这一事件的开端。由于当时，党卫军元首护卫队尚未到达，希特勒对是否长驱直入布拉格仍然犹豫。"我就是那个人，"隆美尔后来骄傲地与他的朋友库尔特·黑塞说，"希特勒安排我，在我的护卫之下继续前进——直抵赫拉德恰尼城堡（Hradschin）。我跟他说：'您没有别的选择。我的元首，对您来说只有一条路，那就是挺进这个国家的心脏，挺进首都，耸立在布拉格城堡之上。'在某种程度上，是我强迫他与我同行的。他信任我，且从未忘记是我给他提供的建议。"

半年之后，1939年8月1日，隆美尔被破格晋升为少将。如果隆美尔在第一次世界大战结束后就成为总参谋部军官的话，作为"蓝马克斯勋章"的获得者，他也许早已达到现在的成就。现在，隆美尔已48岁了，才接受高级军官生涯的洗礼。8月23日，隆美尔被重新调到元首大本营。希特勒煽动波兰危机已迫在眉睫。所有迹象都表明战争一触即发，只有隆美尔不相信这一点。在维也纳新城与露西作别之际，他曾坚信地告诉露西："你尽管放心，只要参加第一次世界大战的那一代人尚存，就决不会有第二次。"8月31日，就在德国突袭波兰的前一天，隆美尔给露西的信中仍然说道："局势将如何发展？我认为，还不至于卷入一场激战之中。"这是一种无边际的、无根据的乐观主义。法国与英国已经作了战争动员并威胁，如果德国与波兰发生武装冲突，它们将站在波兰一边。隆美尔在向希特勒的传令兵海因茨·林格（Heinz Linge）

总是站在第二排。波兰，元首大本营（右二为隆美尔），1939年9月

吐露心声时仍坚定地认为：14天之内，一切都将烟消云散。

  1939年8月31日晚，一支身穿波兰军装的德国党卫军特遣队冒充波兰军队袭击了三处靠近波兰边境的德国设施，其中就包括格莱维茨（Gleiwitz）电台。他们用波兰语发表挑衅性演说，造成波兰进攻德国的假象。这些人为策划的边境突发事件为希特勒提供了突袭波兰的口实。9月1日10时许，希特勒在柏林柯罗尔歌剧院（Berliner Kroll-Oper）向帝国议会和德国民众发表讲话。他的讲话高潮出现在下述臭名昭著的段落："昨天夜里，波兰正规军士兵首次在我们的领土上开火。从早上5时45分起，我们进行了还击，那里一直炮火连天。"隆美尔兴奋地向露西写道："你

如何看待元首9月1日的讲话？我们拥有这样一位领袖，简直太不可思议了。"在某种程度上，隆美尔从未察觉他服侍的元首到底是怎样的一个人。

精心谋划的边境突发事件不过是德国在波兰犯罪行为的开始。为了安抚被占领地区，党卫军突击队开展了"有准备"的针对波兰知识分子的谋杀行动。成千上万的贵族与教士，教授、教师与医生，主要是从事上述职业的犹太人，被驱赶到墙边集体射杀。隆美尔对这些大屠杀事件应该知之甚少。否则，他也不会在此之后天真地求助于党卫军帝国领袖副官海因里希·希姆莱（Heinrich Hilmmler），让其帮忙打探他的一位波兰亲戚的状况。隆美尔妻子

隆美尔神话

露西的舅舅埃特蒙德·罗斯切聂尔斯基（Edmund Rosczynialski）是一位天主教神职人员，在德军入侵波兰不久后失踪。后来，帝国保安总局（Reichssicherheitshauptamt，简称RSHA）回复隆美尔查无结果，"他（罗斯切聂尔斯基）可能已沦为战争骚乱或者恶劣天气的牺牲品了。"

正如一位军官所言，就像"吕佐夫猎队"开展"愤怒冒险的追捕"一样，在1939年9月最初的几个星期里，人们看到隆美尔端坐在希特勒护卫车队前端的装甲侦察车里，奔驰在波兰的土地上。隆美尔手下有16名军官、274名士兵，他们负责希特勒下部队视察时的安全保卫工作。在《新闻周报》（Wochenschau）上，人们首次看到了隆美尔的身影。希特勒每次出行，这家杂志都要大肆宣传。隆美尔总是站在第二排，缺乏自信，带有一丝失落。现在，纳粹德国的顶尖人物频繁进出于元首大本营，络绎不绝。显然，隆美尔尚未完全适应这个圈子。

希特勒懂得用更加巧妙的方式，通过施以小恩惠以确保隆美尔获得宠爱。海因茨·林格在回忆录中写道："希特勒允许他参加战场形势讨论；邀请他共同进餐；提供给他一些信息，让隆美尔看上去像得到了特别授权一样；给他讲解坦克、冲锋部队、俯冲轰炸机如何协同作战；向他阐明闪电奇袭必须遇敌于外；让他明了希特勒本人的战略与战术。我甚至有这样的印象，隆美尔贪婪到想将元首说的每一个字都铭刻于心。"

隆美尔对元首的痴迷，透过信件向妻子露西作了倾诉。让我们一步一步对隆美尔倾心于希特勒的各个阶段进行回顾与还原。这样一项工作非常有趣。比如，在1939年9月9日的信中，隆美尔写道："我有很多时间和元首待在一块儿，我们经常进行最为私密的讨论。这种信任对我而言是极大的快乐，甚至超过了获得将军军衔给我带来的喜悦……"第二天，隆美尔又说道："傍晚时分，总是进行长时间的战争局势讨论，我被允许在场参与，有时也被

1 前进

在"元首"专列上。波兰，1939年9月

允许插话。共同商讨问题，然后找出解决方法，这种经历妙不可言。"9月12日，隆美尔写道："元首心情甚佳，我多次与他谈话，非常私人性质的谈话。"9月23日，"元首心情一般。我一天之内两次坐到他的桌旁。昨天晚上，我被允许邻近他就座。"

在这几个星期的时间，隆美尔蜕变为希特勒个人的忠实追随者，他仰视他的主人，带着虔诚般的敬畏。希特勒似乎也对这位谦逊的施瓦本人，这位"蓝马克斯勋章"获得者，表现出了浓厚的兴趣。隆美尔推崇的眼神，在希特勒看来有别于陆军，尤其是陆军总参谋部在信任和服从他个人方面所表现出的不情愿……

在战胜波兰4个半月之后，即1940年2月，隆美尔获任驻莱茵河畔的巴特哥德斯堡（Bad Godesberg）第7装甲师师长。这一任命对于出身步兵的隆美尔而言绝非寻常，这得归功于他的新靠山。隆美尔在离开元首大本营之际，幸运地获赠了一本带有希特

隆美尔神话

勒手写签名的《我的奋斗》。这位独裁者亲自在他的书上赠言:"隆美尔将军先生惠存,为了友好的纪念……1940年2月3日。"

现在,隆美尔对希特勒的忠诚已日月可鉴。在接掌第7装甲师帅印时,师参谋部军官惊讶地看到,并非纳粹党员的隆美尔竟然高举右臂,精神抖擞地行了一个标准的纳粹礼:"万岁,希特勒!"(Heil Hitler,又译"赞美你,希特勒!")1940年3月,时任帝国宣传部国务秘书的卡尔·汉克(Karl Hanke)少尉被委派为隆美尔的参谋长。隆美尔在给他妻子的信中写道:"这对我来说并不重要,我也无须噤若寒蝉,但或许某些人要小心了。国家社会主义对某些人来说还是陌生事物。"显然,此时的隆美尔已自认为是一名铁杆国家社会主义者了。不管怎么说,在其他将军眼里,隆美尔的这一态度已明确表明了自己"纳粹将军"的身份。

隆美尔下定决心,要不惜代价地捍卫希特勒对自己的信任。1940年5月10日,隆美尔跟他的第7装甲师扑向了法国战场。隆

时代见证人 ZEITZEUGEN

海因茨·普吕马赫(HEINZ PLÜMACHER)
法国战场士兵

"我当时在第4集团军,有一次我们听说(似乎是中士讲给我们听的),是的,不知道哪一个师长,在左右两翼均无掩护的情况下依然向前狂奔。尽管如此,他还是成功了。这就是'幽灵之师'。后来我们得知,他就是隆美尔。"

1 前进

美尔一直处于部队的前沿,仅3天时间,他就在晨曦中度过了马斯河(Maas)。5月16日,他的装甲师推进到了具有传奇色彩的马其诺防线近前。虽然第4集团军最高指挥官陆军大将汉斯·京特·冯·克鲁格(Hans Günther von Kluge)明确下令"不得突破",这无法阻挡隆美尔继续前进的步伐。就像在第一次世界大战时一样,隆美尔打算对法国人实施突袭。18时30分,隆美尔的先遣部队突入了法军最外层的防线。隆美尔开始施展自己的计划。藏身于混凝土掩体中的,藏身于雷场、铁丝网障碍物后的法国人,完全未料到隆美尔的坦克会出现在他们的眼前。23时许,隆美尔成功地突破了马其诺防线。现在,他已无人可挡。隆美尔决定,通过深入敌境为他的成功奇袭完美收官。

隆美尔像着了魔一样不顾一切地向前推进。他的上司枉费心机地试图阻止他的继续推进。但隆美尔根本不予回应,有时甚至会关闭无线电台。有时,隆美尔和自己的先遣部队也会失去联系。隆美尔仅率领几辆坦克驰骋在敌境,就像大海中的一座孤岛。这一切似曾相识,就像第一次世界大战!"同样的诡计,同样的佯攻,同样的奇袭,只是现在的规模更大。"一名第7装甲师的少尉如此说道,"我从未见过任何类似于隆美尔推进路线上出现过的那种景象。"此时已成为法国战场战地记者的库尔特·黑塞写道,"多达几百辆的战车横亘于前,绵延至少8—10公里,有的栽进了壕沟,有的燃起了熊熊大火,还有许多横七竖八地躺满了死人或者伤员。时而有几个脸上写满惊悚的法国人高举着双手从农田或是树林里走出。前方不断传来短促而又尖利的坦克炮声,这些坦克通常由隆美尔亲自指挥。他站在指挥车上,只有两名军官陪同在侧,帽檐朝后,前进,前进。隆美尔的胸中充满一团'圣火'。没有任何反抗,既没有来自法国人的反抗,也没有来自身边人的反抗。当隆美尔与3辆坦克率先抵达索姆河(Somme)河口时,那些精疲力竭的德军官兵唯一想做的就是躺下休息!"

隆美尔神话

心中充满无限自豪。胜利日阅兵，巴黎，1940年6月20日

1 前 进

隆美尔所取得的战绩是令人震惊的：法国第 2 军团陷入了恐慌，第 2 军团的装甲师被彻底歼灭。此外，隆美尔还歼灭了十几支小规模的战斗部队。总计超过 1 万名法国士兵被俘。这次进攻使隆美尔的第 7 装甲师获得了"幽灵之师"（la division fantôme）的绰号。"心理震撼因素"，在军事历史学家卡尔 - 海因茨·弗里泽尔（Karl-Heinz Frieser）眼里成为了最有效的武器。

1940 年 6 月 22 日，法国在贡比涅（Compiègne）森林与德国签订了停火协定。隆美尔对此非常满意。他因穿越马其诺防线冒险的单独行动而获颁骑士铁十字勋章（Ritterkreuz）。除此之外，他还采取了必要的预防措施，以防他的功绩被人遗忘。他会定期将详细的战地报告寄送给元首大本营的鲁道夫·施蒙特，请求他转交给希特勒。隆美尔再次拥有了与攻占马塔尤尔山时一样的感觉。当隆美尔获悉，两个"总参谋部的家伙"超越他，并被晋升为中将军衔时，他无比愤怒。"真是让人心酸，"隆美尔在 8 月 27 日写给露西的信中提道，"如果人们按照过去几个月的战绩论功行赏。我还是那个一如既往地'在前线卖命的士兵'。"

隆美尔很可能高估了自己对于希特勒的重要性。1940 年圣诞节期间，隆美尔亲自将第 7 装甲师的所有战地报告汇编成册，并用红色皮革装订，高傲地让他的传令官卡尔·汉克带往元首大本营。希特勒立即向隆美尔表达谢意，并在 12 月 20 日给他致信："亲爱的隆美尔将军，非常感谢您将第 7 装甲师在西线战场的战地汇编转呈于我，以使我有机会再次分享贵师的胜利进军之路。您可以对已取得的战绩骄傲。在新的一年，我祝愿您以及贵师一切顺利。致以德意志的问候。您的阿道夫·希特勒。"施蒙特的简短附函，更是让隆美尔感到高兴，"您可以想象，元首是多么愉快地研究了您的战地汇编。"隆美尔喜出望外，立刻给露西写信："元首在百忙中仍能拨冗研究我的装甲师战史并致信于我，这让我的心中充满无限自豪……"

隆美尔神话

　　假如隆美尔知道他的传令官卡尔·汉克是如何在背后演绎这段历史的话，也许他就不会这么想了。"希特勒只是粗略地翻阅了一遍日记簿，甚至连内容也未仔细瞄一眼，就将卷宗搁置一旁。然后指示他的副官给隆美尔写了一封通常意义上的感谢信。"这位独裁者的思想早已远超了隆美尔。早在1940年的12月18日，希特勒已签署了第21号秘密命令。德国开始为突袭苏联作准备，代号为"巴巴罗萨"（Barbarossa）。

2
钟 摆

英国人首先来到这里。1882年，英国人将土耳其总督驱逐出埃及并占领了这个国家，他们的首要目的是确保刚刚开掘的苏伊士运河的航运安全。30年后，意大利人又从土耳其手中夺取了的黎波里塔尼亚（Tripolitanien）和昔兰尼加（Cyrenaika）两个行省，并在1934年将这两个行省与费赞（Fessan）一起合并为意大利的殖民地"利比亚"。1935年，意大利独裁者贝尼托·墨索里尼的军队开进了阿比西尼亚（Abessinien），并于1936年5月5日占领其首都亚的斯亚贝巴（Addis Abeba）。这位"领袖"叫嚣着要重现古罗马帝国的荣耀，建立"新罗马帝国"。

受到德国在欧洲西线攻势中所取得的显赫战绩的激励，意大利于1940年6月10日向英国和法国宣战。不过，这个决定的作出为时已晚，且缺乏前期准备。仅仅12天之后，法国就在贡比涅森林与德国签订了停战协定。多年来，德国一直为希特勒的战争进行着军备扩张。与此相反，意大利军队在很大程度上仍处于第一次世界大战时的战备水平。然而，墨索里尼还是想借他的轴心国伙伴德国的东风分一杯羹。墨索里尼雄心勃勃，他的目标是夺取埃及。就像古罗马帝国的皇帝一样，现在，墨索里尼如法炮制横渡地中海——在意大利，地中海一直被称为"我们的海"（mare nostro）。

自1940年6月，德国国防军最高统帅部（OKW）和陆军总司

隆美尔神话

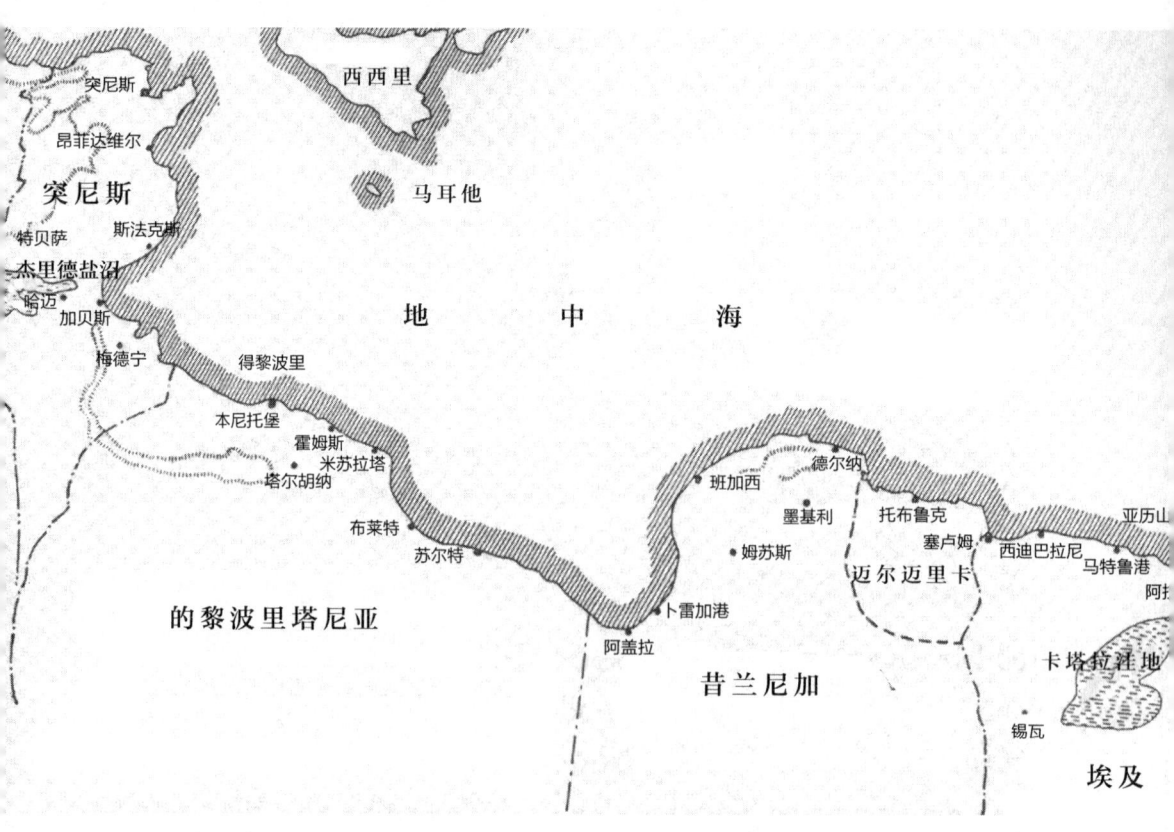

北非战场。1950 年地图

令部（OKH）也在积极谋划，支持意大利军队从利比亚发动一次可能的攻势以夺取苏伊士运河。不过，这跟墨索里尼的兴趣毫不相关。德国国防军的目的是，在计划进攻英国本岛的背景下，测试同时对大英帝国的殖民地实施打击的可能性。在德国的支持下，经由代理人发起战争——通过"友好的"西班牙法西斯政权"夺取直布罗陀海峡"；通过意大利"发起一场针对苏伊士运河的攻势行动……切断大英帝国的阿喀琉斯之踵"。

不过，西班牙的国家"领袖"（Caudillo）弗朗西斯科·佛朗哥（Francisco Franco）拒绝了德国的提议，而墨索里尼则更愿意凭借自身之力夺取埃及。早在 1940 年 8 月，德国针对英伦

2 钟摆

三岛的"海狮行动"就被无限期推迟了。即便是信誓旦旦的英伦"空战"也未能达到预期效果。希特勒的一项新的作战意图使得之前实施的所有计划相形见绌:这位独裁者自1940年6月开始就已经设想突袭苏联的计划了。向东为争取生存空间而战,并与他的意识形态对手作终极决战,这早就提上了他的议事日程。一旦苏联被快速征服,英国将失去它在欧洲大陆上的最后一个盟友。"然后,英国的最后一丝希望即将被浇灭",陆军总参谋长弗朗茨·哈尔德(Franz Halder)是这样忠实记录这位独裁者的如意算盘的。

1940年9月13日清晨,在未提前征询轴心国伙伴德国意见的情况下,意大利军队从他们的殖民地利比亚出发跨过了埃及的边境线。意大利军队在埃及边境地区与英国军队进行了几场规模不大的战斗。实际战况是,意大利军队5天之内仅推进了90公里,此后则在西迪巴拉尼(Sidi Barrani)裹步不前。意大利军队后勤补给出现问题,只能有条件地投入战斗。按照意大利陆军总参谋部的计划,只能等待3个月之后,才能重新组织发起攻势。

这样,北非战场的战争钟摆第一次摆动起来。在接下来的两年时间里,战争钟摆的致命摆动总共5次掠过昔兰尼加地区。战场绵延超过1000公里,西起沙漠要塞阿盖拉(El Agheila),东至港口城市塞卢姆(Sollum),北接地中海,南邻沙漠地区。在此期间,战斗发生在狭长的海滨地带——布满碎石的旷野、多石的平原以及卡斯特荒原连旦大约有100公里。荒漠中的战斗近似海战,其要点是拦截并击溃敌人。常规的野战方式在这里不再适用,甚至还会转换为不利情势。在这里,后勤补给具有决定性意义。燃料、弹药、武器,还有水,必须用载重卡车穿越数百公里运抵前线。参战一方向前推进得越深,距离自己的补给基地则越远。反之,战败一方在撤退的过程中却距离自己的补给基地更近。假定海上运输畅通无阻,那么,在一场攻势即将结束的战争中,处于劣势的一方相比于优势的一方或许具有更多有利条件。

1940年12月,战争钟摆又令人惊讶地急速回摆。陆军中将理查德·奥康纳(Richard O'Connor)命令英国军队向西迪巴拉尼的意大利阵地发起进攻。英军的胜利超出了所有人的预料,仅8个星期,奥康纳就将意大利人驱逐出了昔兰尼加,他的先头部队已抵近阿盖拉。此役,总共有13万名意大利士兵被俘,另有400辆坦克和3000门火炮被英军缴获。北非意军余部溃不成军,其残部向西距离阿盖拉800公里以外的的黎波里(Tripolis)逃窜。

虽然英军在利比亚的胜利指日可待,但英国首相温斯顿·丘吉尔(Winston Churchill)却在1941年2月12日命令英军停止进攻,并将英军大部从非洲战场撤出并调往希腊战场。同样,在依然未与轴心国伙伴德国进行任何商议的情况下,意大利人于1940年10月入侵希腊。如果当时的奥康纳能保持继续北非攻势的话,意大利在利比亚的反抗将在两个星期内彻底崩溃。这样,在北非的战争或许还将延长两年的时间。

这是一种历史的讽刺,同样是1941年2月12日,埃尔温·隆美尔乘飞机降落在了的黎波里机场,第一次踏上了非洲的土地。就在6天之前,希特勒在柏林的帝国总理府亲自召见了隆美尔,并将一支德国阻击部队(Sperrverband)的指挥权交付予他,目的是阻挡英军在北非战场的继续推进。希特勒的担心是有道理的,意大利在其殖民地利比亚的失败将给他的"朋友"墨索里尼带来巨大的政治麻烦,并将威胁到柏林-罗马轴心的存在。然而,对这位独裁者以及他的军事顾问来说,利比亚不过是一个副战场而已。希特勒当下正决心在东方延伸"他的"战争。

隆美尔在柏林逗留期间,希特勒很可能将最初计划发起的推进至苏伊士运河的攻势再次提上了台面。事实上,他催促隆美尔立即对英军予以痛击。这与希特勒给墨索里尼的信件中传达的有关德军投入非洲战场的精神完全契合:"……我认为,纯粹防御性地据守阵地已不足以遏止英国人的推进……防守本身必须具有进攻性。"

然而，陆军总司令瓦尔特·冯·布劳希奇（Walter von Brauchitsch）元帅和他的总参谋长弗朗茨·哈尔德却作出了与希特勒截然相反的安排。在对后勤补给的可能性进行了精确计算后，在充分考虑即将到来的对俄国的突袭行动后，两位将军认为德国阻击部队在北非的补给不宜程度过高。隆美尔对此一无所知。他们认为，隆美尔应该阻止意大利军队继续向的黎波里后撤，并在苏尔特防线（Sirte-Linie）逐步转换为防守态势。陆军总参谋部节制隆美尔的攻击行动，而希特勒则鼓励隆美尔对英军予以痛击。这位独裁者和他的陆军统帅部之间长期以来的冲突一直存在。这种自奇袭波兰以来就开始郁积的矛盾再次体现在了对隆美尔的阻击部队的态度上。

"你可以想象，"面对这种情景，隆美尔对他的妻子控诉道，"这让我有多头疼……这将导致什么样的结果呢？"在抵达利比亚之后，他向一名少尉吐露了心声："我们将一直推进至尼罗河，然后向右折转（转向东非）并重新赢得一切。"很明显，隆美尔的心情是急切的。他并不知道丘吉尔已经命令英军停止前进。因而初期，他误以为自己要面对的是臆想中的实力强大的英国军队，需时刻提防英军针对的黎波里展开的攻势。几支已于1941年1月飞抵利比亚的空军编队暂且不论，直到2月12日，除了1座野战医院、2个淡水供给纵队以及1处汽车修理厂之外，无任何德军战斗部队踏上非洲的土地。两天之后的傍晚时分，最初一批作战部队终于抵达的黎波里港口。隆美尔，这位履新不久的陆军中将，站在码头上亲自督促港口工人和部队，要求一夜之内必须将所有物资卸载完毕。

在第二天的11时许，隆美尔已经能够在的黎波里原本由土耳其人建造的广场上检阅第3侦察营和第39反坦克营了。在军乐队的伴奏下，在当地意大利居民的欢呼声中，德国士兵乘坐战车从他们的指挥官隆美尔将军和意大利军队面前隆隆驶过。阅兵式之后，车队并未停留，而是继续穿越的黎波里的阿拉伯人城区径直向东驶去。26个小时之后，这两个营的先头部队于2月16日抵达意大利人构筑的苏尔特防线最前沿。与此同时，隆美尔也乘坐他的"菲施勒施托奇（鹳式）"（Fieseler Storch）轻型侦察机匆匆飞抵位于沙漠边缘的苏尔特。隆美尔非常满意地电告元首大本营："第一批德军部队已成功抵达非洲战场的最前沿。"

两天之后的2月18日，隆美尔的阻击部队获得了它的第一个正式番号：德国非洲军团（Deutsches Afrika-Korps）。隆美尔高傲地向家中的妻子报告："元首对我抵达非洲后在我的干预下出现的形势转圜感到满意。他赞同并批准了我所采取的所有措施。"

不过，此时的隆美尔并未得到任何的重型坦克，为完成阻击使命而配备的部队大部也尚未抵达非洲。在隆美尔看来，这是一个通过展示德军特有"优势（他眼中的劣势）"蒙骗对手的决定性时刻。几天来，在的黎波里南部的德军检修车间里，机械师开始用油毛毡制造假坦克；在沙漠里，小股德军驾驶轻型战车拖曳大捆灌木树枝或帆布帐篷，扬起漫天沙尘，制造整个坦克营行进的假象以欺骗敌人的空中侦察。即便在1941年3月11日，德军第一批战斗坦克抵达的黎波里时，隆美尔也依然沿用着之前的诡计，以强化敌人对他的部队战斗力的印象。他命令装甲兵在分列式行进之后，就近拐入下一个街区并重新回到阅兵行列，以便再次从观礼台前驶过。

后来，隆美尔利用这样的欺骗伎俩的确获得了某些成功，不过，在北非战场的最初几个星期里，这些诡计看上去并未起到任何作用。因为，英国人压根就未打算发起进攻。相反，隆美尔认为德军处于劣势，不得不先发制人，向昔兰尼加地区挺进。"进攻是最好的防守"，隆美尔笃信这句格言，他命令部队向东挺进阿盖拉。

2 钟摆

重夺德属东非。的黎波里，1941年3月12日（右二为隆美尔）

隆美尔自己则在3月19日飞返德国，以便在总理府亲自向希特勒报告。为了表达敬意，这位独裁者向隆美尔中将颁发了橡叶骑士铁十字勋章，以表彰他在法国战场上取得的"独特战绩"。隆美尔传播了一种乐观主义情绪。他说，在非洲他看不到有任何困难，希望能尽快运送第15装甲师至非洲战场。这样，他就可以率领整个非洲军团向东（昔兰尼加方向）突进。在这次接见之后，希特勒对这位将军赞不绝口，并非常看好北非战场形势的发展。

隆美尔接下来与国防军陆军总司令的谈话，就不那么融洽了。

隆美尔神话

根据陆军总参谋长弗朗茨·哈尔德战后的回忆，隆美尔当时非常自信地解释，"用不了多久，他就将占领埃及和苏伊士运河"，然后，他说到了……德国的东非。我禁不住偷笑了一下，问他，"为了实现这一目标，您需要什么？"他（隆美尔）认为，他还需要两个装甲军团。我问他："即便我们有两个装甲军团，您如何为它们提供保养和补给？"然后，我听到了一句经典的回答："这关我屁事，这是您的分内之事！"

此时，德国非洲军团从苏尔特阵地防线已经向东推进了280公里，途中并未遭遇什么反抗。3月24日之前的晚上，一支德军侦察小分队成功夺取了沙漠要塞阿盖拉。即便在这里，也未发生一场真正意义上的与英军的遭遇战——这座沙漠要塞无人值守。直到拂晓时分，英国驻防军队才抵达要塞，并出人意料地很快被德军制伏了。电影杂志《新闻周报》对这并不具有轰动性的军事行动极尽吹捧，并刊登了有关阿盖拉战役之惨烈状况的子虚乌有的照片。《新闻周报》评论道："埃尔温·隆美尔中将，作为唯一一位身处沙漠酷热中的德国将领，穿着灰色国防军制服、脚蹬高统靴、胸前佩挂橡叶骑士铁十字勋章和'蓝马克斯勋章'，站在最前线指挥进攻。"事实上，隆美尔是在阿盖拉已被占领后的第二天早上，才搭乘鹳式侦察机飞抵那里的。这并不意味着，隆美尔有意回避最前线。但通过这件事我们知道，隆美尔此时已深谙公关之道。与其说这应怪罪于隆美尔的虚荣心，毋宁说这跟他在第一次世界大战时的亲身经历有关。他曾发誓，绝不会"让煮熟的鸭子飞走"。显然，隆美尔在攻克马塔尤尔山时梦魇般的经历依然在持续发酵。

"元首这里可以确定的是，"希特勒的国防军副官鲁道夫·施蒙特向远在非洲的隆美尔写信抚慰，"决不允许再次发生对所获历史功绩作出曲解之事。"隆美尔的同路人，此时已被擢升为德国国防军陆军新闻处处长的库尔特·黑塞，在3月初应隆美尔

2 钟摆

的请求在常规定额之外从宣传连增派了 3 名新闻记者前往非洲战场。这 3 位记者在德国公民生活中极具影响力且家喻户晓。他们是：电影摄影师汉斯·埃特尔（Hans Ertl），他因拍摄关于喜马拉雅山的纪录片而声名鹊起并实质性参与了莱尼·里芬施塔尔《奥林匹亚》纪录片的创作；《柏林画报》（*Berliner Illustrierte Zeitung*）周刊的明星摄影师埃里克·波切特（Eric Borchert）；畅销作家汉斯·格特·冯·埃塞贝克（Hanns Gert Freiherr von Esebeck）男爵。

增派的战地新闻记者划归隆美尔参谋本部并始终陪伴其左右。没有人可以忽略下述事实，即隆美尔在非洲期间牢牢掌握了宣传的主动权。除了有关利比亚传统的令人着迷的主题——沙漠风景，以及具有异域风情的动植物——之外，隆美尔成为了战地新闻报道的固定组成部分。这为隆美尔神话的诞生奠定了基石。

海因茨-维尔纳·施密特（HEINZ-WERNER SCHMIDT）
隆美尔传令官

"隆美尔热衷于向公众展示自己。如果此时有电影摄影师走上前拍摄或者隆美尔被要求照相时，他绝不会表示拒绝，有时甚至还会摆正姿势。当他发觉，摄影师欲从侧面对他拍摄时，他会展现他果决勇毅的下巴并保持几秒钟不动，以便让摄影师找到最合适的角度。"

时代见证人　ZEITZEUGEN

隆美尔神话

深谙公关之道。宣传照，1941 年

　　36 岁的陆军中尉英格玛·伯恩特博士（Dr. Ingemar Berndt）被派遣至隆美尔的参谋本部。在这件事上，隆美尔的自我推销肯定起了很大作用。伯恩特在公民生活中贵为戈培尔治下的帝国宣传部的一位局长，他前往非洲，就像他的前任卡尔·汉克前往法国

2 钟 摆

一样,仅仅是由于约瑟夫·戈培尔(Joseph Goebbels)喜欢看到他的宣传部同事亲临战场前线。没有证据表明,这位纳粹宣传部长在德军开辟非洲战场之前就已经注意到了隆美尔。

在戈培尔浩瀚的日记中,隆美尔这个名字第一次出现是在1941年的2月22日。这位宣传部长简要而又单调地记录道:"隆美尔将军抵达的黎波里。"直到1个月后,戈培尔本人在帝国总理府遇到这位非洲军团指挥官,他的日记语调才随之发生改变。"隆美尔将军获颁橡叶骑士铁十字勋章,"戈培尔在3月21日的日记中写道,"一位富有传奇色彩的军官。"从此以后,戈培尔的目光就一直游移于这位富有传奇色彩的军官身上,再未离开。

隆美尔置所有命令于脑后。1941年3月31日,他决意独自前行,从阿盖拉出发继续向昔兰尼加推进。毫无疑问,这一行动是对陆军总司令部的忤逆。直觉告诉他,希特勒将对他采取的行动提供庇护。隆美尔给他的妻子露西写信:"自3月31日,我们就处于进攻之中且战绩辉煌。身处的黎波里、罗马,或许还有柏林的上级军官们将大吃一惊。我没有遵从迄今为止的他们发出的所有指示和命令,而是冒险发起进攻,因为战机稍纵即逝。未来,也许我所做的一切都将获得肯定,任何处于我这个位置之人都会采取与我同样的行动。"

4月3日,隆美尔收到了一封发自柏林的指示明确的无线电讯。元首已经决定:"德国非洲军团的主要任务是为确保已经占领的阵地并尽可能地牵制英军在北非的力量……即便是第15装甲师抵达之后……诸如夺取托布鲁克(Tobruk)等大规模攻势也暂时不在计划之列。"傍晚时分,驻的黎波里的意大利将军伊塔洛·加里波第(Italo Gariboldi)来到了隆美尔阵前。加里波第是利比亚战场的最高指挥官,隆美尔在名义上需听命于他。这位将军出离愤怒,要求隆美尔立即停止攻势。不过,另一份发自柏林的无线电讯挽救了局势。就像隆美尔早期的预测,希特勒鉴于目前的战争

隆美尔神话

独当一面。昔兰尼加，1941年4月

2 钟 摆

进展作出了新的想法。希特勒祝贺隆美尔取得"出人预料的成功"。这位中将在给他妻子的信中这样提及,"元首颁布了新的指令,这与我个人的观点完全一致……"

战争钟摆迅速摆回。隆美尔的非洲军团只用了 14 天就从阿盖拉向东推进了 1000 公里至塞卢姆。同样的距离,奥康纳曾率领英军追击意大利人时耗费了 8 周时间。此时,局势对隆美尔颇为有利。在英军大部被运往希腊战场之后,驻守阵地的英军处于明显的劣势。除此之外,驻中东地区的英国军队最高指挥官阿奇博尔德·韦维尔(Archibald Wavell)将军对截获的德军无线电讯信以为真,按照这些无线电讯的说法,德国非洲军团的任务只是固守苏尔特防线。韦维尔料不到德国非洲军团的战场主将会违抗上级的军令。突袭获得了奇效,大多数地方的英军驻守部队除了匆忙撤退之外没有别的任何选择。此役,除了俘获数千名英军士兵之外,还有 6 名英国将军同时被俘,其中还包括沙漠战争大师理查德·奥康纳将军。他是英军中能对隆美尔构成威胁的唯一之人。

奥康纳在 1940—1941 年成功地对意大利军队实施了致命打击,与之相反,隆美尔幸运地逃脱了英军大部队的围剿。留下的,是欺骗性的开疆拓土。从表面上看,隆美尔似乎一路高歌猛进,只有托布鲁克要塞未被攻克。这座要塞如芒在背。事实上,托布鲁克之战几乎成了他军事生涯的终点。

早在 1941 年 4 月 9 日,非洲军团的前导部队就已抵近托布鲁克城外 30 公里处。德军一支先头部队大范围机动绕道托布鲁克向埃及边境方向挺进。同时,隆美尔打算用剩余的部队占领这座港口城市。在未事先对战斗地形以及英军防御阵地进行侦察的前提下,在未跟意大利盟友打探托布鲁克防御工事的情况下,隆美尔就命令他的部队于 4 月 10 日发动第一轮攻击。他坚定地期待着突袭时刻到来,希望能跟潮水般撤退的英军一道涌入这座港口城市。隆美尔不知道的是:托布鲁克被意大利人建造成了滴水不漏的陆

隆美尔神话

浴血围城。托布鲁克，1941年4月

2 钟摆

地和海上要塞。这座港口城市有126座伪装巧妙的掩体、厚密的带刺铁丝网、雷区以及掘地三尺而成的反坦克壕组成的阵地体系。这套阵地体系耗资巨大、构筑精良，长达49公里。依靠突袭行动在挥手之间就想夺取托布鲁克几乎是幻想。

4月10日冲锋时，仅有4支疲惫不堪的作战编队可供隆美尔调遣。经过了连续9天的沙漠行军，士兵们早已疲惫不堪。酷热、饥渴，以及炽热的沙尘暴，不利因素使德军士兵的体力消耗殆尽。这天早上，任何一个可自由移动之人，无论军衔高低、服役年限长短，都被隆美尔动员起来投入战斗。此时，第15装甲师的坦克大部尚未抵达北非战场。师长海因里希·冯·普里特维茨·翁德·加弗龙（Heinrich von Prittwitz und Gaffron）少将甫一报到，就被隆美尔派往海岸公路，即所谓的巴尔比亚大道，向托布鲁克方向为德军侦察有利的炮兵阵地。"至（巴尔比亚大道）13公里处，您尽管放心行驶，"隆美尔向这位没有任何北非战场经验的普里特维茨少将吆喝道，"根据最新的报告，那里已有意大利人设置的岗哨。"这次，应该是隆美尔弄错了。

在巴尔比亚大道边上，一群德国士兵惊慌失措地凝望着一辆敞篷吉普车朝托布鲁克疾驶而去。任凭他们怎么用力招手和呐喊，也没能阻止吉普车驾驶员的行驶。坐在副驾上的一位高级军官只是呼喊着回答他们："前进，前进！敌人已经撤退！"这位高级军官正是普里特维茨少将。在经过巴尔比亚大道14公里处的一座被称为"白宫"的建筑后，普里特维茨直接驶进了英军的防御火力网。子弹铺天盖地呼啸而来，这位51岁的装甲师师长当场中弹身亡。英国人充满黑色幽默地在"白宫"墙壁上立起了一块广告牌，上面画了一杯冰镇啤酒并用英语写着："一直往前——城内有上乘的啤酒，但就是他妈的喝不到。"普里特维茨的阵亡成为浴血围攻托布鲁克且久攻不下的不祥之兆。

进攻的第一天就这么过去了。德军未能突破托布鲁克要塞防

隆美尔神话

御圈上的任何地方。隆美尔预想中的突袭化为泡影。即便在第二天，4月11日的耶稣受难日，隆美尔仍然让德军继续发起进攻。第8机枪营的士兵和第5轻装甲师的坦克一起，再次向无法辨识的托布鲁克防御工事挺进。"刚前行了2公里，"机枪营作战日志如此描述道，"突然，炮火疯狂地向我们袭来……坦克急忙躲闪掉头……利用短暂的炮火间隙，士兵跟坦克继续踉跄着四散逃窜。当火力墙再次集中向我们射击时，哪怕前进一步也变得无比艰难。现在，我们已经得到了反坦克炮和重机枪火力的支援。我们手脚并用，抓住身边一切可以利用的工具开挖沟壕，将自己嵌入其中……"

直到天色变暗，敌人的炮火才停息下来。士兵们徒劳地希望，能终止这种近乎自杀式的进攻。然而，隆美尔要求在4月12日继续组织新的进攻。早上11时许，毫无意义的一幕再次上演。坦克编队向不知隐藏在何处的英军阵地快速行进，机枪营尾随在坦克阴影之下。防御炮火再次响起，坦克不得不再次后撤。一条无法逾越的反坦克壕横亘眼前，坦克的炮弹也打光了。士兵们只得蜷缩着身体平躺于地上，急切盼望着黑夜的再次降临。"即使是大小便，"根据机枪营作战日志的描述，"也必须躺在地上解决。"这次，德军士兵离敌人如此之近，以至于整个晚上也无法得到任何的食物补给。隆美尔的态度依然强硬："第8机枪营应该死守已经夺取的阵地。"

复活节星期日（4月13日）的作战日志记录："……现在他们已接近极限——无论是身体极限、精神极限，还是神经极限。他们（士兵们）发觉，很大程度上他们是在孤军奋战——一个机枪营对阵一个牢不可破的要塞！"17时之前，隆美尔发布了新的命令。这位主将命令部队重新向托布鲁克要塞发起进攻，士兵们再次撞向敌人的炮火。没有任何突破的希望，进攻行动与前几天没有任何区别。

2 钟摆

晚上，第 8 机枪营营长在没有任何外援的情况下作出了最后一次让人绝望的尝试。在夜色掩护下，凌晨 2 时许，第 8 机枪营成功突破了托布鲁克要塞防御圈上的一处铁丝网障碍，并建立了一个小型桥头堡。3 个小时后，第 5 轻装甲师的坦克姗姗来迟拯救这群迷失的羔羊。事实上，即便有他们的加入，也无法抵挡敌人的优势火力。晨曦时分，在一场激烈的交火中，德军 11 辆坦克被击毁，剩余坦克仓促后撤。1941 年 4 月 14 日 11 时 30 分，第 8 机枪营的战斗结束了。"60 名肮脏不堪、仅能依稀辨出人形的士兵无精打采地站了起来，"就像在作战日志中记录的那样，"我们难过得想呕吐。一些士兵流下了愤怒的眼泪，眼泪顺着他们胡子拉碴的脸庞滴落。我们从未想过会是这样的结局。"单是第 8 机枪营，自 3 月 31 日发动攻势以来，900 名士兵中就有 700 名或阵亡、或负伤、或被俘。绝大多数士兵止步于托布鲁克。

隆美尔没有其他选择，只得取消对托布鲁克要塞的进攻。不久后，他开始迁怒于第 5 轻装甲师的战斗状态，第 8 机枪营和第 5 坦克团均隶属于此。在师长约翰内斯·施特赖希（Johannes Streich）少将的指挥车里，隆美尔丝毫没有掩饰自己的情绪。当着施特赖希参谋部军官的面，隆美尔持续向他咆哮长达数分钟之久。一位当时在场的隆美尔的传令官回忆，隆美尔当时的行为应该受到谴责，"一位堂堂的德国将军（施特赖希），竟不得不忍受这样的侮辱"。后来制作完成的有关这场争吵的战地记录并未充分还原当时的气氛。隆美尔指责施特赖希："失败的原因在于指挥失误。部队不应从一个狭窄的点上选择突破，而应选择两翼包抄……"面对下属的反驳，即当时不具备足够兵力采取包抄行动，隆美尔粗暴地回应："师部为何不早作谋划？"没过几个星期，第 5 轻装甲师师长约翰内斯·施特赖希少将连同他的坦克团团长赫尔伯特·奥尔布里希（Herbert Olbrich）上校踏上了返回德国之路——被隆美尔打发回国。

隆美尔神话

在临别之际，隆美尔告诫施特赖希道："我并不否认您担任师长的能力。但在我看来，您在关照士兵方面颇有争议。"就此而言，隆美尔本人发动的托布鲁克攻势是否也有玩忽职守之虞？他让士兵们向托布鲁克要塞发起了3次冲锋，直至5月4日才暂时放弃攻城。陆军总参谋长弗朗茨·哈尔德在日记中简要记录："非洲军团报告，在围绕托布鲁克的进攻战斗中有53名军官和1187名士兵阵亡。数字高得惊人！"

"不要垂头丧气，"隆美尔在第8机枪营全军覆没之后，向施特赖希的参谋部军官说道，"这就是士兵的命运，牺牲是必然的。"可以确定的是，这位49岁的陆军中将在指挥托布鲁克战役时犯了致命错误。他既未事先仔细侦察地形，也未等待足够的战斗编队集结，他应在炮兵和空军的支援下对敌人实施协调和集中打击。

在接下来的几个星期里，陆军总司令部收到了十数份关于隆美尔在非洲战场指挥风格的书面或口头控诉。随之而来的一份机密评估得出了相应结论。"在我看来，"关于隆美尔，陆军人事局局长鲍德温·凯特尔（Bodewin Keitel）将军写道，"主要有以下几个特征：首先，在承认（他）拥有无与伦比的个人大无畏精神和坚定决心的同时，我认为，（隆美尔）有时缺乏全局观念。故而，（他）会颁布时效短且经常重复撤销的命令。因为这些命令未经深思熟虑而发出且无法被执行……其次，更加值得商榷的是他的强硬和粗暴的指挥艺术，以及对年长的、久经沙场的指挥官的尊严的践踏。因而，作出诸如下述的评判则不足为奇了——我不得不解除您的职务；请求对其进行特殊评估，以便立刻替换（隆美尔）；因（隆美尔的）阴险（行径）而建议对其开展军事法庭调查。"

不仅在柏林，即便在北非，隆美尔也身陷严峻的处境。他的后勤补给之路延伸得过于狭长。雪上加霜的是，英国皇家空军战斗机联队开始猎寻德军的海上运输船。比如，在4月16日，它们成

2 钟摆

功地将一个德国海军护航编队击沉,这个编队护送的是 5 艘为德国非洲军团提供补给的货船。船上装载的,本是隆美尔急需的人员和物资。在被围困的托布鲁克城内以及埃及边境线之后的英军装备精良。这样,隆美尔被迫将原本在数量上就不占优势的作战部队分布在两处战斗前沿。在这种情况下,再想发动一场大规模攻势几乎不可能。他现在更担心的是,英国人是否会发起一场反冲锋将自己击溃。只不过在表面上,隆美尔还是表现得气定神闲。比如,1941 年 4 月 19 日,隆美尔在一张作战地图前给飞临北非战场的德国空军元帅艾哈德·米尔希(Erhard Milch)解释:"米尔希,您看,那就是托布鲁克!我要攻占它!这儿,这儿是山口,我也要攻占它!那儿是开罗,我也要攻占它!"至于他内心的真实想法,可以从隆美尔给他妻子的信中窥见,"我很少有过像这几天那样的军事焦虑。"

陆军总参谋长弗朗茨·哈尔德最初担心的局面还是出现了。他愤怒地在日记中写道:"现在,他(隆美尔)自己报告说,他的作战力量不足以充分利用'空前有利的'总体形势。我们在柏林后方早就得出了这样的印象。"哈尔德不安起来,他派自己的副手弗里德里希·保卢斯(Friedrich Paulus)中将前往非洲,试图通过这种方式获得有关北非战场形势的真实可信的第一手资料,并通过发挥他(保卢斯)的影响重新控制住这位已变得疯狂的士兵。返回柏林后,保卢斯向哈尔德报告说:"北非形势不容乐观。隆美尔因违扛命令造成的危局,就目前的补给可能性而言难以短时改变。隆美尔不能胜任他的本职工作。"

现在,哈尔德忍无可忍。在与陆军总司令冯·布劳希奇商议之后,他打算剥夺隆美尔在北非的指挥权。哈尔德希望新设立一个指挥岗位,即"北非德军司令",以节制隆美尔。哈尔德的这一计划落空了,这并未获得希特勒的支持。5 月 19 日,当保卢斯向国防军指挥参谋部参谋长阿尔弗雷德·约德尔(Alfred Jodl)陈述

隆美尔神话

这一计划时,被约德尔严词拒绝,"对元首来说,最重要的是,隆美尔决不可以被凌驾于他之上的人束缚住手脚。"隆美尔的地位得以巩固,他又能把精力集中于战场了。

1941年4月末,英国在希腊战场失利。此后,在埃及的英军兵力得到持续增加。就像英军中东战区总司令韦维尔在开罗表述的那样,英军的目标是,"在北非取得决定性胜利并消灭轴心国军队"。早在5月15日,英军就发起了一次代号为"简短行动"(Operation Brevity)的小规模攻势,不过被隆美尔击退了。现在,"战斧行动"(Operation Battleaxe)承担起了扭转战局的使命。1941年6月14日,300辆英军坦克向西驶往利比亚边境。此刻,德国非洲军团只能调动大约80辆坦克应对英军的进攻。然而,隆美尔是幸运的。英国陆军上将亚历山大·坎宁安(Alexander Cunningham)爵士并非现代战争大师。他并未向德军发起一次"毁灭性"的打击,而是将他的坦克分散投入战斗。这样,坎宁安就坐失了英军坦克的数量优势。

隆美尔依然是战场的主人,他一如既往地不按常理出牌。这次,他将88毫米口径高射炮大规模投入到了针对敌军坦克的防御中。这种高射炮的威力非常巨大。英军摩托化部队毫无防备地驶入了隆美尔布下的死亡陷阱。德军十数门88毫米口径高射炮呈一字型排开,炮弹怒吼着飞向英军的坦克。第二天,隆美尔就牢牢控制了战场的主动权,他一马当先,带领部队追击英军。但他未能成功地将英军实现全包围。6月17日,开罗大本营给英军下达了撤退令。隆美尔成功抵御住了英军的第二次反冲锋,但并未对英军造成致命打击。阿奇博尔德·韦维尔因这次失败的攻势行动被撤销英军总司令职务。4天之后,他被派往印度。

就像在攻占马塔尤尔山担任突击队长时一样,隆美尔在非洲依然钟情于"靠前指挥"。隆美尔相信,只有站在士兵中,且站在阵地的最前沿,他才能遵从自己灵敏的嗅觉拟定作战计划,并

2 钟摆

由此激励和感动他的士兵。隆美尔擅长的领域是运动战。隆美尔正是在围攻托布鲁克的阵地战中败下阵来,与阵地战相反,他总能在事物的运动中捕捉战机。早在参加法国战役之时,隆美尔就曾高呼:"塞德利茨或者齐藤时代又回来了。"就像那些普鲁士国王腓特烈大帝军队中的骑士指挥官一样,隆美尔说道:"(我们)必须……站在骑兵的立场指挥今天的战争,就像指挥骑兵中队一样指挥装甲部队,就像在马鞍上那样在行驶的坦克中发布命令。"事实上,在战斗中,隆美尔的确经常让他的敞篷吉普车与射击状态中的坦克并驾齐驱。站在车上,手持螺旋扳手用力敲击坦克的炮塔舱口。"敲击声传进坦克驾驶舱,"当时在第5坦克团担任中尉的沃尔夫–迪特里希·瓦格纳–曼斯劳(Wolf-Dietrich Wagner-Manslau)说,"接着,人们开始知道——我们的元帅要发出新的指令了。"

隆美尔也早已适应了非洲军团士兵随意的着装风格。身穿松垂的皮质军大衣,脖子上围一条方格围巾——这是他的女儿格特鲁德亲手给他织的,帽檐上戴着具有传奇色彩的英国防尘眼镜,隆美尔的形象成为德军一道熟悉的风景。几乎没有一位非洲军团的士兵,未在战斗中亲眼见识过隆美尔的身影。这给人留下了深刻的印象。

"隆美尔的本性是不知妥协、冷酷无情、不近人情,"他后来的参谋长阿尔弗雷德·高斯(Alfred Gause)如此说道,"他评价人的唯一标准是战绩,他既不讨好他的上级也不讨好他的下级。在关照士兵方面,他鄙视一切把自己塑造成'受欢迎之人'的手段。"事实上,隆美尔在跟随他征战沙场的士兵中间,的确不怎么受欢迎。一些军官甚至将调任隆美尔的参谋部视为一种惩罚。不管是谁,只要在战场上碰到隆美尔,就会被隆美尔的粗暴、沉默寡言和自闭性格所震慑,特别是在战场的最前线。隆美尔的参谋长阿尔弗雷德·高斯如此评价他的那种"无法解释的气场",正是这种气

隆美尔神话

时代见证人 ZEITZEUGEN

海因茨-京特·哈尔姆（HEINZ-GÜNTER HALM）
非洲战场坦克炮手

"我本人就经历过这样的场景，那是在我向最前边两辆坦克开炮射击的时候：有辆汽车跟在我们后边，从我们旁边驶过，距离我们的火炮前方500米远。汽车又折返了回来，这时隆美尔探出头来说：'小伙子们，注意，敌人坦克开过来了，决不允许一辆通过！'然后，他驾车到了我们的炮火后方100米处，跳下车扑到散兵坑里。这时，我们的炮火击中了最前边的两辆坦克，其余坦克夺路而逃。突然，那辆装甲侦察车又出现了，谁坐在里边？是隆美尔！'小伙子们，干得不错！'接着他又驾车到逃窜的英军坦克后方，去观察它们的状况。这就是我在参加战斗时的一次经历。"

场造就了隆美尔在士兵中的传奇。

约瑟夫·戈培尔相当满意地在他的日记中写道："隆美尔本人，不论是在德国军队还是在意大利军队，其受欢迎程度皆让人难以置信。他几乎成了一位神话人物。"这并非真实的隆美尔，这样的陆军统帅形象是戈培尔通过电影杂志《新闻周报》贩售给德国民众的。戈培尔决心将隆美尔塑造为"人民英雄"。他的努力取得了巨大成功。每天都有大量来自家乡的邮件雪花般地飘落非洲。收集名人签名者、女性仰慕者，以及老战友们纷纷表达了他们对

2 钟 摆

隆美尔的钦佩之情。

"亲爱的隆美尔将军！"一位来自奥格斯堡（Augsburg）的年仅 10 岁的小女孩在 1941 年 6 月 21 日，即德军突袭苏联的前一天写信给隆美尔说，"老实讲，亲爱的隆美尔将军，我一直对你钦佩有加，不管是在《新闻周报》杂志上还是在报纸上。我早就想给您写信，但总是羞于启齿。看完昨天最新一期的《新闻周报》后，我终于鼓足了勇气。我不会像某些人那样，认为你是冷峻之人。对你，隆美尔将军，我可以开诚布公地说我想说的话。我仰慕你和你的非洲军团。我希望，你和你的非洲军团能够取胜。"

6月22日，隆美尔到托布鲁克前方的德军阵地视察。突然，一个振奋人心的消息传遍了德军的岗哨："国防军已挺进了俄国。"隆美尔醍醐灌顶，他终于明白为什么柏林在对待北非战场的部队和补给问题上表现得如此冷淡，他们就像是后娘养的一样。现在，这种状况有望获得改善了。在正式突袭东方之前，希特勒的狂妄计划已显露出雏形：6月11日，"元首第32号指令"起草完毕。在战胜俄国之后——可在本年的10月乐观以待，将通过"集中进攻……从利比亚经埃及，从保加利亚经土耳其，并在可能的情况下，从外高加索地区经伊朗"彻底摧毁"地中海和中东地区的英军阵地"。

由于预期任务将被扩展，为隆美尔组建一个装甲集群自然被提上了日程。就此而言，从隆美尔在1941年7月1日被任命为装甲兵上将一事也可窥见一斑。很明显，这又是一次破格晋升——与此同时，这也是希特勒向布劳希奇和哈尔德发出的一个明显信号。

"就我现在……所知，"这位装甲兵上将刚履新7天之后给他妻子露西的信中写道，"我最近的这次晋升要感谢之人唯有元首……他对我所采取行动的认同，是我希望得到的最高级别的奖赏。"

哈尔德不得不承认自己的失败，在日记中闷闷不乐地写道："隆美尔的典型错误使其一举成为一位极不受欢迎的人物。然而，由于其采取的残酷手段以及在最高层有人为他撑腰，没人愿意与他

斗志昂扬。跟德国和意大利军官在一起（中间坐者为隆美尔），1941 年 11 月

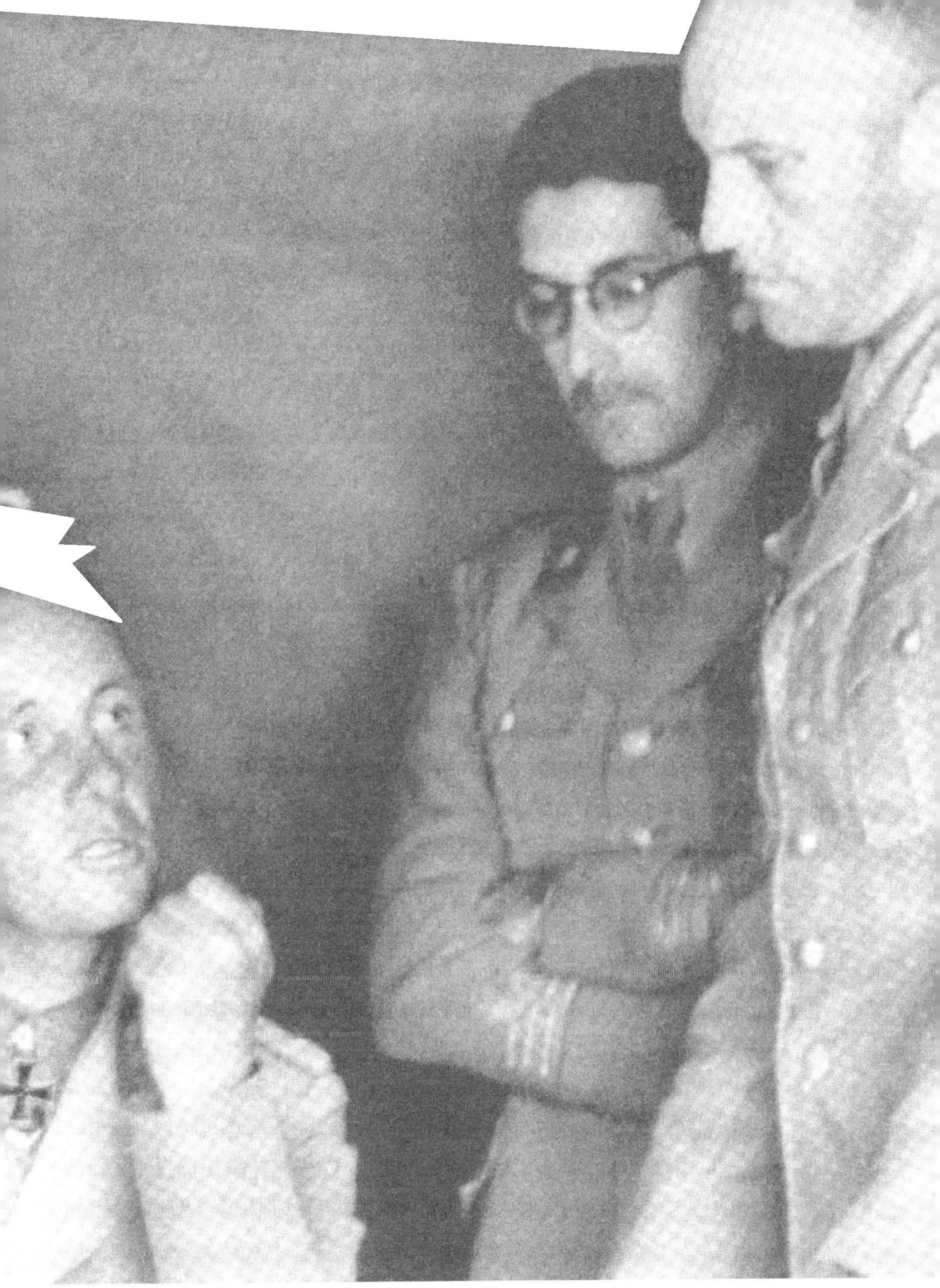

发生冲突。"

这成为一种历史的讽刺：哈尔德原本企图剥夺隆美尔的指挥权，结果哈尔德的这一企图却成为可资隆美尔利用的工具，而这一工具则为其日后飞黄腾达奠定了基础。柏林为计划新设立的北非总司令部特意配置了以阿尔弗雷德·高斯少将为首的含金量极高的参谋部。这一最初设想为限制隆美尔指挥权的参谋部，却在1941年7月30日被置于隆美尔的指挥之下。就这样，一个高度专业化的指挥团队出人意料地成为可供隆美尔随意调遣的对象。46岁的东普鲁士人高斯，以及他最重要的两位同事，39岁的西格弗里德·韦斯特法尔中校、37岁的弗里德里希·威廉·冯·梅伦廷（Friedrich Wilhelm von Mellenthin）少校有一个共同点——他们都是一流的受过正规培训的总参谋部军官，在更高等级的参谋部中经过长年历练。此外，他们对参谋工作拥有极高的天赋。他们是上天的恩赐，对军队统帅隆美尔来说简直如虎添翼。由于高斯领导下的参谋部解除了隆美尔在部队协调、后勤补给、敌情侦察等问题上的后顾之忧，这位独奏者现在终于可以更加自由地发挥了。

自1941年8月，隆美尔开始为最终攻克托布鲁克作密集的准备。不久之后，隆美尔的新参谋部就被证明为他的"救难圣徒"。当隆美尔计划进攻托布鲁克要塞时，阿奇博尔德·韦维尔的继任者英国陆军上将克劳德·奥金莱克爵士（Sir Claude Auchinleck）也在开罗准备发起针对非洲装甲集群（Panzergruppe Afrika）的新一轮攻势。这次，英军离胜利近在咫尺。在"十字军行动"（Operation Crusader）中，奥金莱克携英军数量优势孤注一掷。英军相对于德军的兵源优势比例为2：1。有报告称，英军已陈兵埃及边境。隆美尔对此不以为意。他认为这不过是英国人针对他计划中的夺取托布鲁克要塞采取的反制措施。他乐观地坚持将计划中的1941年11月20日作为进攻托布鲁克要塞的日期。

2 钟 摆

1941年11月18日黎明，新组建的英军第8集团军越过边界向利比亚推进。隆美尔当时正在罗马跟意大利最高统帅部总参谋长乌戈·卡瓦莱罗（Ugo Cavallero）元帅磋商军情，直到19日才返回北非。20日傍晚，隆美尔意识到了形势的严峻并作出了反应。他命令德国非洲军团的新任司令路德维希·克吕维尔（Ludwig Crüwell）中将，在拂晓时分率领两个装甲师在托布鲁克以南的西迪雷泽格（Sidi Rezegh）地区向英军发动进攻。

西迪雷泽格战役一直持续到1941年11月23日——那天被称为"死亡星期日"。在某种程度上，隆美尔初期的犹疑似乎反而使局面变得对己有利。如果隆美尔在更早的时间点上把非洲装甲集群投入与新组建的英军第8集团军对抗，英军的数量优势将发挥得更加淋漓尽致。最初3天之内，英军在挺进昔兰尼加的路上兵力已相当分散，给德军提供了机会，在西迪雷泽格附近对英军依次发动进攻并给予打击。在最激烈的战斗中，隆美尔往往会现身于最前线。一次，他竟然亲自参与了一个侦察营开展的对敌侦察行动。11月23日，隆美尔命令，集中非洲装甲集群的所有战斗力量向英军发动进攻。在"死亡星期日战役"中，即便最终损失惨重，隆美尔还是击溃了英军第8集团军的进攻。

现在，隆美尔斗志昂扬：必须立即追击撤退中的英军，就像在1941年6月那样，从两翼对英军实施攻击和切割。如果成功，这将意味着英军第8集团军的完全覆灭。11月24日上午10时30分，隆美尔和他的参谋长阿尔弗雷德·高斯一同驾车行驶在整个非洲军团的最前端，向埃及边境方向进发。他误以为胜利已唾手可得。隆美尔甚至连盥洗用具都未随身携带。他自信，最迟傍晚时分就能返回。

16时30分，隆美尔抵达利比亚和埃及边境线上的铁丝篱笆墙。他观察到，在德军胜利推进的同时，英国人正向东仓惶撤退。这让他感到非常满意。当黑夜降临之时，隆美尔在埃及的土地上进

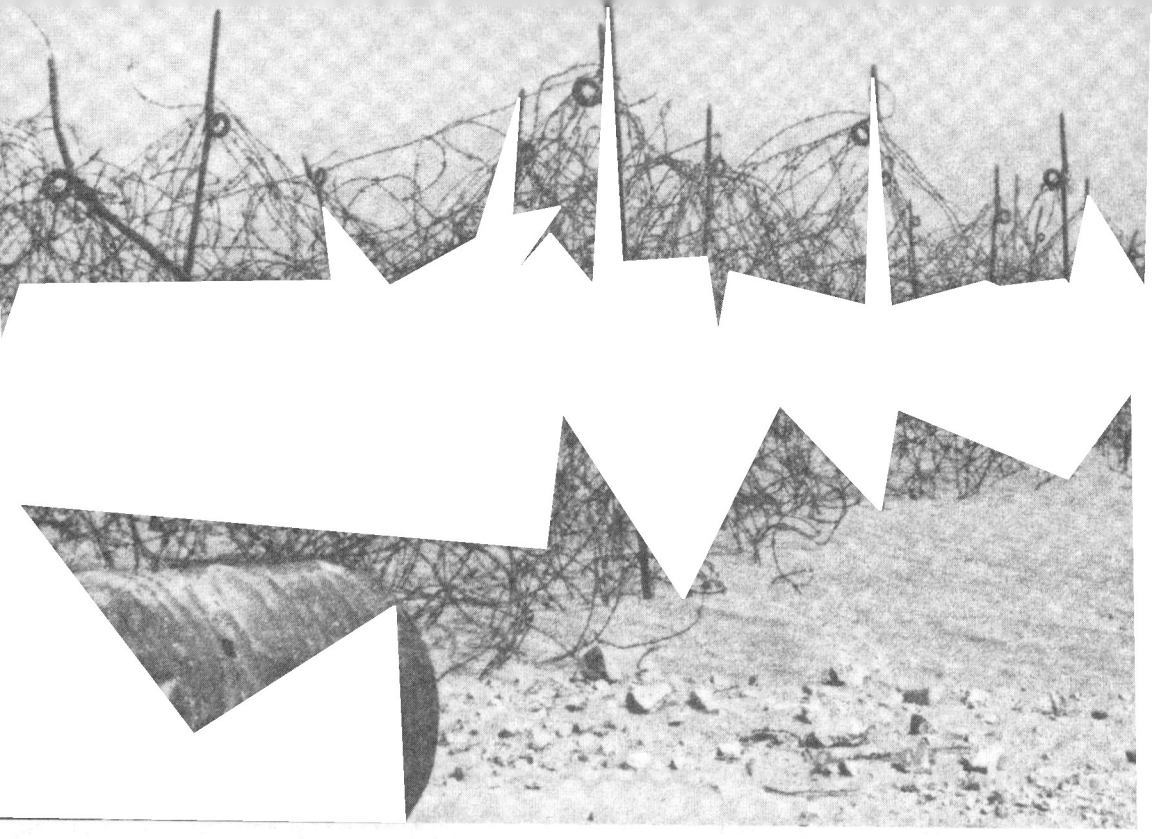

利比亚和埃及边境线上的铁丝篱笆墙。

行了一次孤独的远足。他所乘坐的指挥车的驾驶杆发生了断裂。他的传令官英格玛·伯恩特描述当时那种荒谬而又诡异的场景:"随行车辆不知停留何处,两个装甲师的最后几辆坦克也早已消失在远方,战役正在进行中,而指挥官却独自端坐于在沙漠中抛锚的指挥车里。"

深夜,克吕维尔将军意外撞见了在寒冷中瑟瑟发抖的隆美尔,隆美尔正跟伯恩特和驾驶员坚守在那辆动弹不得的指挥车里等待救援。他们登上了克吕韦尔的指挥车,返回边境,但克吕韦尔的驾驶员却找不到铁丝篱笆墙的缺口了。在某一时刻,非洲装甲集群的两位最高指挥官除了待在敌境等待天空破晓之外,竟然无计可施。当清晨第一缕阳光洒向大地时,指挥车重新发动,隆美尔安全地返回了利比亚。他征用了一辆状况次优的敞篷吉普车,前往各个作战部队。就像在攻克马塔尤尔山时那样,他召集溃散各

处的士兵或颁布或撤销命令，在动态中掌控着行动。

托布鲁克的形势已极度危险。几天来，城内的澳大利亚和波兰驻防军队已试图寻求突破。11月25日早上，一个新西兰军团也开始从外围向突破地点挺进。两支先头部队的合围将切割整个非洲装甲集群并导致装甲集群的覆灭。

首席作战参谋西格弗里德·韦斯特法尔上校，此时正留守于隆美尔的作战司令部。此前一天，韦斯特法尔已通过无线电紧急要求非洲军团回援托布鲁克。但隆美尔低估了托布鲁克面临的危险，拒绝了韦斯特法尔的要求。11月25日，整整24个小时，韦斯特法尔失去了与隆美尔的联系，没人知道这位最高指挥官藏身何处。韦斯特法尔彻底绝望了。11月26日，英国人成功突围了托布鲁克。韦斯特法尔一遍又一遍地呼叫着隆美尔。

11月27日，这位39岁的参谋部军官自行作出了决定。韦斯

隆美尔神话

特法尔通过无线电向德国非洲军团发出呼救："撤销之前的一切命令，非洲军团即刻向托布鲁克急行军驰援。"这是一个冒险的决定。韦斯特法尔铤而走险，正是他的这一决定避免了非洲装甲集群的集体覆没。不久之后，隆美尔在前线某处得知了这道自以为是的命令。"这是英国人布设的陷阱，"隆美尔怒吼道，"该死的韦斯特法尔发布了这道命令，我要将他送上战争法庭。"

11月28日，时隔4天之后，隆美尔重返他的作战司令部大本营。他一时兴起发动的反攻无可救药地失败了。虽然隆美尔最初的突袭获得了成功，但醒过神之后的英军得以重新集结。隆美尔低估了敌人的力量而高估了自身的力量。"死亡星期日战役"致使非洲装甲集群损失惨重。隆美尔一言未发地登上了指挥巴士。他没有跟任何人打招呼，也没有人跟他打招呼。他调阅了在他离开的这段时间内发出的所有通讯报告。待他凝神阅读完之后，默默起身离开了那辆车，以便躺下来睡一会儿。此后，他再未提起这次事件。

隆美尔几乎将非洲装甲集群的战斗力量消耗殆尽。他只剩下了70辆坦克。想要再次组织战斗已变得非常困难。最后，隆美尔不得不在英军的优势面前屈服。1941年12月7日，非洲装甲集群开始撤退。就在前一天，在莫斯科前方，斯大林的反攻开始了。早在10月就有传言：德军在东方的攻势陷入了无边际的辽阔俄罗斯的泥浆与冰霜之中。不久后，希特勒还向美利坚合众国宣战。在密切关注战局的观察家面前，希特勒的战争已无取胜之希望。过去数年来，已习惯于德军获胜消息的德国公众第一次遭遇了一个令人绝望的冬天。

1942年初，隆美尔重新回到了他在1941年3月31日擅自发起攻势的地方——阿盖拉。隆美尔完成了柏林最初交予他的任务，即阻止英国军队抽身并为德军赢得时间。作为部队指挥官，他在北非的战绩与在第一次世界大战和欧洲西线战役时一样不可谓不辉煌。然而，作为最高统帅，他的战果并非无可争议。最初，他违抗命令，擅自采取行动挺进昔兰尼加。这次成功为他后来的行动赋予了正当性，即便隆美尔取得的胜利无足轻重。他从未真正接近他的目标——苏伊士运河。

假如像陆军总司令部最初要求的那样固守苏尔特防线，是否会对德军更加有利？隆美尔通过进攻寻求幸运。然而，一开始取得的成功导致了最终的灾难。"即便处于劣势，隆美尔依然取得了成功"，军事历史学家莱茵哈德·施通普夫（Reinhard Stumpf）评论道，"这使最高层相信，即便无视他（隆美尔）一再提出的增派更多坦克、提供更多武器和给养的要求，他仍能继续利用迄今为止的最小规模的战斗部队绝处逢生"。这是典型的希特勒的领导风格，一方面，他让隆美尔服务于其隐藏得更深的战略目标；另一方面，却又不给他提供相应的物资装备。由此，隆美尔的行动从一开始就注定了失败。

这当然不是隆美尔的责任。然而，隆美尔在1941年第一次北非战役中取得的战绩与德国公众从中所感知的形象却相差甚远。在战斗中，隆美尔不止一次地暴露了自己未经正式培训成为总参谋部军官的先天不足。仅凭借自己的战术天赋，他才能不断改变自己的航向。对他的战争艺术的单方面的美化，成为了隆美尔神话不可或缺的组成部分。

1942年初，隆美尔的装甲部队撤退至卜雷加港（Marsa Brega）阵地。卜雷加港位于沙漠要塞阿盖拉以东，只有少量的德国和意大利部队镇守。"就凭这一小撮人，"韦斯特法尔后来回忆说，"是不可能阻挡英军的大规模攻势的。"1942年1月5日，在时隔很长一段时间之后，总算又有一支由6艘货船组成的海运船队毫发无损地驶抵的黎波里港口。除了燃料、弹药和给养之外，另有54辆坦克来到了非洲，这才是隆美尔最受欢迎的补给。

在绝望中，韦斯特法尔上校制订了一项非同寻常的计划，隆美

"我们的隆美尔"。狼堡，1942年3月18日

尔稍作迟疑之后同意了。在英国军队再次集结发动进攻之前，德军应抢先发动一场预防性战争。这项计划建立于"出其不意"之上，必须竭尽全力迷惑敌人。为了确保安全，隆美尔甚至连他的意大利上司都没有通告，所有准备工作都是在最严格的保密状态下进行的。"形势朝有利方向发展，"1942年1月17日，隆美尔在给他的妻子露西的信中写道，"我的头脑中满是计划，这些计划即便是我身边之人也不能告知。否则，他们会认为我疯了。当然，我肯定没疯。我只是看得比他们更远。你是了解我的，每天清晨，我的脑中都会闪现出各种新计划。这些计划会在数小时之内被付

诸实施并取得成功，就像去年以及在法国那样。"

攻势开始的前一天，希特勒授予隆美尔双剑橡叶骑士勋章，以表彰其在之前的撤退行动中取得的"防御性胜利"。1942年1月21日早上8时30分，非洲装甲集群开始向英军进发。没有人觉得这是可行的——眼下，所有人都认为德国-意大利军队已经战败。现在，它们却重新发动了一次成功的反攻行动。战争钟摆再次摆回。

与在莫斯科前方寒封的冬天所造成的灾难相比，北非战场的胜利曙光成为希特勒可以抓住的最后一根救命稻草。希特勒心怀感恩，他在1月24日任命隆美尔为陆军大将——离隆美尔的上一次晋升不到7个月，离隆美尔获颁双剑橡叶骑士勋章仅仅4天。"非洲装甲集群"升格为"非洲装甲集团军"（Panzerarmee Afrika），隆美尔担任总司令。

即便是英国首相温斯顿·丘吉尔也表达了对隆美尔的尊重。1942年1月27日，丘吉尔在英国议会下院回答议员的质询时，详细报告了英军在北非前线的状况并谈及昔兰尼加："我不好说，目前在昔兰尼加西线的局面究竟如何。我们面对的是一位非常勇敢、机敏的对手，尽管我们在战争浩劫中相互厮杀，请允许我说，他是一位伟大的将军。"美国，甚至连英国的媒体也赞颂隆美尔为英雄。在北非的英国士兵不再用"德国佬"（Jerrys）称呼德军对手，而是言必称"隆美尔"。然而，对于隆美尔的称颂决不是无缘故的——英国历史学家迈克尔·霍华德爵士（Sir Michael Howard）认为，"通过将隆美尔如此显赫的军事技巧不恰当地吹嘘为英雄事迹……英国将领对自己战绩不佳的解释将变得更加合理"。

不过，这种策略是一把双刃剑。希特勒满腹牢骚地说道："把敌手塑造为权威，就像丘吉尔在隆美尔身上所做的那样，这种做法太危险。通过这种方式，仅一个名字或可匹敌数个师的价值。"事实上，英军最高指挥官奥金莱克不久之后就发布了一个布告，专门谈论隆美尔现象。"当下一个迫切的危险是，"奥金莱克说，"对

隆美尔神话

我们的部队而言，我们的朋友隆美尔变成了一个恶魔，这或许源自于我们对他的谈论太多了。他决非超人，即便他的确精力充沛、能力超群。假定他就是超人，我也不希望他在我们的士兵中总是被赋予超自然的力量。"奥金莱克在他的布告结尾处半开玩笑地备注："我并不嫉妒隆美尔。"

1942年1月29日，非洲装甲集团军挺进班加西（Bengasi）。从军事角度来看，这并无太大的意义。不过，它成为在困境之中发起攻势的典型。"隆美尔几乎成为了传奇人物，整个德意志民族都对他仰慕"，戈培尔在1月30日的日记中写道。占领班加西后，"一位人民英雄破茧而出"，这位宣传部长如是说。在同一天下午，希特勒跟往年一样，在柏林体育宫（Berliner Sportpalast）发表了"掌权纪念日"演说。在演讲中，这位独裁者巧妙提及了电台即时新闻中播放的占领班加西一事，以转移民众对莫斯科前方局势的注意力。"我们确信，我们所站立的地方，决不会有一寸土地不经战斗就被放弃！"希特勒沙哑的嗓音回荡在大厅内，"如果我们失去了一寸土地，我们会立即夺回。"

现在，希特勒开始打隆美尔牌了。他用颤抖的声音继续说道："我们幸运地得知，从昨天开始，我们的陆军大将隆美尔……"这位独裁者无法继续下去了，大厅内欢呼声骤起，演讲被迫中断。21秒后，希特勒才接续他的演讲："……率领他英勇无畏的意大利和德国坦克、摩托化部队，在所有人都认为他已被打败的时刻，调转方向反击并重新夺回了阵地。"

露西的幸福之情溢于言表，她向远在非洲的丈夫写道："亲爱的埃尔温，我们所有人都以你为傲；昨天，当元首在他伟大的演说中提及你的名字并说到'我们的陆军大将隆美尔'时，掌声如暴风雨般骤起。这表明，全体人民和我们一样……"现在，隆美尔的声望正处于通往巅峰的路上。那些兴奋异常的隆美尔的追随者手持花束簇拥在露西身边；《柏林画报》周刊采用隆美尔的肖像装饰封面；电台播放莱哈尔（Lehár）、艾克（Egk）、莫扎特（Mozart）、马斯扎雷克（Marszalek）、奥尔夫（Orff）和罗西尼（Rossini）的音乐作品以示隆重纪念。这些作曲家的首字母从后往前连起来读恰好是"我们亲爱的英雄——陆军大将隆美尔（ROMMEL）的名字"。

1942年2月5日，隆美尔暂时停止了向昔兰尼加挺进的攻势。英军第8集团军已撤退至北起滨海村庄加查拉（Gazala），南至水源补给基地比尔哈凯姆（Bir Hacheim）的加查拉防线。隆美尔的这场攻势收到了突袭奇效。此后的4个月，双方处于相持状态，"敌人终于获得了喘息的机会"。2月15日，隆美尔本人踏上了返回维也纳新城的旅程，他要与家人共度为期4周的假期。在他的日程表上还包括拜访位于东普鲁士拉斯腾堡（Rastenburg）附近的希特勒秘密大本营。1942年3月18日，隆美尔抵达所谓"狼堡"（Wolfschanze），从希特勒手里接过了1月份颁发给他的双剑橡叶骑士勋章。

这位独裁者有足够的理由感谢他的陆军大将。被戈培尔执掌的帝国宣传部将隆美尔的价值渲染到了极限，他们向德国民众传递了希望，并转移了大家对莫斯科前方冬季危机的注意力。这位"沙漠之狐"成为了第三帝国的顶梁柱——隆美尔神话支撑起了整个体系。

对隆美尔来说，他也有很多地方需要感激希特勒。在1938年，所有迹象都表明，隆美尔将在某个军官学校的教室中度过自己的余生。他的最高成就或许是出任某个步兵师的师长。是希特勒授予他第7装甲师师长之职，让他在法国战役中自由驰骋——这成为他上升之路的第一步，也是决定性的一步。由于在西线战役中表现英勇，隆美尔获得希特勒的赏识并被派往非洲。没有希特勒的加持，隆美尔决不可能安然无恙地度过托布鲁克前方的危机。希特勒第二次帮了他一个大忙。然而，隆美尔对希特勒的尊崇决不仅限于对希特勒在军事生涯中对自己的不断提携或者充满感激。

隆美尔神话

尽管隆美尔在外表上是如此生硬、自闭且不可亲近，他对"元首"的尊崇却是源自某种内心深处的情感依恋。从这位独裁者对他的信任中，隆美尔获得了激励和力量。"这真让人不可思议，"晋升陆军大将之后，隆美尔在给他妻子露西的信中写道，"我……竟然有机会，为元首，为人民，为新的理念效力。"

现在，这位陆军大将有足够的机会为此效力了。1942年5月26日，他正式发起了"忒修斯行动"（Unternehmen Theseus）。德军针对驻守加查拉防线英军的攻势开始了。一切都在事先作了精密安排。隆美尔原本计划从南部的比尔哈凯姆直至北部的加查拉，仅用4天时间"消灭"驻扎在此地的英军第8集团军，并最终攻克托布鲁克要塞。一开始时的征兆不错：非洲装甲集团军无论在物资还是人员装备上都稍占优势，他们成功地将进攻计划蒙骗敌人至最后一刻。隆美尔的部队从南部绕过加查拉防线，向英

攻势失败。与西格弗里德·韦斯特法尔（左）一起在加查拉防线，1942年5月

军后翼发起攻击。但是，第一次冲锋就被第8集团军的士兵奋力挡了回来。现在，该隆美尔的部队承担机动动作的后遗症了。他们的后方是敌境，而前方是英军防线——非洲装甲集团军事实上被包围了。后来，韦斯特法尔回忆说："这次攻势……几乎可以被视为彻底失败。"在例行报告中，隆美尔写道："我们从加查拉防线后方席卷英国部队的计划并未发挥作用。"

不仅是计划中的攻势失败这么简单，非洲装甲集团军面临整体覆没的危险。假如英军第8集团军发动一次合围攻势，那么，非洲装甲集团军将不复存在。但隆美尔再次幸运地躲过了一劫。就像在1941年6月一样，敌人未将他们的装甲力量协同投入战斗。英国军事历史学家巴里·皮特（Barrie Pitt）把这一时刻称为"整个沙漠战役中英军将领的最低潮"也许是有道理的。

现在，对于非洲装甲集团军来说最重要的是，重新集结以便再次投入新的攻势。虽然内心"充满忧虑"，隆美尔依然展现出了强大的自信，他故作镇静并以此激励身边之人。在投入众多部队之后，直至5月29日，他终于取得战场优势并有能力开始夺取已处风雨飘摇中的加查拉防线的最后几处英军阵地。危机暂时被克服了。6月1日，向英军防线的南部支柱比尔哈凯姆（Bir Hacheim）发起的攻击开始了。原计划几个小时就能解决的问题，却用了10天时间才得以完成。"对我来说，"隆美尔在他的回忆录中这样写道，"在非洲战役中经历如此惨烈的战斗，实属罕见。"

比尔哈凯姆因沙漠中两座古老的地下蓄水池而得名："Bir"在阿拉伯语中的意思为"深水井"，"Bir Hacheim"字面之意为"哈凯姆深水井"。现在，这里有来自超过15个国家的3600名士兵，在"自由法国"旗帜的指引下，等待着敌人的到来。在阿尔萨斯人玛丽-皮埃尔·柯尼希（Marie-Pierre Koenig）将军麾下，不仅有来自法国殖民地塞内加尔（Senegal）、塔希提岛（Tahiti）、印度支那（Indochina）的士兵，还有来自法国殖民地的法国人以及

隆美尔神话

两个外籍兵团营。外籍兵团营中有数量众多的奥地利人和德国人，他们部分是因为逃离纳粹的迫害而远走他乡。

德国空军投入数千架次的飞机轰炸这座位于沙漠中的小镇。炮火不分昼夜地集中轰炸躲藏在壕沟中的敌方士兵，隆美尔总是亲自指挥向比尔哈凯姆要塞发起的冲锋。他总共三次派使者前往敌方阵营，有一次还亲自书写了一封体面的劝降书："致比尔哈凯姆部队！继续抵抗意味着无谓的流血牺牲……如果你们升起白旗，我们可以停止战争。陆军大将隆美尔。"

柯尼希将军——他在自己的回忆录中就此嘲笑说，隆美尔是向驻守部队而不是向他本人直接劝降的——拒绝了。他和他的士兵斗志昂扬，他们正为自由法国的荣誉而战。彼时，他们的家乡已有部分地区被德国人占领，而另一部分正在通敌卖国。

围绕比尔哈凯姆的战斗消息甚至传入了元首大本营。6月9日，希特勒向赶来面见他的帝国宣传部长提及了这座沙漠堡垒的保卫者的情况。"在水泄不通的围猎场中，"约瑟夫·戈培尔面见希特勒后在日记中写道，"……大量德国和意大利共产党人，他们参加了敌对方的军事斗争……德国共产党人在被俘之后将予以审问，以便从他们口中压榨出一些有价值的情报，然后将其统统予以射杀。"就在同一天，即1942年6月9日，一份由希特勒签发的命令下发到了隆美尔的大本营："元首命令，要以最严酷的手段对付这些政治流亡者。因而，在战斗中，他们必须被毫不留情地消灭。"这是隆美尔在战争中第一次直面希特勒的犯罪行为。

6月11日，即在自由法国第1旅英勇抵抗两个星期之后，德军士兵终于占领了比尔哈凯姆这座沙漠要塞废墟。德国人惊呆了：要塞仅剩下大约500名自由法国人，他们大部分是伤兵。就在前一天的晚上，2619名士兵在柯尼希将军的指挥下，成功突围至英军防线。

2 钟摆

隆美尔在比尔哈凯姆前方。1942年6月

3天之后，在回答驻柏林的中立国媒体代表关于被俘虏者命运的质询时，德国通讯社（Deutsches Nachrichenbüro，简称DNB）透露，遵照1940年6月22日签订的德法停战协定，自由法国人将被视作志愿军军人，而"对待志愿军军人的方式是众所周知的"。这意味着，比尔哈凯姆的俘虏将被处决。但事实上，这些"自由法国人"跟英军战俘无异，他们被转交给了德军的意大利盟友监管。

希特勒签署了处决法国外籍兵团德国移民者的命令，事实上并未被隆美尔执行。根据西格弗里德·韦斯特法尔——他早在6月1日就身负重伤，因而当时并未在现场——的说法，希特勒的处决

隆美尔神话

"Nordafrika"

FRR=)
KR=/Fernschreiben   9.6.1942
                           Geheime Kommandosache
                           Cheffache!
       An   Nur durch Offizier!
   1.) Pz.Armee Afrika
       über Dtsch.Gen.b.Obkdo.d.Ital.Wehrmacht, Rom

nachr.: 2.) OKH / Gen Qu
        3.) Gen.z.b.V. bei OKH
        4.) Ob.d.L. / Gen Qu
        5.) OKW / W R

  Nach vorliegenden Meldungen sollen sich bei den freien franz. Verbänden in Afrika zahlreiche deutsche politische Flüchtlinge befinden.

  Der Führer hat angeordnet, dass gegen diese mit äusserster Schärfe vorzugehen ist. Sie sind daher im Kampf schonungslos zu erledigen. Wo das nicht geschehen ist, sind sie nachträglich auf Befehl des nächsten deutschen Offiziers sofort und ohne weiteres zu erschiessen, soweit sie nicht vorübergehend zur Gewinnung von Nachrichten zeitweilig zurückbehalten werden sollen.

  Schriftliche Weitergabe dieses Befehls ist verboten. Die Kommandeure sind mündlich zu unterrichten.

             OKW/WFSt/Qu (Verw.)
             Nr.55 994/42 g.Kdos.Chefs.

"立即烧毁"希特勒向非洲装甲集团军发布的处决命令，1942年6月9日

2 钟摆

希特勒向非洲装甲集团军颁发的处决命令：
　　根据当前报告，在自由法国的非洲军团中存在数量众多的德国政治流亡者。

　　元首已经命令，要以最严酷的手段对付这些人。因而，在战斗中他们必须被毫不留情地消灭掉。如若不然，事后需遵从就近德国军官之命令，立即将其就地击毙，只要他们不存在眼下为了获取情报而短时间内予以保留的必要。

　　本命令禁止书面传达，口头通报指挥官。

命令被付之一炬。事实上，4个月后希特勒又发布了一道与此相似的处决命令：1942年10月18日，希特勒命令对所谓"突击队行动"的参与者（大多数是英国人，他们在德军防线的后方执行特殊任务），无论是在战斗中还是在逃跑中，均一个不留地屠杀干净。韦斯特法尔收到无线电讯后给隆美尔报告了这道违反国际法的命令并建议"立即烧毁它"。"隆美尔点了点头"，这位首席作战参谋在他的回忆录中如此写道。获得授意之后，韦斯特法尔当即用防风打火机烧掉了希特勒的无线电讯。

与苏联被占领区不同——在那里，近一年来，一场灭绝战争正席卷德军的所到之处，德军将所有立体存在物摧毁殆尽——北非战场很少出现违反战争法规的战争罪行。当然，在这件事上，外部因素也发挥了一定的作用。首先，在很大程度上，北非战争并无意识形态因素作祟。德国不需要因"世界观"之争而与英国鏖战到底。在处理英国战俘的问题上，无一例外地按照《日内瓦公约》的相关规定进行。在照料战俘的问题上，比如伤员护理，甚至经常超出了条约规定——不论是德国方面，意大利方面，还是英国方面。

"战争仍将继续"。托布鲁克,1942年6月21日(汽车上左侧站立者为隆美尔)

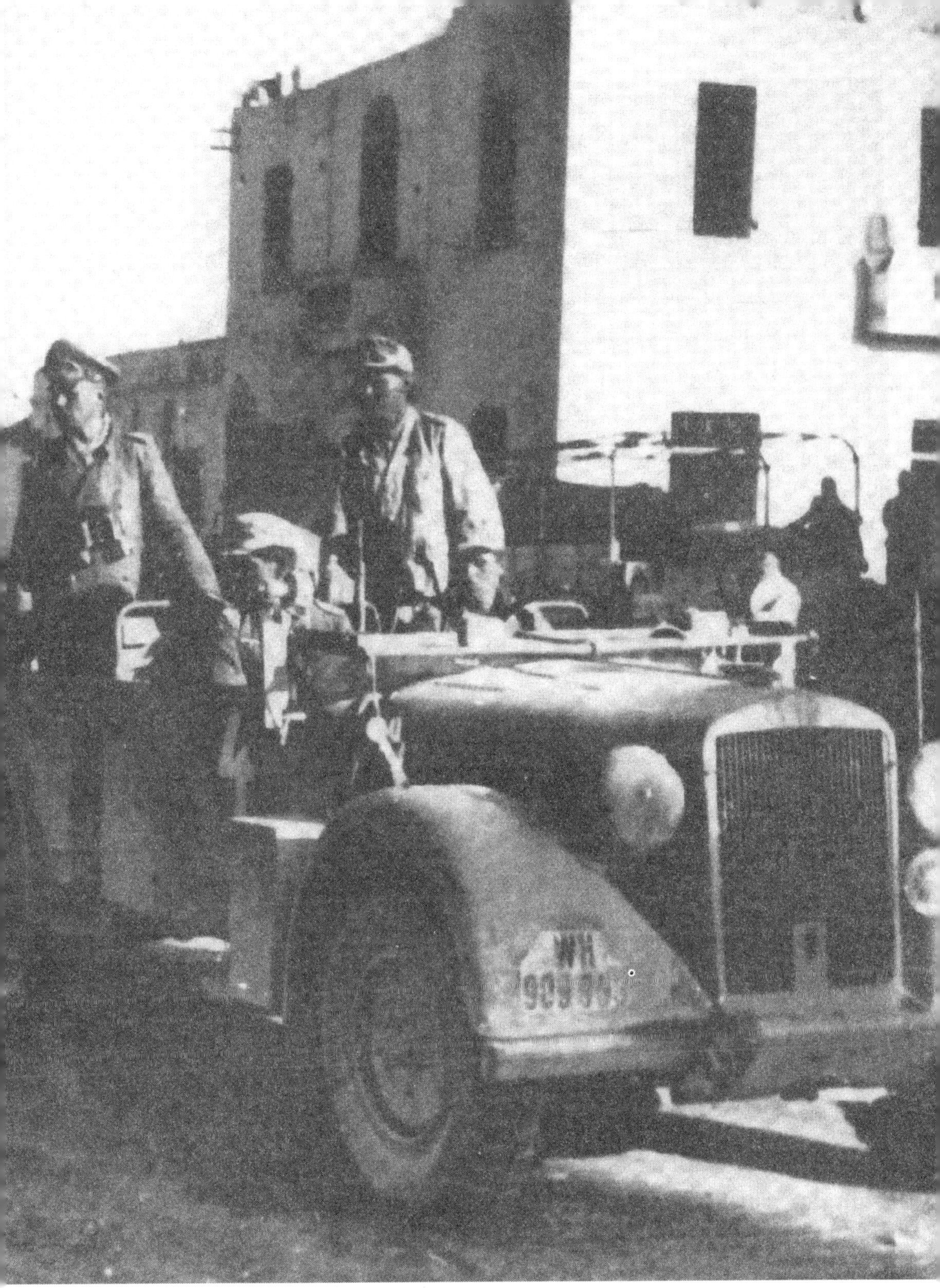

隆美尔神话

同样，所有证据表明，在对待战俘问题上隆美尔也未显现出任何所谓的"种族"观点。英军第8集团军中参加战斗的既有英国犹太人，也有数量众多的德国和奥地利犹太移民（为了确保个人安全，他们都改换了英式姓名）。除此之外，还有一个来自巴勒斯坦的犹太营，这个营的士兵其制服袖标极易辨认。然而，并未发生针对第8集团军犹太人的骚乱事件或者暴力行为。北非战俘事务一直由意大利盟友管辖。即便盟军士兵被俘之后经由德国士兵移交给意大利人，在此过程中也未出现德军侵犯战俘权利的行为。相反，艾萨克·利维（Isaac Levy），一位第8集团军的战地拉比（为犹太教士兵提供心理抚慰的教会牧师）表达了对隆美尔部队的极度赞赏。"这件事，我必须强调，"在一次访谈中利维如是说，"我说这件事是带着崇高的尊重之情和巨大的责任意识的……尽管对于非洲军团知之不多，但就我所看到的，没有任何征兆或迹象表明，这些士兵具有反犹太倾向。"

当然，在非洲装甲集团军中也有一部分反犹太主义者。事实上，非洲装甲集团军与德国国防军类似，它们也是当时德国社会的一面镜子。个别在的黎波里休假的德国士兵发现，意大利1938年颁布的《反犹太法》以及对这部法律的司法解释，竟然允许利比亚的犹太人不受阻挠地经营他们的不正当生意并密谋反抗法西斯国家，这实在让人作呕。然而在非洲，并未听说过针对犹太人的攻击事件。大约26000名利比亚犹太人的处境并不糟糕。

阿拉伯平民的生活在很大程度上并未受到战争的影响。原因一方面在于，战斗发生在几无人烟的沙漠之地；另一方面，隆美尔与意大利指挥官一样，"大多数情况下，并未将阿拉伯部落偶尔为之的攻击事件放在心上"。在1943年的回忆录中，隆美尔曾务实地写道："非常重要的是，在游击队活动闪现之际，不应对人质作出报复行动。否则，会因复仇感而强化游击队员的力量。更好的做法是，不对偶发事件兴师问罪。"

2 钟摆

此时已被擢升为陆军元帅。托布鲁克，1942年6月22日

大量外部事态使整个北非战场几近免于战争罪行的侵扰。大量证据表明，隆美尔本人的人格也为此贡献良多。即便对"元首"尊崇有加，隆美尔却并未成为希特勒战争罪行的帮凶。虽然他还

隆美尔神话

没有去探究他所服务的体系（这一体系要求他执行明显带有罪恶性质的命令），但这位谦逊的施瓦本人并未对滥杀无辜表示苟同，因为，这明显违背自己的良心。事实上，对于希特勒政权的最大恶行，即大规模屠杀犹太人，隆美尔一无所知。他的军事参谋收听英国广播公司（BBC）新闻后，有时会谈及发生在东方的大屠杀的报道。但根据韦斯特法尔在自己回忆录中的描述，从东方前线调往非洲战场的军官们保证，"这些报道皆为敌人的虚假宣传"。这听上去很有说服力，在北非，人们可以将重心专注于自己的战役。

1942年6月11日，比尔哈凯姆最终被德军攻陷。夺取加查拉防线的战斗持续了3天，英军第8集团军撤退了。这场战役打赢了。隆美尔的下一个目标是托布鲁克。为此，隆美尔实施了在他整个军事生涯中也许最为成功的伪装机动，拉开了攻占托布鲁克的序幕。这位"沙漠之狐"派遣他的装甲集团军向东挺近埃及边境。他又一次把托布鲁克甩在了身后，并未采取直接攻势。要塞中的南非和印度驻防部队放松警惕地进入了夜间阵地。他们误以为隆美尔已身处埃及的土地。然而，他们上当了。"沙漠之狐"出其不意地调转了前进方向。一阵惨烈的空袭后，隆美尔的士兵于1942年6月20日清晨快速攻占了要塞的外围阵地。6月21日，托布鲁克的驻防部队投降了。

1942年6月22日晚，德国电台在晚间新闻中播报了隆美尔被任命为陆军元帅的消息。"谨以此感谢您的领导，"播音员用充满敬畏的语调播报希特勒发给隆美尔的贺电，"以及您本人为战役取得决定性胜利的付出，并以此表彰在您领导下的战斗部队在非洲战场上取得的英勇战绩。兹从今日起，晋升您为陆军元帅。阿道夫·希特勒。"隆美尔的驾驶员赫尔穆特·冯·莱比锡（Hellmut von Leipzig），以及他的传令兵赫尔伯特·京特（Herbert Günther）也在托布鲁克屏住呼吸收听了这条电台消息。隆美尔本人则早就上床睡觉了。莱比锡和京特决定叫醒这位新晋陆军元帅，

2　钟摆

以向他表示祝贺。隆美尔平静地接受了这条新闻。他表达了感谢之意,然后话锋一转:"战争仍将继续。"接着,他又睡着了。托布鲁克胜利为隆美尔神话赋予了永恒的神圣色彩。此后,隆美尔恰是在托布鲁克要塞被陷落的那天输掉了北非战争。

3
赛　跑

美国总统富兰克林·德拉诺·罗斯福（Franklin Delano Roosevelt）一言不发地将刚收到的电报转交给了温斯顿·丘吉尔。这位英国首相快速浏览了一遍电报内容。"在我人生中，看到首相紧皱眉头，"英军总参谋长黑斯廷斯·莱昂内尔·伊斯梅（Hastings Lionel Ismay）回忆说，"这还是第一次。"此前，丘吉尔刚获知托布鲁克要塞投降一事。几年后，丘吉尔还在他的回忆录中提及1942年6月21日："这是就我记忆所及，在整个战争进程中所遭受的最沉重的打击之一。"罗斯福自发地作出了反应，作为紧急援助，他向英国提供了大规模的军备。仅仅10天后，第一批紧急护航编队就驶离了美国本土。船上搭载有：战斗机、重型和中型轰炸机、300辆"谢尔曼坦克"（Sherman-Panzer）以及100门自行火炮。

托布鲁克的陷落成为了美国北非干预计划的催化剂。4周后，英美两国在伦敦决定实施"火炬行动"，在摩洛哥（Maroko）、阿尔及利亚（Algerien）和突尼斯（Tunesien）进行联合登陆。这样，隆美尔在北非的命运已无可挽救。不过，当时德国方面仍然葆有一种乐观情绪——无论是在托布鲁克还是在柏林。1942年6月22日，希特勒和戈培尔在晚饭后还饶有兴致地聆听了关于夺取

隆美尔神话

托布鲁克的令人荡气回肠的电台广播。在麦克风旁边的是刚从北非飞回柏林的战地记者卢茨·科赫（Lutz Koch）。这档节目的高潮是科赫在托布鲁克前方的录音。隆美尔也参与了这幕"广播剧"，就占领托布鲁克要塞一事他说："尽管损失惨重，且补给严重匮乏，我们仍然日夜不舍，坚持到底……我们豪情满怀——在今天，这种精神激励着我们所有人，那就是胜利之精神。个人或许会战死，但人民之胜利确定无疑。"戈培尔对此相当满意，他在当天晚上记录道："几乎没有哪个将军能像隆美尔那样如此渗悟宣传干预的重要性。"

关于在北非的后续行动，德国方面的意见是一致的。1942年6月23日，隆美尔给他的妻子写道："现在，最重要的是速度。"同一天，希特勒在写给"领袖"墨索里尼的一封充满激情的信中赞同继续向埃及挺进，而意大利最高统帅部对此一直犹疑不决。"战役幸运女神，"希特勒写道，"往往只从统帅身边掠过一次。如果你抓不住她，或许会永远错失。"还未等到意大利方面作出最终决定，非洲装甲集团军又开始向前推进了。隆美尔的目标苏伊士运河已在眼前。6月27日，隆美尔给妻子写道："我们一直处于运动之中，毕竟，机不可失。"两天后，非洲装甲集团军夺取了马特鲁港（Marsa Matruh）。隆美尔在给露西的信中写道："距离亚历山大（Alexandria）还有150公里！"开罗的英军高级参谋部已经开始焚烧文件，英国地中海舰队的大型军舰也已经驶离亚历山大港口。埃及似乎已经陷落。就连意大利"领袖"本人也在6月29日飞抵利比亚，以避免错过胜利日阅兵。同时，德军在俄国成功向高加索地区推进，"钳形运动"计划重新开始酝酿。从埃及经巴勒斯坦、伊拉克和伊朗直至俄国边界，几乎与从的黎波里到开罗的距离相当。在德军最高统帅希特勒的总参谋部以及隆美尔的眼中，两个战场上的集团军在俄国胜利会师指日可待。

"一座不起眼的火车站，方圆百余英里荒无人烟：这就是阿

3 赛跑

"机不可失"。马特鲁港，1942年6月

拉曼（El Alamein）。"英国广播记者丹尼斯·约翰斯顿（Denis Johnston）是如此描述这个地方的。然而，它将成为北非战争的转折点。在亚历山大以西约100公里处，英军中东战区总司令奥金莱克上将匆忙拼凑起最后一道防线，并亲自担任第8集团军的最高指挥官。在从地中海沿岸到装甲车无法通行的卡塔拉洼地（Kattara-Senke）之间的最狭长地带上，奥克莱金"最后的忠实追随者们"已挖掘了长达64公里的战壕并藏身其中。

1942年7月1日，非洲装甲集团军的先头部队毫无防备地抵近了阿拉曼防线。阿拉曼防线的地理位置注定了，想通过绕行实现声名远播的"隆美尔拐角"的机动没有出路。德国和意大利士

隆美尔神话

兵的力量本就薄弱，从托布鲁克出发之时也未备足足够的补给。他们就这样撞向了敌人的防线。在英军的顽强抵抗下，非洲装甲集团军的进攻势头逐渐放缓。3天后，隆美尔向远在家中的妻子写道："夺取亚历山大前方的最后几处阵地是艰难的。"尤其具有毁灭性的是英国皇家空军发动的持续攻击。在未受德国空军任何干扰的情况下，每隔一段时间，英国轰炸机编队——最多时有18架——就会飞临德军阵地上空，向地面上的德国部队投掷炸弹。隆美尔本人也多次见识了这种地毯式轰炸所造成的地狱景象。面对敌人的空中优势，以及战争"向第三维度"的扩展，隆美尔束手无策。这一铭刻于心的战场经历，对隆美尔未来的战略考量产生了决定性影响。

对隆美尔的部队来说，阿拉曼前方的局势正日益恶化。雪上加霜的是，非洲装甲集团军的后勤补给必须从上百公里外的地方运送而来。相反，英军距离自己的补给基地仅有几个小时的路程。7月18日，隆美尔绝望地向家人写道："不能再继续前进了，否则，前线将面临崩溃。就军事角度而言，几天来，我经历了生命中最艰难的时刻……你知道，我是一个坚定不移的乐观主义者。然而，现在的局面已黯淡无光，看不到希望。"即便不久之后局势稍微平静，战争双方都得以短暂喘息，依旧不可忽视的是：德国的进攻已经停止，非洲装甲集团军像在1941年围攻托布鲁克时那样再度陷入了阵地战。

德国方面从不缺乏警惕性声音，有人早已预料到事态会发展至此。南部战场最高指挥官阿尔伯特·凯瑟林（Albert Kesselring）的观点最为鲜明。这位时年56岁的帝国空军元帅，自1941年12月以来一直在罗马负责协调德军在地中海区域的军事行动。凯瑟林从一开始就认识到了马耳他岛（Insel Malta）的重要性。从这里出发的英国的战斗机和轰炸机总能成功地对德国－意大利向非洲输送的给养带来严重损失。由于攻陷托布鲁克要塞后，隆美尔决

3 赛跑

弗里德里希·豪贝尔（FRIEDRICH HAUBER）
韦斯特法尔的传令兵

"韦斯特法尔说，如果我们现在不能攻下阿拉曼，非洲就将丢掉。接着，我说：'上校先生，我们已经战败。'他拉起我的手，我们向沙漠中走了300米，他问我：'您还对谁说过这样的话？'我回答：'谁也没说过。'他说：'您不可以表达出这样的观点，否则，我保护不了您。您可以和我无话不说，但决不能在其他人面前提起。'"

定继续保持攻势，这使进攻马耳他的计划变得遥遥无期。"放弃这一行动（攻占马耳他），"凯瑟林在战后的回忆录中这样写道，"成为对整个北非行动的致命打击。"

凯瑟林的说法只是部分切中了事实。他抨击1940年意大利人因渎职而未能夺取当时守卫薄弱的马耳他以策应埃及攻势，从而背离了他的地中海战争的构想。这当然是有道理的。事实上，自在元首大本营任职以来，凯瑟林无时不在敦促最终消除这一根本错误。1942年5月，他似乎就要达到目的了，他向这一岛屿发动了猛烈的空袭。之后，他向希特勒报告，进攻马耳他的时机成熟了。但是，希特勒在短暂的迟疑后，于5月21日下令取消了代号为"大力神"（Herkules）的马耳他攻击行动。原因很可能在于，希特勒担心诸如空降克里特岛（Kreta）那样导致德军损失惨重的战斗会

隆美尔神话

再次上演。凯瑟林应该知道发生在元首大本营中意见逆转的原因，但他在回忆录中将这一事件归罪于"蠢驴"隆美尔则明显有违事实。

早在 1942 年 5 月末，凯瑟林就已对隆美尔异于常人的指挥风格感到心力交瘁，并迫切想要更换掉这位非洲装甲集团军的最高指挥官。许多证据表明，凯瑟林把他的战后回忆录当成了一种工具，以此来强化自己对隆美尔（隆美尔比他年轻 5 岁但受欢迎程度却无可比拟）展开的批评更有说服力。事实上，至少战后的凯瑟林完全明白，随着美国意图干预北非战场并为其提供大规模武器援助，马耳他岛已失去了原有的战略重要性。这样，在攻陷托布鲁克之后，隆美尔就面临了如下的抉择：要么停止攻势，要么继续追击如潮水般撤退的英军第 8 集团军——对败退的敌人实施突袭，借助残留的弱势兵力再次向前推进，直抵苏伊士运河。不过，隆美尔未曾料到阿拉曼前方的坚决反击，这一反击主要归功于英军最高指挥官克劳德·奥金莱克，他凭借独到的洞察力和果敢介入成功阻止了隆美尔向苏伊士运河的推进。

1942 年 8 月 8 日，温斯顿·丘吉尔飞抵埃及，以收拾英军在托布鲁克溃败之后的残局。这位英国首相解除了阿拉曼防线的成功捍卫者奥金莱克的职务，这一决定明显带有某种专断色彩。英军中东战区总司令由哈罗德·亚历山大（Harold Alexander）上将接任，而第 8 集团军最高指挥官则由伯纳德·劳·蒙哥马利（Bernard Law Montgomery）中将担任。

蒙哥马利，这位时年 55 岁的英国人，此后和隆美尔一样成为了一代传奇。当时的他并非以"拯救者"的角色来到非洲，因为他的前任已化解了埃及战事的严峻局面。事实上，他也不具备埃尔温·隆美尔那样的个人魅力或战争天赋。这位中将其实是一位循规蹈矩之人，他主要受益于英国军队日益增长的兵员、武器以及补给优势。此后，蒙哥马利在同他的对手隆美尔对决的过程中所取得的胜利，使他得以沐浴隆美尔神话的万丈光芒。此外，对

3 赛跑

向他的榜样取经。蒙哥马利（中）与丘吉尔（左）在沙漠，1942年8月

英国人来说具有重要意义的是，他领导了在美国军队登陆非洲之前最后一场完全由英国人主导的决战。

充其量是某种自我吹嘘的癖好赋予了这位性格怪异的独行侠以传奇色彩。从他头上戴的英国装甲部队的黑色贝雷帽，到悬挂在他指挥车写字台上方的隆美尔肖像，蒙哥马利不放过任何能引起他的士兵和英国民众关注的任何能产生公众效应的细节。在他的战后回忆录中，他竟以自己拥有非凡的特异功能自居。"我预料到了，"关于阿拉姆哈勒法（Alam Halfa）战役，蒙哥马利在战后如是写道，"隆美尔将会采取什么样的行动，然后他（隆美尔）被迎头痛击。"直到20世纪70年代，人们才得知这位英国中将

隆美尔神话

是如何作出精准预测的。

在《终极行动》（Aktion Ultra）一书中，当时的英国情报机构探员弗雷德里克·温特博瑟姆（Frederick Winterbotham）首次向我们揭示了第二次世界大战中最不为人知的英军秘密。在伦敦郊区的布莱切利庄园（Bletchley Park），在做了数年的准备工作之后，英国人终于能持续破译德军恩尼格玛（Enigma）密码机的密码了。1942年6月初，密码破译工作获得进一步突破。此前需花费数天才能完成的德军无线电讯密码破译工作，现在只需几个小时就能完成。蒙哥马利从一开始就清楚地意识到了这一武器的重要性，并作为英国将领中的第一人，专门在他的参谋部设置了评估并运用密码破译工作的部门。早在1942年8月17日，即在接掌英军第8集团军后的第5天，他就获得了有关北非战争的或许最为重要的一条消息——一份解密的非洲装甲集团军8月15日战场形势报告，这份报告包含有隆美尔针对阿拉曼防线发动下一步攻势的详细计划以及大致时间等内容。

同时，蒙哥马利的对手隆美尔则突然丧失了两个至为重要的情报来源——他的无线电侦察连，以及一位从开罗向华盛顿定期发回报告的美国外交官。现在，隆美尔只能在黑暗中前行。在经过了较长时间的迟疑后，他才得以重新发起进攻。虽然他的部队进行了部分休整，但隆美尔仍然没有获得足以发动大规模攻势的补给。至少，燃料的匮乏，使大规模的军事行动短期内变得渺茫。负责轴心国军队北非后勤补给工作的意大利最高统帅部，为此专门组织了5支护航编队，这些护航编队原本应该与20艘货船一起在两个星期之内为隆美尔提供相应补给。但出人意料的是：布莱切利庄园的英国情报机构早在1年之前就破译了意大利海军的C38M中级密码。这样，英国人确切得知了每艘货船的载运货物、启航时间，以及目的地港口。

此时，蒙哥马利中将不仅知晓了隆美尔发动新攻势的全盘计划，通过破译无线电讯，他甚至精确描绘出了非洲装甲集团军的补给短缺图景。英国皇家空军的战斗轰炸机与英国皇家海军的潜艇一起，使德军在北非战场的紧张局面无法得以有效改观。轴心国货船启航之后就被精确地一艘接着一艘被击沉，以至于很长一段时间以来德军士兵皆处于郁闷状态。他们怀疑意大利人泄密，事实上是自己的密码出了问题，某些非洲装甲集团军的德国老兵时至今日仍无法释怀。

无论如何，隆美尔已决定在8月26日的满月之夜发起攻击。他变得日益紧张。就当时所面临的局势，他后来写道："如果人们……审慎看待在现代战争中补给将决定战役成败的事实。那么，人们可以清楚地看到，在遥远的地平线上，对我的集团军来说所呈现的是何种灾难景象。"

隆美尔身处令人绝望的困境。希特勒和墨索里尼两位独裁者，催促着隆美尔继续开展针对埃及的攻势。隆美尔清楚，敌方大规模的部队增援以及美国的武器援助已在运往非洲的路上。这样，最迟到9月中旬，德军必然转向不利局面。与此同时，隆美尔正焦急地等待着自己一方补给的到来。让人无助的是，他不得不坐视那些运送补给的货船一艘接着一艘沉入地中海的海底。对隆美尔来说，与时间的赛跑开始了，而这场赛跑在可预见的将来并无获胜的可能。

在这种形势下，陆军元帅病倒了。早在8月初，他在给妻子的信中曾抱怨，"因天气炎热而导致的腹泻"，并写道："我感到非常疲倦和虚弱。"8月19日，他的意大利语口译员维尔弗里德·阿姆布鲁斯特（Wilfried Armbruster）记录道："最高指挥官有点伤风，状态不是很好。"第二天，隆美尔感觉非常痛苦，以至于不得不放弃他的外出巡查而卧病在床。奉命而来的内科医生赫尔曼·霍尔斯特教授（Prof. Dr. Hermann Horster）诊断说，"隆美尔因'肠胃紊乱'而导致血压降低并伴有晕厥倾向"。按照霍尔斯特的说法，

隆美尔神话

隆美尔的健康问题是由"过度的生理和心理负荷"以及"不良气候环境"原因导致。

　　此前一年，隆美尔曾克服过严重的黄疸病，那时他从未设想过有朝一日会被替换。但是，现在隆美尔决定迈出非同寻常的一步：8月21日，他通过无线电台向元首大本营报告了"专业医生作出的诊断"并作出总结："鉴于目前的诊断结果，我请求尽快派遣一位合适的最高指挥官以替代我的位置……"至8月22日，这位陆军元帅整日卧于病榻之上。此后，情况稍有好转，以至于在两天之后他竟能在马特鲁港的一座野战医院里接受全身检查。霍尔斯特教授怀疑隆美尔还患有另外一种疾病：鼻白喉。这是一种极具感染性的传染病，如果隆美尔真的感染了此病，则必须交出指挥权。在马特鲁港附近的一个卫生病菌学测试点给隆美尔作血液

鼻白喉。阿拉姆哈勒法，1942年8月30日

涂片检查的罗泽·克莱特（Rose Kolleth）护士回忆，霍尔斯特尤为坚信他的诊断。"毫无感染迹象！"罗泽在一次访谈中如是说，"我不能证实隆美尔得了鼻白喉。"

8月24日深夜，一封来自元首大本营的无线电讯被送达隆美尔手上。希特勒并未理会隆美尔的建议，即将"坦克之父"海因茨·古德里安大将派往非洲，而是命令德国非洲军团司令瓦尔特·内林（Walther Nehring）作为隆美尔的继任者。这一决定，显然令隆美尔不悦。事实上，在接下来的两天里，竟然发生了显著的"奇迹康复"现象。8月26日，隆美尔向元首大本营报告："……根据内科医生的专业会诊，我的健康状况已获得极大改善。在门诊医生的照料下，我已能在接下来的行动中留任集团军指挥官一职。"

隆美尔似乎想要无意识地避开8月26日这个从最初就注定失败的进攻日期。然而，他所面临的问题并未因此而减少。8月27日，5艘运送补给货船中的4艘被英国人击沉。同日，空军元帅凯瑟林现身隆美尔大本营。他乐观地告知隆美尔，另外2艘新的大型油轮将抵达托布鲁克，并催促隆美尔发起攻击。同样在场的隆美尔的参谋长韦斯特法尔对此不知所措。在他看来，在补给尚未安全抵达阿拉曼前方的德军阵地之前就展开攻势行动，太过粗暴且不可思议。韦斯特法尔辩解，在展开攻击的第三天，非洲装甲集团军的燃料就将告罄。凯瑟林慷慨激昂地承诺："以我的名誉起誓……在紧急情况下，通过空中航线每天至多可运送400吨汽油至此。"但这并不现实，韦斯特法尔继续争辩，为运送这些汽油，每天必须有250架飞机起降北非，它们在返航时所需添加的燃料足以将带来的燃料耗尽。凯瑟林恼怒不已，要求与隆美尔单独延续这场谈话。"远远地，我看见，"韦斯特法尔在回忆录中如此写道，"两位元帅过了一会儿就紧握双手。然后，我听见隆美尔说：'好极了。'"隆美尔作出了决定。

1942年8月30日，霍尔斯特教授在指挥车前碰到了他的病人。隆美尔目光关切地向他致意。"教授先生，今天发动进攻的这一决定，是我一生中作出的最艰难的决定。我们要么在俄国成功向格罗兹尼（Grosny）推进，在非洲这边成功抵达苏伊士运河，要么……"霍尔斯特回忆说，隆美尔先是沉默了一会儿，接着做了一个鄙夷的手势。虽然依旧没有任何燃料抵达，8月30日22时许，在苍白月光的照耀下，隆美尔还是展开了在阿拉曼前方的最后一轮攻势。非洲装甲集团军的战斗部队落入了敌人布设的陷阱。蒙哥马利的第8集团军从陆地和空中用最致命的火力迎候他们。12个小时后，隆美尔就萌生了终止攻势的想法。凯瑟林所宣称的油轮要么被击沉，要么被延迟启航，而他所承诺的空中燃料补给远不能满足前方的作战需求。就像韦斯特法尔预测的，不久之后，非洲装甲集团军的坦克就因缺乏燃料而无法继续展开大规模攻势。隆美尔没有放弃他的计划，只是改变了他的进攻目标。为了缩短路程，隆美尔在攻势中途改变了前进路线，命令部队向北攻占阿拉姆哈勒法脊地，此役正是以这一脊地的名字而得名。隆美尔不知道的是：英国人在此地早已将他们的坦克和大炮隐藏于几近牢不可破的阵地之中。

在阿拉姆哈勒法脊地的两翼，隆美尔的攻势最终衰竭于英军榴弹炮所制造的地狱景象。"阿布鲁齐公爵"（Abruzzi）号轻型巡洋舰在班加西和德尔纳（Derna）之间被英军战斗轰炸机击伤的消息将隆美尔逼到了崩溃的边缘。9月2日，隆美尔最终取消了攻势行动，这是唯一正确的决定。在惨遭痛击之后，这位陆军元帅审慎地撤回了他的部队，并组织了一条新的坚不可摧的防线。从一开始隆美尔就已经料到他的攻势也许会失败。在这样的情况下仓促发起攻势，本身就是一个错误。只不过这一错误，是隆美尔在盲目相信凯瑟林会信守承诺的前提下犯的。同样造成严重后果的是，在进攻过程中隆美尔改变了部队挺进的方向。之所以作出这样的决定，在隆美尔看来是迫于燃料匮乏不得已而为之。凯瑟

3 赛跑

林并未信守诺言,这一点隆美尔无法原谅。隆美尔当时的痛苦和失望之情到底有多强烈,可以从他次年与德国驻意大利大使鲁道夫·拉恩(Rudolf Rahn)之间的一次亲密谈话中窥见:"我不仅怀疑而且确定,空军元帅凯瑟林出于对我在阿拉曼战役所获得的统帅声誉的嫉妒,有意识、有计划地延迟了武器、弹药,特别是汽油的军事补给。"

隆美尔的这一指责或许有点言过其实了。事实是,在后来从阿拉曼实施的大撤退中,在空军储油库中发现了大量原封未动的燃料。针对此事,凯瑟林在他的回忆录中发表了自己的看法:"虽然我许诺,每天为非洲装甲集团军提供500立方米(吨)航空燃油,燃料问题依然棘手。但更为严重的问题是,大量燃油并未完全转运,这点让我百思不得其解。对此,我是负有责任的——虽然我在战后才了解到这一情况。"尽管如此,令人不可思议的是,为什么凯瑟林明知这一事实仍然违背理智地断言:"败退是由其他更具心理特质的原因造成的。当时我曾确信,此战对'老'隆美尔来说决不是什么问题,他断不会终止已经形成的对敌包围……当然,很难讲清楚,是否无停顿地实施进攻就能取得想要追求的成功。但毫无疑问的是,当时胜利已近在咫尺。"

凯瑟林只有一点或许说得在理,那就是隆美尔的确已不再是那位"老"隆美尔了。从最初向阿拉曼防线发起进攻,到从阿拉姆哈勒法前方撤退,隆美尔已完成了内心的变迁。作为装甲师师长,他曾叱咤于法国,心中充满燃烧着的激情;作为战场统帅,他曾在昔兰尼加驱策前进,通常冷酷无情而又活力无限。此刻,隆美尔身上似乎展现出更加成熟、更为人性化的一面。他在非洲已时日无多,也许只剩几周的时间了。在这段时间里,他挖空心思设计出了一套地雷阵体系,建造了所谓的"魔鬼花园",以此加固阿拉曼防线——只不过,这次是从德国-意大利阵地一侧防御英国人的进攻。隆美尔预料,英军第8集团军将在接下来的6—8周

隆美尔神话

内发动进攻。9月23日，他终于启程踏上了回家疗养之路。临行前，隆美尔向他在非洲的继任者，非洲装甲集群的格奥尔格·施笃姆（Georg Stumme）上将保证道："一旦战役打响，我将中断疗养并立即返回非洲。"

隆美尔原定于1942年9月29日在柏林接受希特勒授予其元帅权杖。在帝国首都逗留期间，隆美尔向约瑟夫·戈培尔请求提供临时住处。隆美尔通过这种方式跟"第三帝国"的最高领导人之一也建立起了私人联系，这是唯一的一次。不过，他们并没有走得过近，两人之间更未生发出特殊友谊。隆美尔的思想中依然只有战争。与之前相比，只有一个区别，来自非洲的故事替代了马塔尤尔山的故事。"我们紧邻而坐，直至午夜，"在共同度过第一个夜晚之后，戈培尔在他的日记中写道，"隆美尔完全没有了拘谨，他聚精会神地向我们讲述他在非洲令人钦佩的战斗经历，席间流露出眉飞色舞的神情。"

10月1日早上，希特勒在帝国总理府接见了他的这位陆军元帅。在交接完元帅权杖之后（一根较大、较重，供正式场合使用；另一根手持，供野战时使用），他们谈起了北非战场的局势。"隆美尔开诚布公地谈及了他的顾虑、担忧以及愿望，"当时在场的希特勒空军副官尼古劳斯·冯·贝洛在他的回忆录中写道，"他（隆美尔）担心，英国人有朝一日将取得巨大优势，那时候他就很'困难'了。"

希特勒抓住这一机会，试图重新激励隆美尔的斗志。在帝国总理府的庭院中，整齐摆放着一排新式武器，它们被一一展示给隆美尔。"虎式坦克"（Tiger-Panzer）以及"烟雾炮"（Nebelwerfer）——一种德制"斯大林的管风琴"——等武器装备给隆美尔留下了深刻印象。这一系列高端武器的展示巩固了隆美尔的信心。此外，为了解决北非的后勤补给问题，这位独裁者许诺投入所谓的"西贝尔型武装趸船"（Siebelfähren），这种趸船因吃水浅而可以有

3 赛跑

"世界观坚定"。帝国总理府，柏林，1942年10月1日

效躲避敌人鱼雷的袭击。最后，希特勒将这位陆军元帅单独叫到一边密谈。希特勒向隆美尔暗示，德军将拥有一种"神奇武器"，这种武器据说能在3公里之外悄无声息地解决敌人。希特勒很可能透露的是计划中将要建造的核武器。无论如何，隆美尔满怀希望地离开了帝国总理府，他对这位独裁者的承诺深信不疑。

"凡是我们所拥有的,我们都将坚守"。
在国际新闻媒体代表面前,柏林,1942年10月3日

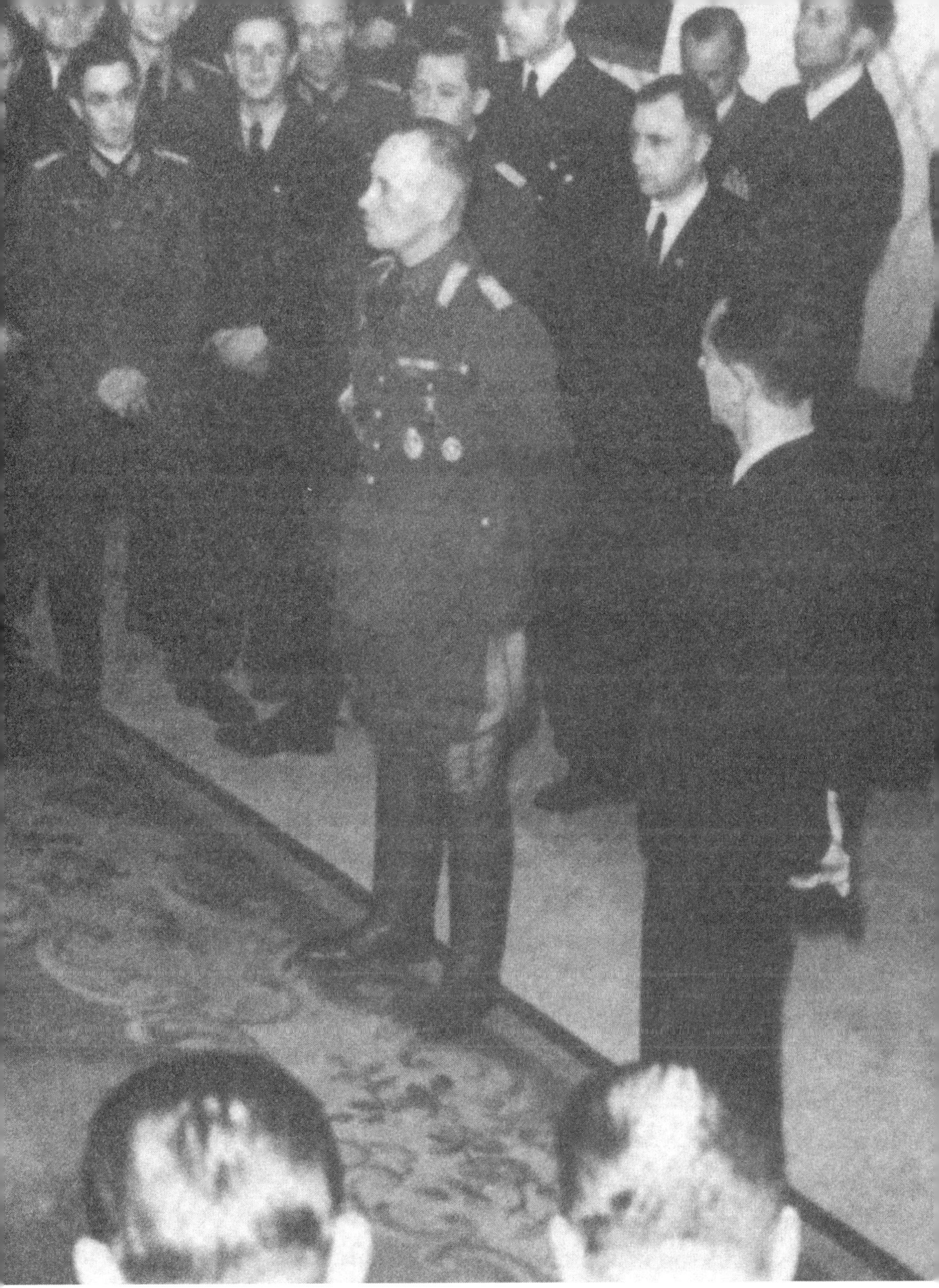

隆美尔神话

紧接着，戈培尔又带着他的客人到"柏林国家社会主义者古老的集会地点"柏林体育宫参加了由希特勒主持的"冬季救济基金"募捐开幕仪式。德国民众用持续数分钟之久的欢呼声迎接这位来自非洲的陆军元帅。带着不安且近乎怀疑的眼神，隆美尔凝视着台下沸腾的人群。不容否认的是：此刻，他正处于人生的绝对高潮。这是一种命运的讽刺，隆美尔在已超越其军事成功的全盛期之后竟然迎来了自己声誉的巅峰时刻。

戈培尔临时决定邀请国际新闻媒体代表在10月3日与隆美尔见面。必须不惜一切代价地让隆美尔现身说法。这位陆军元帅或许已经有点身不由己了。他清楚地知道北非局势的真实状况；在柏林的行程结束后，他也许重新点燃了心中的希望，但他绝不会忘记失败的危险已迫在眉睫。隆美尔别无选择，只能继续上演"乐观主义者"的演说。"今天我们已站在亚历山大和开罗前方100公里处，"隆美尔开始了他的简短致辞，"我们打开了通往埃及的门户。我们到达那些地方，决不是为了今后被人赶走。人们可以确信的是：凡是我们所拥有的，我们都将坚守到底。"

下午，隆美尔动身乘飞机前往维也纳新城，他终于可以与自己的妻子和儿子享受几天宁静的生活。戈培尔非常满意。元帅权杖的交接、在柏林体育宫的炫耀，以及最后由隆美尔出面接受新闻媒体的采访，这些引人瞩目的重大事件都是量身定制的，为的就是将它们运用在《新闻周报》、电台、《柏林画报》以及其他报纸上，从而引发轰动效应；为的就是将这位"明星"绑在纳粹德国的宣传战车上。这些在柏林短暂停留的画面与其他所有宣传手段相比，更有效地给隆美尔打上了他与这一体系亲密相连的烙印，即便这种联系是臆造出来的。"纳粹将军"，隆美尔的声望得以远播到帝国的任何角落。

"他是一位国家社会主义的陆军统帅，"隆美尔启程之后，戈培尔在1942年10月4日的日记中写道，"就像我们希望他成为的那样。如果我们能有一打像他那样的战争事业伙伴，该有多好。"希特勒也对他的这位陆军元帅满是溢美之词。"隆美尔给他留下了深刻印象，"戈培尔援引希特勒的话在日记中写道，"他的世界观是坚定的，他不仅跟我们国家社会主义者关系密切，事实上，他就是一个国家社会主义者；作为部队统帅，他拥有即兴演说的天赋，英勇无畏的个人特质以及非凡的创造才能。像他这样的老兵(Troupier)，我们是可以利用的。隆美尔将是未来的陆军总司令。"

毫无疑问，隆美尔此时仍然囿于对希特勒不加批判的尊崇中。他因此成为了希特勒和戈培尔心中的"国家社会主义者"了吗？东线国防军将领不仅为希特勒的灭绝战争作了精心准备且对战争的胜利充满了信心，就某些方面而言，他们甚至成为了希特勒罪行的直接实施者。与他们不同，这位谦逊的施瓦本人鏖战于遥远的非洲。在非洲腹地，突击队并未参与谋杀；关于战争罪行，隆美尔只从英国人的电台广播那里有所耳闻并对此嗤之以鼻。隆美尔首先将自己看作是一名士兵，并与希特勒所要求的保持高度一致："国防军在任何情况下都不允许关心内政事务。它所要做的，就是对外成为一名剑客。"

有证据表明，希特勒和戈培尔在他们这位阅兵将军身上所领略到的国家社会主义世界观，远比隆美尔自我内化和自我理解的更加坚定。事实是，在隆美尔的数百封家信和数百份札记中，找不到任何文字是专门用以阐述国家社会主义理念的。在某种程度上，在他的观念里，他依然是那位1935年持民族主义-保守主义立场的国防军军官。只不过，他现在跟希特勒捆绑在一起，深陷其中且无法自拔，并经受着纳粹宣传机器的压榨，直至被定格为国家社会主义英雄。这段蜜月期终究会出现裂纹，似乎就快到了。

1942年10月23日的最后一缕日光散尽。最初的几颗星星已闪耀在阿拉曼沙漠上空的夜色中。非洲装甲集团军的士兵们大多已屈身在他们的掩体和散兵坑里沉入梦乡。就在这时，21时40分，

隆美尔神话

一阵惨绝人寰的喧嚣声划破了夜空的宁静。从地中海海岸至卡塔拉洼地长约64公里的防线上，多达2359门英军火炮和榴弹炮发出了猛烈的连珠炮火。与此同时，一波又一波的英国皇家空军轰炸机编队从空中向德军阵地展开了致命轰炸。蒙哥马利中将发动了自第一次世界大战以来最为密集的地毯式轰炸。

15分钟后，大地重归安宁。没等轰炸扬起的沙幕和爆炸形成的烟雾消散，英国军队已经开始了向前推进——围绕阿拉曼进行的决战开始了。英国方面有将近20万名士兵，超过1000辆坦克和1500架飞机参加这场战斗。这样，英军第8集团军的实力已超过了德国和意大利军队总和的3倍。

英国军队方面：他们的士兵精神焕发、斗志昂扬；他们的补给畅通无阻；他们的武器装备得益于美国人的援助而处于最高水平。相反，他们的对手早已精疲力竭：在阿拉曼前方的德军阵地，已出现零星的坏血病病例，超过70%的士兵患有严重的痢疾。他们缺乏弹药、汽油、零部件；他们缺乏带领他们至此的那个男人——隆美尔——的精神指引。隆美尔此刻还在欧洲"康复休假"。战役之初就注定了失败结局。

第二天早上，隆美尔在非洲的继任者施笃姆上将乘车前往前线侦察。他的侍从军官们本想阻止他，因为他缺乏像他的前任那样的沙漠作战经验。施笃姆并未接受他们的意见。仅仅行进了几公里，他的指挥车就陷入了一个澳大利亚炮兵连的火力攻击范围，他的副官险些被炸死。司机紧急调转方向，全速后撤。等到脱离危险后，司机才向身后瞥了一眼：施笃姆上将并未坐在后排座上。直至傍晚，施笃姆上将仍处于失联状态。之后，一支德国突击队发现了施笃姆上将已遭洗劫的尸体。施笃姆心脏病发作，不幸从指挥车上被甩落。非洲装甲集团军正经历自德国士兵踏上非洲土地以来最为惨烈的一场战役。不幸的是，现在的他们群龙无首。

4
服 从

隆美尔的私生女格特鲁德于1942年10月到访维也纳新城。她当时27岁，已婚且是两个孩子的母亲。她与自己的丈夫在德国的肯普滕（Kempten）经营一家蔬菜批发商店，生意不错。这些年来，她一直跟自己的父亲保持着紧密联系。现在，她满心欢喜，终于又可以见到自己的父亲了——这位"著名"的陆军元帅自德军重新占领班加西之后就再未休过假。

10月24日15时许，在接完一个从罗马打来的电话后，格特鲁德的父亲产生了明显的情绪变化。打电话来的是英格玛·伯恩特，他是隆美尔在非洲的传令官。伯恩特向他的陆军元帅报告了昨天晚上英军在阿拉曼发起的大规模攻势。除此之外，隆美尔还获知，他的副手施笃姆上将自清晨出发去往前线侦察直到现在还未归来。这让他感到不安，隆美尔预料到也许会出现一系列麻烦。

不一会儿，隆美尔别墅中的电话铃声再次响起。这一次是格特鲁德接的电话，她吓坏了，电话的另一端是阿道夫·希特勒。希特勒粗鲁地要求与陆军元帅隆美尔讲话。这位独裁者与隆美尔详细讨论了北非局势并通知隆美尔，他的副手施笃姆上将失踪了。隆美尔打算立刻飞回阿拉曼，但希特勒犹豫了。此刻，隆美尔不知道的是：帝国元帅赫尔曼·戈林（Hermann Göring）提出了新的

隆美尔神话

女儿格特鲁德到访。维也纳新城，1942年10月

建议，只是当时的戈林正处于低谷。因为，在应对盟国轰炸德国城市一事上，他毫无建树。不久前，他还雄心勃勃地献言，可在现有的闲杂空军人员中组建20个空军野战师。现在，他又建议将非洲最高指挥权交由空军元帅凯瑟林。在这件事上，他可能听从了凯瑟林的自我吹捧——凯瑟林不厌其烦地向他陈情，隆美尔在阿拉姆哈勒法前方将所谓的胜利拱手相让。希特勒现在，就像他后来所说的那样，"面临着将指挥权交给凯瑟林……还是隆美尔的两难抉择"。

最终，一封来自阿拉曼由隆美尔的总参谋长韦斯特法尔上校发出的无线电讯扭转了局面。韦斯特法尔在回复希特勒有关阿拉曼局势的问询时说："我们反复报告过，敌人即将发动大规模的进攻。这次无可争辩地应验了。施笃姆上将已经阵亡，陆军元帅隆美尔重返非洲是绝对必要的。"深夜时分，这位独裁者重新把北

4 服从

非战场的最高指挥权交给隆美尔并命令他,"立即前往(非洲装甲)集团军"。

在短暂经停罗马之后,隆美尔于10月25日17时许降落在卡萨巴(Qasaba)野战机场,重新踏上了非洲的土地。接着,他换乘鹳式轻型侦察机在天黑之前抵达了福卡(Fuka)地区。他乘坐汽车走完了最后的120公里路程。22时许,他出现在了作战司令部。就在当天晚上,隆美尔还向所有作战单位发送无线电讯道:"我已经重新接掌集团军指挥权。隆美尔。"

英军攻势没有达到他们突破德－意防线的目标。尽管在长达10公里的地带上,他们成功拆除了"魔鬼花园"中的地雷,但他们从这一突破口发起的每次进攻都被击溃了(即便他们付出了惨重代价)。自10月25日起,为了强调轴心国伙伴之间的同盟关系,"非洲装甲集团军"又被改称"德国－意大利装甲集团军"

格尔德·施穆克勒（GERD SCHMÜCKLE）
法国战场军官

时代见证人 ZEITZEUGEN

"1941年,当隆美尔从法国动身前往非洲时,他亲自跟我道别。我当时对他说:'将军先生,我曾经读过一句阿拉伯谚语:在沙漠中人们只会碰到两样东西,一是上帝,二是政变。'然后,隆美尔说:'施穆克勒,也许我在那里两样东西都能碰到。'"

隆美尔神话

（Deutsch-Italienische Panzerarmee）。然而，鉴于英军强大的火炮攻击以及持续的空袭，它被最终炸垮也只是时间问题。比起他的对手在物资方面的明显优势，德军物资储备的匮乏令隆美尔忧心忡忡。还在罗马的时候他就被告知，汽油储备缩减到只剩3个"消耗定额"，仅够使用3天。摩托化部队的活动范围已大打折扣，以至于每次机动战术都需事先做好详细计算，以确保有足够的燃料可供他们返回。

罗马的意大利海军总部（Supermarina）开始设法解决隆美尔的补给问题。装载有2500吨燃料的"普洛塞尔皮娜号"（Proserpina）油轮，以及装载有1000吨燃料和1000吨弹药的"特尔格斯特阿号"（Tergestea）油轮驶离意大利的港口，行使在地中海上。另外一艘装载有2500吨燃料的"路易斯阿诺号"（Luisiano）油轮也已做好了启航准备。按照惯例，油轮计划抵达北非的时间要通过无线电提前告知前方。与往常一样，布莱切利庄园的密码破译员再次截获了意大利人发出的无线电讯。地中海上的"标靶射击"继续上演。10月26日，"普洛塞尔皮娜号"与"特尔格斯特阿号"在即将抵近托布鲁克港时，被英国皇家空军的战斗轰炸机击沉。

10月26日早上5时许，仅睡了几个小时之后，隆美尔就动身去往前线。他绝望地想要找寻一条出路，以逃离这种令人窒息的局面。临近傍晚，情势变得明朗起来，英军第8集团军在鲁韦萨特（Ruweisat）脊地以北，集中向达巴（El Daba）与西迪·阿卜德·拉赫曼（Sidi Abd el Rahman）之间的区域挺进。隆美尔打算抢在对手之前发起最后一次绝地反击，他将两个德国装甲师和两个意大利装甲师的绝大部分兵力向特尔·阿恰奇尔（Tell el Aqqaqir）北部前线收缩。10月27日下午，在火炮、高射炮，以及空军的强力支援下，隆美尔的反击开始了。当天晚上，隆美尔向他的妻子写信透露了自己的内心想法："没人能想象我内心的恐惧，再次到了生死存亡的关头。"

4 服从

晚上，隆美尔忧心忡忡地躺在行军床上，难以入眠。10月28日清晨，他又给妻子写了一封信。在这封信中，他第一次提及了有关个人生死的想法："假如此役战败，我能否存活只能听天由命。作为战败者的生活是我无法承受的……我本应继续履行家庭职责，因而，我想对你和儿子表达我最诚挚的谢意，感谢你们给我带来的所有的爱和欢乐。"

整个白天，隆美尔调集一切可以调集的力量成功抵挡住了敌人的攻击。然而，德军发起的攻势却止于英国人的连珠炮，尤其是短间隔、高密度飞临德军上空的英国轰炸机群让德军非常烦恼。德军燃料和弹药的短缺，导致他们几乎不能实施任何机动作战行动。隆美尔开始意识到，北非战役已经失败了。当天晚上，隆美尔第二次写信给他的妻子说道："我认为希望渺茫……在我心中萦绕不去的，是我对你和曼弗雷德最真挚的爱。在家里的日子是多么美好。此刻，战事胶着，战局究竟如何不得而知，这样的想法日夜折磨着我。此役，我看不到任何希望。"

是夜，隆美尔再次无眠。10月29日凌晨3时30分，隆美尔开始焦虑地踱步于沙漠，等待着两个半小时之后出发前往部队巡查。白天，噩耗纷沓至来。11时30分，有消息说，连作为备用油轮派遣的"路易斯阿诺号"也在前一天晚上，仅在意大利港口纳瓦里诺（Navarino）启航数小时后就被英国皇家空军击沉。不久，德国人从一名被俘虏的英国军官嘴中获知了英国人将要发起的代号为"增压行动"（Operation Supercharge）的决战攻势。等待隆美尔的，是蒙哥马利在即将来临的黑夜实施的毁灭性打击。下午稍晚时分，意大利最高统帅部报告，根据对敌侦察情报，英军的两个师正穿越马特鲁港以南100公里处的卡塔拉洼地。这意味着，德国－意大利装甲集团军将陷入包围并有全军覆灭的危险。隆美尔万念俱灰地评论："我们已无路可逃。"

尽管蒙哥马利的"增压"作战计划事实上推迟了48个小时，

隆美尔神话

尽管意大利人报告中提及的英军的两个师在第二天早上被证实为只不过是一群"鸭子",10月29日的经历还是坚定了隆美尔实施撤退行动的打算。虽然这一决定是根据现实的形势预估作出的,但它仍然非常艰难。隆美尔预料到,非洲的失利很快会引起最高统帅的激烈讨论。现在,他必须小心翼翼地着手计划如何将部队后撤120公里至福卡高地。

11月2日凌晨1时许,英国军队发起了预料中的大规模进攻,空袭持续了7个小时,超过300门火炮发出的连珠炮火长达3小时之久。"在强大的炮火支援下,穿越尘雾遮蔽的侧翼",超过500辆英军坦克沿西北方向朝达巴附近的海岸公路挺进。隆美尔再次投入了所有可供调遣的力量以应对敌人的进攻。在整个装甲炮兵和高炮部队的支援下,双方爆发了一场惨烈的坦克屠戮大战,隆美尔最后一次成功迫使敌人"暂时"停下了进攻的步伐。临近中午时分,隆美尔已经不再怀疑,德国-意大利装甲集团军的崩溃已近在咫尺。"在前线,"隆美尔如是回忆,"很多阵地已陷入混乱状态……英国人的轰炸机群和炮兵军团不间断地对我们的部队实施打击。中午的1个小时内,由18架飞机组成的英军轰炸机群总计7个轮回向我们的部队投掷炸弹。"站在高处密切关注战役进程的隆美尔,见证了自己的集团军的处境是如何变得严峻的全过程。比如,德国非洲军团仅剩下35辆坦克和24门88毫米口径火炮可以投入战斗;德国部队的战斗力下降了1/3;意大利的利托里奥(Littorio)和的里雅斯特(Trieste)两个师的大部已处于群龙无首的状态,正无可救药地试图逃离这一人间地狱。"我们的覆灭,"隆美尔说,"已近在咫尺。"

15时30分,隆美尔终于看够了。他动身前往集团军作战司令部实施撤退计划。隆美尔向德国国防军最高统帅部发送了一份中期报告,以校准元首大本营关于阿拉曼局势的看法:"面对英军数倍于我们的陆上和空中优势,经过10天的最惨烈的战斗之后,

重新接掌指挥权。阿拉曼，1942年10月（右为隆美尔）

纵然我们今天取得了防御性胜利，但集团军的作战力量早已消耗殆尽。"在对局势作了详尽的描述后，隆美尔用扣人心弦的话语作结语："因而，在这种情况下，尽管部队进行了英勇顽强的抵抗，集团军的渐次覆灭已现端倪。"为谨慎起见，他并未在这里提及撤退计划。也许隆美尔还幻想着，希特勒会基于这种令人绝望的局面作出与他相同的决定，主动命令他实施撤退行动。但没有任何证据表明，元首大本营意识到了灾难的严重程度。希特勒更多地是在自欺欺人，就在几天前，凯瑟林元帅还从罗马向他报告，"北非战役危机已经消除"。

19时20分，隆美尔的无线电台开始向各作战部队依次发出通告："面对优势敌人所造成的压力，集团军准备在战斗中逐步撤退。"第19高炮师士兵最先收到了撤退命令，拉姆克旅（Brigade

隆美尔神话

Ramcke）士兵则是在 21 时 08 分才收到了最后的撤退命令。就像一个经过良好润滑的齿轮组，隆美尔逐步下令实施撤退行动，以便将他的集团军从覆没的危险中拯救出来。

为了向元首大本营通报相关信息，隆美尔与他的参谋长韦斯特法尔共同起草了一份尽可能不使人产生疑惑的例行总结报告。报告的第 2 个要点如下："如第 2 份中期报告所述，集团军的力量已不足以阻止敌人新的突破。因而，面对优势敌人所造成的压力，集团军准备从 11 月 3 日开始在战斗中逐步撤退。为此，步兵师已于 11 月 2 日夜实施撤退……"这封无线电讯于午夜后发出。这样，第二天早上，在既成事实面前，希特勒将绝无阻止集团军撤退的可能。

11 月 3 日凌晨 2 时许，这封发自非洲的无线电讯抵达了罗马，并立即电话转往元首大本营总机。3 时许，总机接线员阿尔方斯·舒尔茨（Alfons Schulz）敲开了国防军指挥参谋部值班军官威廉·博尔纳博士（Dr. Wilhelm Borner）少校的房门。博尔纳睡眼惺忪地瞄了一眼这份发自非洲的无线电讯，接着又躺到了床上。在他看来，这封无线电讯的内容很可能不足以重要到现在就去唤醒希特勒。毕竟，隆美尔在他的中期报告中已经就他的集团军所面临的覆没危险作过相应的逼真描述了。

早上 8 时 40 分，隆美尔让人向元首大本营报告了已经实施的撤退行动的初步细节。"在南部和中部，"根据 11 月 3 日的早间报告，"第 10 与第 21 军团，以及空军第 1 歼击机旅，迄今为止已按计划撤退至塔卡－加雷特·阿卜德－代尔·穆拉（Taqa-Qaret el Abd-Deir el Murra）地区。"此时，依然没有来自"狼堡"的任何反馈。然而，隆美尔有了一种不祥的预感——尽管我们已经提供了明确无误的形势报告，最高统帅部是否真的能在目前条件下得出同样的结论仍不得而知。他计划派自己的传令官英格玛·伯恩特前往元首大本营，以备不时之需。伯恩特肩负着向希特勒"清晰阐述我们的处境,并表明非洲战场很可能已经战败"的使命。这天早上,隆美尔第二次向他的妻子写信倾诉自己的绝望:"我已经作出部分拯救集团军的尝试,成功与否尚不明晰。每天晚上我都无法入眠,绞尽脑汁地为我那些可怜的部队找寻一条逃离困境的出路。我们正经历一段苦难的日子,也许是常人无法承受的最苦难的日子。死去人倒是可以好好享受了,对他们来说一切都过去了……"

上午 11 时许,国防军指挥参谋部参谋长阿尔弗雷德·约德尔上将像往常那样,在元首大本营的小范围内作战场局势例行汇报。与此同时,前一天晚上汇集到元首大本营的作战报告,以及标注出各个战场最新进展情况的作战地图也已呈送希特勒。来自非洲的数封无线电讯被放在最上边。在浏览完隆美尔有关德国-意大利装甲集团军在非洲撤退的报告后,希特勒暴跳如雷。他作出的第一个反应,立即口授了一份命令发给隆美尔。这份命令大约 11 时 30 分就由罗马发往了非洲。在这份命令中,希特勒慷慨陈词,要求隆美尔不惜一切代价坚守到底:"带着对您的领袖品格和对您辖下的英勇的德国和意大利军队的虔诚般的信任,德国人民和我一起正密切注视着发生在非洲的英雄史诗般的防御战争。在您现在所处的位置,除了坚守,一步也不能后撤。除了将每位可以动员的战士动员投入战役之外,不允许有任何其他想法存在……您能够引领您的部队前行的无非有两条路,一条通向胜利,一条通向死亡。签发人:希特勒。"

隆美尔的撤退计划人人出乎希特勒的预料。"如果当时我被叫醒的话,"这位独裁者恼怒不已地说道,"我将立即命令他,就地坚守。" 希特勒察觉到是否出现了背叛,是国防军指挥参谋部故意向他隐瞒了隆美尔的撤退命令吗?不久之后,帝国保安处(Reichssicherheitsdienst,简称 RSD)的两名党卫军成员审问了不知所措的阿尔方斯·舒尔茨,正是他接听了从罗马打来的长途电话。

与此同时，联想到"领导特快通话"，在罗马的无线电台也接受了调查。

最后，被确认为罪魁祸首的是少校威廉·博尔纳博士。这位50岁的预备役军官必须一路小跑而来。在一间正举行作战会议的简易会议室里，希特勒向他咆哮道："60分钟之内，您将作为破坏者（Saboteur）被处决。"博尔纳面色苍白，试图解释他为什么没有立即转达来自非洲的报告。隆美尔在11月2日发回的最后一封无线电讯，与之前的内容并无太大差异，但希特勒并不买账。10分钟之后，他将博尔纳狂暴地轰了出去。德国国防军最高统帅部总参谋长威廉·凯特尔（Wilhelm Keitel）元帅将博尔纳带往他的办公室。凯特尔把一瓶干邑（Cognac）放到桌上，然后将自己的手枪放在干邑的旁边，接着说："您知道应该怎么做。"

博尔纳并不想领他上司这个情。为此，当天未经军事法庭审判，他就被直接降级为普通炮手，就连国防军指挥参谋部副总参谋长瓦尔特·瓦尔利蒙特（Walter Warlimont）也被解职。只不过，瓦尔利蒙特在施蒙特上将的斡旋下，不久之后又被重新起用。得益于施蒙特的帮助，博尔纳在"大西洋壁垒"缓期服役6周之后重返了公民生活。这一插曲以令人印象深刻的方式反映了那一时期元首大本营中的氛围。彼时，前线的战事发展已不受最高军事领导层的控制，阿拉曼只不过是一系列毁灭性败退的序幕罢了。希特勒和他的许多亲信对当下战败的回应则是对事实置若罔闻。

这一导致灾难性后果的元首命令直到当天13时30分才抵达非洲。也许是因为隆美尔无线电中心的恩尼格玛解码器在这天上午发生了故障，以至于元首的命令不得不在第二次发送之后才被收到。正当隆美尔与他的参谋长韦斯特法尔坐在指挥车里吃午饭时，一位传令官把这份无线电讯转交给了他，并用戏谑的语气说："集团军被判处死刑。"隆美尔像被闪电击中一般。后来，他是这样描述他当时的愤怒之情的："我们所有人好像都挨了一闷棍，在

4 服从

非洲战役期间,我第一次不知道该如何应对。"

隆美尔进退两难。一方面,希特勒想要隆美尔做的是,让他眼睁睁地看着自己的集团军全体覆没,这意味着数以万计听命于他的士兵将白白丢掉性命;另一方面,隆美尔却一再要求自己的下属"无条件的服从"。按照隆美尔的认知,即便作为陆军元帅的他,也不得不屈从于最高统帅的意志。隆美尔命令部队停止撤退。他向"元首"报告,战争将会继续下去,最后发誓"将继续竭尽全力坚守战场"。在不久之后的一次部队训话中,隆美尔绝望地号召士兵们务必全力以赴,以坚守战场的方式打赢这场正在进行中的战役。隆美尔自己也知道,他的这些话轻如鸿毛。后来他就此写道:"每当我们想起卓越的军队精神,在我们的内心就会有一股无名怒火升腾,因为就连最后一名士兵都知道,即使付出最艰辛的努力也不可能使战役进程逆转。"

16 时 30 分,隆美尔作出最后的尝试。他打发伯恩特中尉踏上了返回东普鲁士的旅程。或许,伯恩特能够改变希特勒的想法,谁知道呢。时间已经不多了。隆美尔预料在接下来的 3 天之内,他的集团军或许会彻底崩溃。他匆匆提笔写了几行字,连同他节省下来的 25000 里拉(Lire)一块让伯恩特交给他的妻子。隆美尔知道,这很可能是他最后的问候了。在信的结尾处,他写道:"至于我们究竟会怎样,只能听天由命了。永别了,露西;永别了,儿子。"过了一会儿,他又拿起便笺和钢笔,这次是与他的女儿道别:"我的士兵和我是否能活到最后,只能听天由命了。对你,我还是要送上最诚挚的问候,祝愿你和你的家人未来一切安好。"

隆美尔麾下的作战部队的指挥官们对隆美尔的改弦易辙感到大惑不解。比如,德国非洲军团司令威廉·里特尔·冯·托马(Wilhelm Ritter von Thoma)上将就向这位陆军元帅表达了坚决抗议。在他看来,坚守阵地意味着确定无疑的毁灭。尽管"顾虑重重",隆美尔最终还是被说服,至少同意托马的部队作战术撤退。他深知,

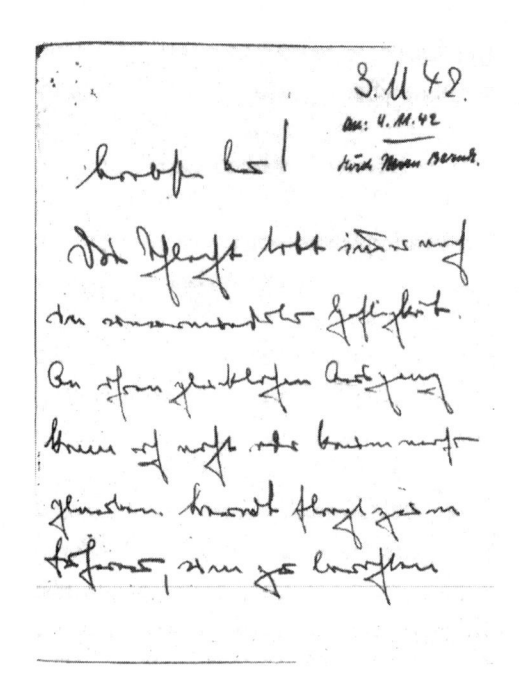

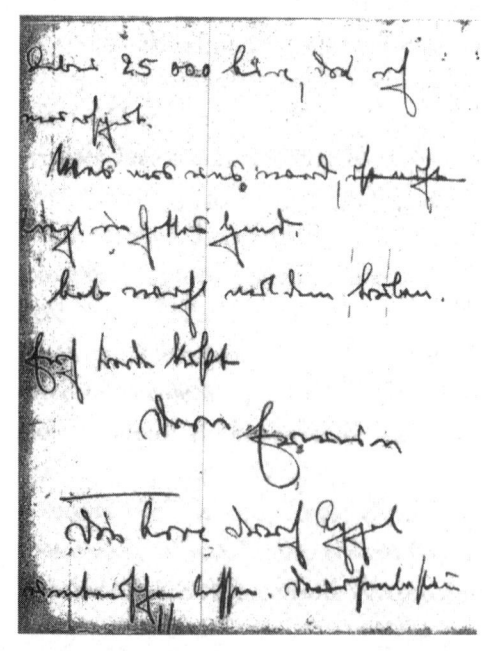

隆美尔神话

原文如下：

1942年11月3日

我最亲爱的露（西）！

战役仍在继续，惨烈程度依旧。我不相信或者说不再相信战役的结局会令人皆大欢喜。伯恩特飞返柏林面见元首。随信附上我节省下来的25000里拉。

至于我们究竟会怎样，只能听天由命了。永别了，露西；永别了，儿子。吻你们两个。

你的埃尔温。

里拉可通过阿佩尔（Appel）兑换，外汇管制。

"听天由命"。
隆美尔决绝书手迹，1942年11月3日

4 服从

这种妥协不过是在延长死亡战争罢了。太阳下山很长一段时间了,隆美尔还在他的指挥巴士前方的沙漠中不安地踱步。韦斯特法尔一直观察着他的长官,他指派参谋军官埃尔玛·瓦宁(Elmar Warning)少校跟随着隆美尔,以给隆美尔一点心灵的抚慰。韦斯特法尔说:"请您到元帅身边待一会儿,此刻,他特别需要有人陪伴。"

隆美尔毫无保留地跟这位参谋军官倾诉了自己的想法。他看到的不仅是装甲集团军的覆没,还有由此导致的后果。北非战场的失利必然会带来盟军对意大利的入侵。但隆美尔更关心的还是他的士兵的命运。他一再提及服从原则,最后突然冒出了一句:"人的生命是最重要的!"瓦尔宁还未反应过来,隆美尔到底想说什么。更令他错愕的是,他的陆军元帅竟然批评希特勒。带着愤懑的表情,隆美尔评价这位独裁者:"他是一个十足的疯子!"元首的命令从根本上动摇了隆美尔对希特勒的信任。这一天成为隆美尔生命中的转折点。几个月之后,隆美尔在他的回忆录中明白无误地指出:"11月3日将作为最具纪念意义的一天而永留史册。因为,这天不仅表明战争幸运之神已远离我们,它还表明装甲集团军的决策自由受到严重限制,上级部门开始持续干预战争的指挥。"

第二天早上9时许,空军元帅凯瑟林搭乘鹳式轻型侦察机飞抵隆美尔的作战司令部,为的是挟元首之命以令隆美尔。在他看来,"隆美尔和韦斯特法尔极为紧张和'恼怒',两人都需要打一针强有力的镇定剂才行"。隆美尔强压心中怒火,在去往指挥巴士的路上,他双眼紧盯着凯瑟林,对参谋长韦斯特法尔窃窃私语道:"这家伙把我们大家都耍了。"

谈话一开始,隆美尔就没给对方留任何情面。隆美尔的主导意见不容任何质疑,而凯瑟林也被迫无奈地认识到自己对形势作出了错误的估计。但是,凯瑟林后来在自己的回忆录中记录的"在这之后,他应与隆美尔共同承担没有执行(希特勒)命令的责任"

隆美尔神话

就与事实不符了。相反，现存"有关凯瑟林元帅和隆美尔元帅这次会晤的……记录"表明，凯瑟林巧妙地将责任推到了隆美尔的身上。会晤记录显示，凯瑟林并非将元首的电报视为有约束力的命令，而是更多地将其视为某种警告。"我要是您的话，"凯瑟林说，"将根据战场形势采取适当行动。"

谈话过程中，隆美尔再次提及，"这封电报……犹如晴天霹雳，他迄今为止一直秉承着对元首的忠诚"。凯瑟林安慰隆美尔说："元首仍然对您充满信任。"凯瑟林答应向元首报告局势的严峻性，他最后想知道，隆美尔是否已重新实施了撤退计划。根据会议记录，隆美尔绝望地回答说："只有元首改变命令，我才会撤退。我不会违反元首的命令擅自行动。"在会晤即将结束时，隆美尔悲观地预测说："目前正在进行的几场战斗结束之后，集团军的有生力量将化为灰烬。每门大炮，每辆坦克在敌人的优势面前都将被摧毁殆尽。"

就在这天，元首的命令带来的灾难性后果开始——呈现，这让隆美尔痛心不已。11时许，他得到报告，意大利第21军团特伦托（Trento）和博洛尼亚（Bologna）两个师的大部已溃不成军，正漫无目标地向西逃窜。不久，空中侦察报告，意大利第10军团也已败退。而与此同时，意大利阿里亚特（Ariete）装甲师也正作垂死挣扎。隆美尔从位于其作战司令部东南方的高处能清晰地看到前方扬起的漫天沙尘，意军装甲师正与超过100辆的优势兵力的英军坦克苦战。隆美尔后来不无忧伤地写道："阿里亚特（装甲师）的覆灭，使我们丧失了最年长的意大利同志。虽然他们装备极差，我们却总是强人所难，要求他们完成不可能完成的任务。"

激烈的战斗后，11月4日中午之前，强大的英国军队已在多处突破德国非洲军团的防线。一个德军战斗梯队被150辆英军坦克包围并惨遭歼灭。德国非洲军团的战场主将冯·托马上将忍无可忍，他摘下勋章，咒骂元首的"命令"愚蠢至极。然后，他深

4 服从

入到战役中心地带，誓与他濒临崩溃的部队共存亡。1个小时后，冯·托马参谋部的一名军官从远处观察到，这位高大、瘦削的上将站在一辆燃烧的坦克旁，周围一片狼藉，满是硝烟、被摧毁的火炮和横卧沙场的尸体。不久之后，这位上将就被英国士兵俘虏了。

中午时分，隆美尔向元首大本营坦率电告了已无力挽回的战场局面，并请求批准将集团军撤至福卡防线。在14时许，他向德国非洲军团发布了一项非同寻常的命令："不必无条件坚守现有阵地，不必作无谓牺牲。"这预示着隆美尔已开始转变自己的观点。15时许，不能再熟视无睹的是：历时12天，蒙哥马利决定性地突破了阿拉曼防线，这正是他梦寐以求的。而德国-意大利装甲集团军终将被包围歼灭已进入倒计时。

隆美尔内心挣扎了24个小时。自他接到致命的"元首命令"起，24个小时过去了。现在，他开始行动了。隆美尔在没有等到希特勒的答复之前，就独自作出了决定。他命令，重新实施撤退行动。在发给各作战部队的无线电讯中，隆美尔要求"集团军避开包围圈，撤退至福卡区域"。撤开隆美尔所冒的巨大个人风险不谈，这一命令或许是他一生中所要作出的最艰难的决定。上午与凯瑟林之间的谈话表明，尽管内心惴惴不安，隆美尔仍然没有从对希特勒的迷恋中解脱出来，"元首的信任"对他来说仍然具有重要意义。因而，当他此刻将对士兵的责任置于对希特勒的服从之上时，就更加难能可贵了。几个月之后，隆美尔本人就其迈出的这一步作出了引人注目的总结："就我所有的经历而言，我只承认犯了一个错误。那就是，我没有在24小时之前就绕开'要么胜利，要么死亡'的元首命令。"

11月4日15时45分，隆美尔的特使伯恩特中尉抵达元首大本营。隆美尔派伯恩特前往元首大本营，正是考虑到伯恩特曾在宣传部的履职经历。或许作为一名老党员，他能与希特勒产生共鸣。这位独裁者明显默认了伯恩特的到来。对希特勒来说，最要紧的是，"在非洲的某个地方重构一道安全防线"。当着伯恩特的面，希特勒命令："……务尽全力为集团军提供给养和补给……立即提供最新式的武器。"这依旧只是诱骗性的意图申明。事实上，后来所提供的援助远未达到所宣扬的规模，仅是沧海一粟。北非依然是副战场，而隆美尔依然是清道夫——他必须冒着生命危险，同时却得不到希特勒的真实帮助。伯恩特至少成功地对希特勒发挥了影响，使希特勒同意了隆美尔的撤退行动。20时50分，他简短地电告隆美尔："根据形势发展，我批准您的决定。"然而，伯恩特并未彻底说服这位独裁者。希特勒依然坚持他错误的观念，认为隆美尔的撤退行动是一个巨大的错误。"他当时应该待在前方，"直到1944年时希特勒还这样说，"这是挽救一切的唯一可能。"

战争钟摆最后一次摆回。夜幕降临之时，德国-意大利装甲集团军的余部开始了大撤退。在过去的24小时中，隆美尔的部队已有数百名士兵阵亡，另有约1万名士兵被俘。然而，超过7万名德国士兵以及大约3万名意大利士兵因隆美尔的坚持而得以逃离阿拉曼的魔窟。英国人最终赢得了战役。英军中东战区总司令哈罗德·亚历山大上将，于11月6日高兴地电告英国首相丘吉尔："请让钟声响起。"丘吉尔最初并未采纳亚历山大的建议，自1940年起大本钟就一直保持沉默，以便在遭遇德国入侵之时能向居民发出警报。几天后，丘吉尔在伦敦的首相官邸发表讲话，对当时的盲目乐观主义者发出了警告："这不是结束，甚至不是结束的开始。相反，这或许是开始的结束。"在他的回忆录中，丘吉尔对此作了深入的描述: 阿拉曼战役是命运的关键转折点。丘吉尔这样写道："人们可以说，在阿拉曼之前我们从未获胜，在阿拉曼之后我们再未失败。"

英国历史学家迈克尔·霍华德爵士指出，这是一种"非常英国化的视角"。这一观点不无道理。这条战线事实上的战争转折点出现在11月7日夜晚。这天晚上，超过10万名美英远征军在阿

4 服从

罗尔夫·穆宁格（ROLF MUNNINGER）
隆美尔参谋部文职人员

"自大撤退伊始，隆美尔就变成了另外一个人。他第一次看清楚，希特勒当时想要让超过20万名士兵或多或少地战死，最重要的是，几乎没有战胜的希望。这让隆美尔疲于应付。从那时起，他不再是之前的他了，他变了。此后，每天晚上，我都跟他待在狭小的参谋部里。他几乎不说话，一直考虑着如何应对最高统帅部，我们只能边战边退，直至改称'大撤退'。"

拉曼以西3000公里的摩洛哥和阿尔及利亚海岸登陆。即便是希特勒也立即意识到了局势的严峻：在德国的北非副战场，为争夺面向南欧的跳跃基地的战争突然爆发了。突尼斯半岛犹如一块面向意大利的"跳板"。如果突尼斯落入盟军之手，那么，整个地中海区域连同意大利也将迟早陷落。

这样，法国殖民地就成为了关注的焦点。希特勒命令，在突尼斯建立一个桥头堡，且要不惜任何代价据守。从11月11日开始，大批德国和意大利部队被运往突尼斯，这些部队与隆美尔的作战部队一样，必须获得充足的后勤补给，尤其是燃料保障。这一决定，势必以牺牲隆美尔的装甲集团军为代价。火上浇油的是：担任这

隆美尔神话

矗立于副战场之上。利比亚，1942 年 11 月

4 服从

次行动的最高指挥官恰是凯瑟林元帅。与此同时,凯瑟林还负责着利比亚战场并由此掌控了隆美尔的后勤补给。两者间的利益之争可想而知。

隆美尔立刻意识到了这点。此刻,隆美尔正处于撤退之中,他的部队早已将福卡防线远远甩在身后。在付出了艰辛的努力后,他才在中途得到"颁布放弃阿拉曼前方阵地"的命令并重新动员他的士兵。他的装甲集团军一如既往地缺乏燃料,以及弹药和其他装备。每次新的海运都成为英国情报机构和英国皇家空军合作的牺牲品,英国人的这种紧密合作所造成的后果是灾难性的。隆美尔部队所需的每一滴汽油都必须通过空运而来。因此,向英国追击者发起任何重大反击行动都成为幻想。尽管墨索里尼以及意大利最高统帅部一再发布新的"命令",但德国-意大利装甲集团军除了奉隆美尔之命继续撤退之外别无选择。

在这种令人绝望的困境中,有时甚至是某种偶发事件帮了隆美尔的大忙。不期而至的瓢泼大雨阻挡了英国皇家空军的介入和英军第8集团军的追击。更重要的是,蒙哥马利的战略为德国和意大利部队的撤退提供了方便。发生在北非战场上的两位统帅之间针锋相对的决战更是少之又少。无疑,这位英国上将在掌握现代战争手段——坦克和飞机——方面已达到了炉火纯青的地步,然而这位英国高级军事领袖欠缺的恰恰是隆美尔因物资匮乏而产生的机动性和灵活性。蒙哥马利知道,他已经赢得了这场战役,因此并不急于将隆美尔一举歼灭于一时。

靠着隆美尔孜孜不倦的努力,在经过一路抵抗之后,他的士兵才得以自救。从阿拉曼至突尼斯的大撤退成为埃尔温·隆美尔最杰出的军事功绩之一。这位陆军元帅深知,盟军在法属北非的登陆对他的集团军将带来新的致命威胁。他不再抱有任何幻想。隆美尔清醒地意识到,美国人的物资优势——隆美尔在阿拉姆哈勒法和阿拉曼前方已充分领略了他们武器装备的优越性——意味着

隆美尔神话

非洲战场的终结。隆美尔切合实际地预料到了德国－意大利装甲集团军的没落。现在，他甚至开始怀疑"最后胜利"的可能性。11月14日，他忧心忡忡地给妻子写道："一旦我们丢失了北非，战争将如何继续？战争结局究竟如何？我希望，我能摆脱这些恐怖的想法。"

眼下，隆美尔只有一条出路：就像英国人在1940年实施敦刻尔克（Dünkirchen）大撤退一样，德国和意大利军队必须立即撤出非洲。起初，隆美尔请求与凯瑟林元帅和卡瓦莱罗元帅进行紧急磋商。但，两位元帅并未露面。此后，隆美尔第二次派伯恩特面见希特勒。11月12日，这位独裁者再次接见了隆美尔的特使，只不过这次是在慕尼黑。当时，希特勒在狮王酒窖（Löwenbräukeller）正准备向"老战士们"发表讲话。而在一年前的同一天，隆美尔的部队还不得不在托布鲁克前方鏖战。某些非洲老兵回忆1941年持续数月围攻托布鲁克时所遭遇的不幸和苦难，以及1942年6月攻克托布鲁克时所获得的胜利和喜悦时，眼中充满了深情的泪水。伯恩特向希特勒递交了隆美尔的计划："在昔兰尼加的山区地带构建一条新防线。夜间利用潜艇、小型船只以及飞机，将尽可能多的受过良好训练的士兵运往欧洲，以便将他们投入新的战斗。"这一计划与希特勒的战略彻底背离。

伯恩特返回非洲之后在隆美尔51岁生日那天，即1942年11月15日向后者作了如实报告。"元首告知，"隆美尔记录道，"我不必顾虑突尼斯，只需坚信这一桥头堡将会被成功据守就行……虽然他让人转达了他对我的'特殊信任'，但仍能觉察出他内心的明显不快。"

隆美尔绝望了。为什么没人愿意直面事实？就在这一天，隆美尔以哀求的语气向他的妻子写了一封信，在这封信中无意识地透露出了他自始至终最在乎的东西："愿全能的上帝在新的一年里与我同在，就像去年那样。这样，我就可以不辜负元首和人民的

4 服从

"战争结局究竟如何?"撤退之中,1942年11月

隆 美 尔 神 话

眼前仅有一条出路。利比亚，1942 年 11 月

5
围　猎

信任了。"

1942年11月19日拂晓，苏联人沿顿河（Don）发起了大规模的进攻。这次行动的目标是围猎弗里德里希·保卢斯上将指挥的驻防斯大林格勒（Stalingrad）的第6集团军。仅3天时间，苏联红军就完成了对30万德国士兵和1万罗马尼亚士兵的包围。希特勒低估了危险，他从未设想过有一天会放弃斯大林格勒。相反，他计划通过空中航线为第6集团军提供补给。空军总参谋长汉斯·耶舒恩内克（Hans Jeschonnek）上将对空中补给的可能性作出了过于乐观的评估，他的这一评估很可能对希特勒的决定发挥了决定性影响。除此之外，这位独裁者在11月20日就组建了新的顿河集团军群（Heeresgruppe Don），并委派德国国防军最出色的战略家，陆军元帅埃里希·冯·曼施泰因（Erich von Manstein）担任总司令。顿河集团军群的目标，最初是配合，其后演变为解救被围困的第6集团军。

11月22日，被困于斯大林格勒阵地上的保卢斯上将最终认识到，通过空中航线完成运输补给是不现实的。鉴于自身弹药和燃料的匮乏以及苏联军队的明显优势，被围困部队的覆灭只是时间问题。面对这一危险局面，保卢斯的对策是"向西突围"。在同一天发往陆军总司令部的电报中，保卢斯还曾保证将坚守斯大林格勒区域。现在，他开门见山地说道："在南方不能成功建构环

隆美尔神话

形防御阵地的情况下,请求赋予(第6集团军)行动自由。形势所迫,我们将不得不放弃斯大林格勒和北方前线,以便在南方前线全力打击聚集在顿河与伏尔加河(Wolga)之间的敌人,并在这里向罗马尼亚第4集团军靠拢。"显然,这意味着:突围。

在此之前,斯大林格勒第51军团的战场主将瓦尔特·冯·塞德利茨-库尔茨巴赫(Walther von Seydlitz-Kurzbach)曾试图凭借"三寸不烂之舌"说服保卢斯,请求行动自由。塞德利茨认为保卢斯根本不必事先向希特勒报告,而应让希特勒直面既成事实,最后向其报告迫于形势发展我部不得不实施突围出斯大林格勒区域的行动。保卢斯的参谋长,陆军中将亚瑟·施密特(Arthur Schmidt)认为塞德利茨的建议是公然"造反",并予以回绝。电报发出3个小时之后,保卢斯收到了希特勒的答复:"第6集团军被苏联军队围困只是暂时的。我了解第6集团军还有它的最高指挥官。我知道,面对这一艰难局面,它将勇敢地予以坚守。"虽然陆军总参谋长库尔特·蔡茨勒(Kurt Zeitzler)上将当时也迫切要求向第6集团军发布突围命令,但这位独裁者依旧不为所动。

即便如此,身处斯大林格勒口袋中的保卢斯仍然继续准备实施代号为"改造"(Umbau)的突围行动。11月23日,担任B集团军群总司令的陆军元帅马克西米利安·冯·魏克斯(Maximilian von Weichs)也毫无保留地对保卢斯作出的局势评估表达了支持之意,并要求让第6集团军实施突围。为应对这一紧张局面,希特勒从贝希特斯加登(Berchtesgaden)出发,乘火车返回拉斯腾堡的元首大本营。在火车上,他仍然禁绝了任何撤退行动。他有自己的计划:一个专门为此组建的增援军团将重新肃清通往第6集团军的道路。在这之前,对第6集团军的补给将由空中运输完成。与此同时,希特勒对帝国元帅赫尔曼·戈林当时向他提供的数字确信无疑。这位帝国空军总司令自称平均每天能向被围困的第6集团军空运500吨弹药、燃料,以及其他给养。根据塞德利茨上

5　围猎

将的估算，第 6 集团军每天至少需要 1500 吨补给。事实上，就连 500 吨也只是纯粹的乌托邦。尽管飞行员不畏艰险、全力以赴，德国空军空运至斯大林格勒的补给仍然没有一天超过 100 吨。

保卢斯犹疑不决。第 6 集团军面临的形势每个小时都在持续恶化。然而，他一直下不了违抗希特勒命令采取自由行动的决心。11 月 23 日晚上，他再次致电希特勒："我的元首！自 11 月 22 日晚收到您的无线电讯后，形势急转直下……如不能集结所有力量对从南部和西部进攻之敌实施毁灭性打击，那么，在极短的时间内，（第 6）集团军将不复存在。为此，必须立即从斯大林格勒抽调所有作战师，并从北方战线抽调强大的作战力量。结果必然是向西南方向突围……形势所需，再次请求给予行动自由。"

第二天早上，希特勒确认了自己的最终决定，并要求在任何情况下都要坚守这一区域。保卢斯接受了希特勒对第 6 集团军的死亡审判，未提出任何异议。突围准备工作无果而终。现在，保卢斯将转变希特勒想法的最后希望寄托在了曼施泰因身上。此时，曼施泰因已抵达 B 集团军群，以便实地了解局面的进展情况。陆军元帅魏克斯再次强调了他的观点：拯救第 6 集团军的唯一方法就是撤退。但是，曼施泰因也在追求自己的计划。他没有理会 B 集团军群总司令以及诸位在场将军对于战场形势的预估，基于对空中运输给养可能性的完全错误的判断，他下令保卢斯坚守。曼施泰因申告保卢斯："（我）11 月 26 日接管顿河集团军群指挥权。我们将竭尽全力解救您。"曼施泰因是一位声誉卓著的士兵，既然连他都作出了这样的宣示，保卢斯暂时算是吃了一颗定心丸。不管怎么说，希特勒对于曼施泰因的做法是相当满意的。被围困的第 6 集团军除了等待援兵的到来，并在此之前希望得到充足的空中补给外，别无选择。

11 月 25 日，身陷斯大林格勒口袋中的塞德利茨上将再次向保卢斯发出了书面请求。他用热切的言语敦促道："……在个人良心面前……义不容辞，应自我掌控迄今为止因执行（元首）命令而受阻的行动自由……"施密特中将在收到塞德利茨的呈文后，在空白处不可理喻地写道："我们无须为元首伤神，而塞德利茨上将也无须为（第6集团军）最高指挥官伤神。"

晚上，蔡茨勒上将在元首大本营最后一次尝试让希特勒改变主意。在讨论战场形势时，他再次催促这位独裁者，允许第6集团军实施突围。接着，蔡茨勒和戈林之间爆发了公开的争执。这位陆军总参谋长此时已从多位空军将领口中获悉，空军部门已无法保障实施空运所需的飞机数量。当戈林充满激情地高举右臂以"德意志问候"姿势向他的"元首"信誓旦旦地说，他将确保第6集团军的空中补给时，蔡茨勒步步紧逼地追问戈林是否真的知道每天所需的补给吨位。戈林尴尬不已。不可思议的是，此时，蔡茨勒本人却替戈林解了围，他自己报出了一个非常低的数字：每天需要300吨补给。即便这一数字也大大超出了空军力量所及。然而，戈林抓住这一机会并郑重地宣告："这我能做到！"蔡茨勒怒吼道："我的元首，这是谎言！"但是，一切都来不及了，希特勒已不想再听下去了。后来，希特勒在提及他这位老战友时毫不吝啬地表达了他的满意之情："（戈林说）他会像早些年那样，说到做到。他不像许多陆军人士那样畏缩和怯懦。"戈林的目的达到了，他在军中的位置得以确保无虞，即便以牺牲第6集团军为代价也在所不惜。

11月26日，局势已发展到不可收拾的地步：弹药和燃料储备严重不足，哪怕想要发起一次突围尝试也变得无比艰难。拯救数以万计的士兵生命的唯一机会错失了。直至接下来的几周，一种可以冠冕堂皇地为德军坚守斯大林格勒进行辩护的观点才甚嚣尘上：斯大林格勒包围圈牵制了超过90个苏军兵团，一旦第6集团军成功突围，这些苏军兵团就会腾出手来向B集团军群和顿河集团军群发起进攻，并对驻高加索的A集团军群实施切割行动。

5　围猎

在 11 月 19 日至 26 日这几天的时间里，上述论调无论如何也未发挥作用。独自发起突围行动也存在巨大的风险。早在 11 月 19 日，第 6 集团军的补给就已告急——披露的燃料数量仅够装甲部队推进 100 公里的距离，这还是纯粹从理论上计算出的。如若事先不与 B 集团军群进行协调（如擅自采取行动，将失去这种协调），那么，从斯大林格勒口袋向外突围将变为一场灾难。在这种情况下，曼施泰因的现身就显得越发重要了，他的现身赋予了身处困境之中的第 6 集团军新的希望。曼施泰因最初的预估，即第 6 集团军能得到解救，实质性地促成了这座"堡垒"的覆没。然而，30 万名士兵将他们的身家性命所托付给的，是弗里德里希·保卢斯上将，而非他人。作出突围的决定——姑且不论保卢斯个人为此要承担何种风险，比如被希特勒解职或受到希特勒的惩罚——或许是保卢斯一生中最为困难的决定。他体察到了自己重任在肩。然而，这位"犹豫不决之人"正像他在军事学校时期就被人称呼的那样，并未承担起这份责任。保卢斯更看重的是对希特勒的服从，而不是士兵们的生命。

陆军元帅冯·曼施泰因在 11 月 26 日以这样的口吻向保卢斯确认："集团军为执行元首命令而打完最后一发子弹，无论结果如何，您都无须为此承担任何责任。"第二天，希特勒起草了一份直接发往被围困在斯大林格勒口袋中的士兵的指令。在这份指令中，他用其一贯慷慨激昂的语言呼吁士兵们展现出严防死守的坚强意志。保卢斯的参谋长欢欣雀跃地将这位独裁者的呼吁向部队作了传达："只要坚守下去，元首就会解救我们。"

希特勒对此应该是满意的。阿拉曼，法属北非以及斯大林格勒危机似乎暂时地又重新回到了他的掌控。一种虚假的平静正弥漫在元首大本营。然后，在 11 月 28 日 12 时许，隆美尔已启程赶往元首大本营的消息在早间作战会议上炸开了锅。这位陆军元帅将在利比亚的指挥权短时移交给德国非洲军团的战场主将古斯塔

隆美尔神话

菲利普·冯·波塞拉格（PHILIPP VON BOESELAGER）
俄国战场军官

"保卢斯的决定让人捉摸不透。是的，服从命令更简单，甚至可以说非常简单。没人能理解他为什么这么做。但是，从为30万名士兵所肩负的责任这个角度来说，作出这样的决定是不可想象的，不可想象的！他本应该像几位将军那样——在（斯大林格勒）包围圈中，有几位将军主张我们突围——下达（突围）命令。即便为此他会赔上自己的脑袋。我总是说，一位陆军元帅所肩负的责任跟一位营长所肩负的责任是不同的。他（保卢斯）的下场也将有所不同——在当时战争期间人们如是说。"

夫·费恩（Gustav Fehn）。在未事先通报的情况下离开部队，为的是当面向希特勒汇报。

　　隆美尔内心惶恐不安。在某种程度上，他在北非的战斗面临着与保卢斯在斯大林格勒同样的困境。由于英国人的海上封锁，隆美尔几乎所有的海上补给运输通道均被切断。剩下的，就只有凯瑟林为他大方许诺的空中补给。事实上，只有极小一部分燃料和弹药通过这种方式运抵德国－意大利装甲集团军。隆美尔愤怒地向凯瑟林的特使，空军上将汉斯·塞德曼（Hans Seidemann）抱怨："他经常被错误的数字搪塞。"隆美尔坚持说："……他想要的是汽油而不是空洞的承诺。"此前,意大利"领袖"和德国"元首"命令他坚守一条临近卜雷加港的防线,即距离阿盖拉不远的新"防线"。然而,在缺乏燃料和弹药,集团军仅剩其最初作战力量的三分之一,而敌军又居于明显优势的情况之下,这条几乎无法修筑防御工事的"防线"(其宽度是阿拉曼前方防线的两倍)如何坚守,两位独裁者并未给陆军元帅明示。

在这种形势下,隆美尔决定迈出不同寻常的一步。在未事先通报的情况下,他径直飞往元首大本营,以便迫使希特勒直面现实。17时许,在帝国元帅赫尔曼·戈林的陪同下,隆美尔开始在简易作战室向希特勒汇报战场形势。希特勒几乎毫不掩饰他对这位"令人讨厌的谏议者"的愤怒。当隆美尔在其毫不留情的论述的最后要求"清空非洲战场"以摆脱令人绝望的局面时,希特勒露出了狰狞的面孔。当着参谋军官和诸位将军的面,他向隆美尔咆哮道:"您所建议的,恰恰就是那些身在苏联的将军们在1941年冬天所建议的。那个时候,我也被要求撤退至德国边境。我坚决反对,而事实证明我是正确的。这次,我依然不会改变,因为我必须顾及政治后果。"

隆美尔坚持自己的意见。鉴于敌人的物资优势,如若德国-意大利装甲集团军继续滞留非洲,其覆灭将是铁定的。在讨论战场形势的过程中,隆美尔甚至说:"……如果盟军得以在非洲大陆立足,任何集团军都摆脱不了类似的命运"。这一关于战争后续进展作出的推测,非常开诚布公且颇具现实意义。但是,希特勒根本没有兴趣开展一场"理性讨论"。他恼羞成怒,他只想知道到底还有多少德国士兵可供隆美尔调遣。"7万。"隆美尔回答说。然而,发挥决定作用的并非士兵的数量,而是这些士兵的装备情况。隆美尔说,德军原先拥有的70门88毫米口径高射炮,仅仅在阿拉曼前方就被英国人"摧毁"了50门。另外,还缺乏1.5万—2万支步枪。希特勒作出了一个典型的手势,命令立即往非洲运送

隆美尔神话

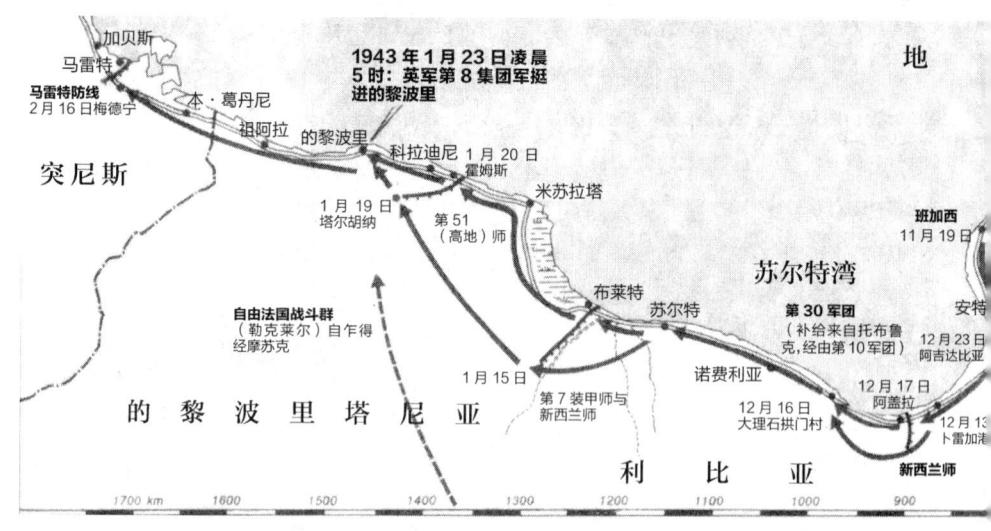

卓越的军事功绩。 隆美尔自阿拉曼至突尼斯的大撤退

6000 枝步枪。即便这样，也说服不了隆美尔。隆美尔愤怒地建议希特勒本人最好实地前往非洲，并向他展示，"人们该怎样使用步枪对抗坦克并取得胜利"。隆美尔显然做过火了，这位独裁者暴跳如雷，将隆美尔轰出了作战会议现场。

希特勒的传令兵海因茨·林格回忆，隆美尔"狼狈不堪地"离开了会议室。希特勒或许也发觉自己做得太过分了，他亲自尾随并追上隆美尔，嘴里嘟嚷着道歉："我们的神经都绷得太紧张了"，然后请求隆美尔重返会议室。这位独裁者再次试图改变隆美尔的想法。他命令，"穷尽所有手段，以最快速度提供武器和弹药"。除此之外，希特勒还承诺将第一批刚下线的 20 门新式 88 毫米口径火炮直接输送给隆美尔的集团军。接着，他口授了一份发给墨索里尼的无线电讯，通报说帝国元帅戈林将携陆军元帅隆美尔一同前往罗马。戈林领受希特勒的委托，将对解决后勤补给问题作出必要的强调。这样，这位独裁者终于摆脱了纠缠不休的，通过各种威逼利诱手段都不能使其屈服的隆美尔。离别之际，希特勒

5 围猎

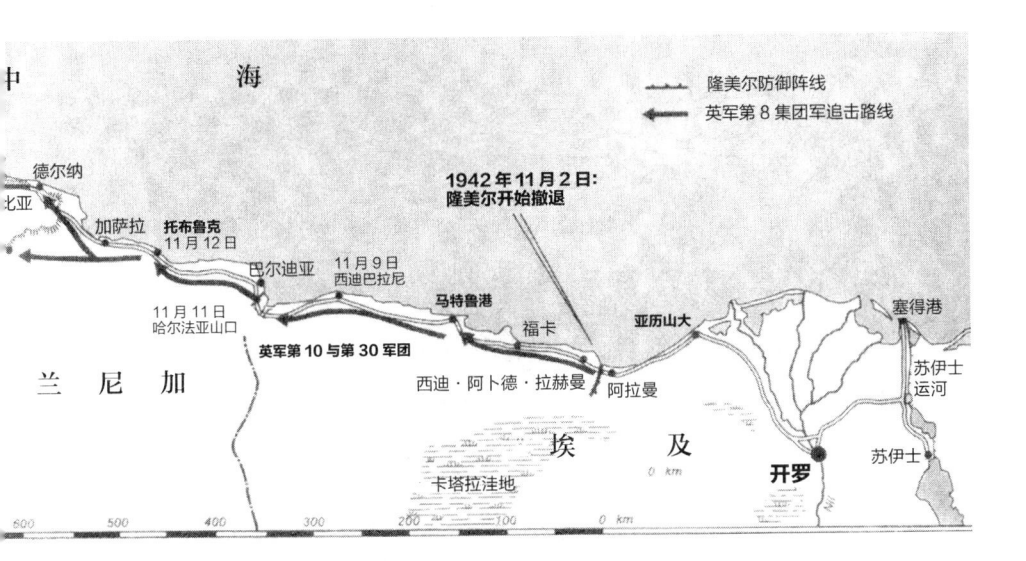

向这位陆军元帅表示了"他的特殊信任"。然而，把部队撤离非洲绝无可能。与此同时，"必须坚守阵地，不惜一切代价……"

3个小时之后，即20时许，隆美尔与戈林离开了元首大本营，乘坐"帝国元帅专列"启程前往罗马。隆美尔惊恐不已，不仅是因为平生第一次遭受到的侮辱性待遇，还因为希特勒缺乏任何直面现实的意愿。隆美尔坚信，德国和意大利军队在北非的覆灭就此注定。他甚至怀疑，自己还能否再次回到欧洲。他请求妻子在慕尼黑火车站登上专列，以便跟她在火车上度过最后一段共同时光。露西·隆美尔在战后就其见到丈夫时的第一印象回忆道："我的丈夫感到无比震惊，他说：'他们对危险视而不见，他们也不愿看到危险的存在。但是，危险正大踏步向我们袭来。这种危险就是崩溃！'"隆美尔在旅途中跟他的妻子详细提及了这种"崩溃"的后果。在这一时刻，即1942年末，隆美尔对接下来的事件作出了清晰的预测。他希望露西应该跟儿子曼弗雷德一块从维也纳新城迁居到符腾堡（Württemberg），因为符腾堡远离苏联人的攻击

隆美尔神话

隐瞒真实意图。凯瑟林（右），1942年11月

5 围猎

范围。隆美尔不再相信他们会取得"最后胜利"。

即便如此,隆美尔也没有放弃为他的士兵谋生存的努力。还在非洲的时候,他就草拟了一份撤退至突尼斯的"加贝斯防线"(Gabes-Stellung)作战计划。退守法国人业已扩建的防御工事虽然意味着将丢掉利比亚,但在这里进行防御至少意味着可以给部队提供一次真正的休整的机会。隆美尔在戈林的奢华专列上有意地回避这位帝国元帅,他请伯恩特向戈林汇报了自己的"加贝斯计划"。成功了,戈林答应向意大利人争取。

然而,就在他们抵达罗马之后于11月30日举行的第一次作战会议上,隆美尔提出的这一理性解决方案就遭到了前来参加会议的凯瑟林的鄙视。按照凯瑟林的观点,"敌人的空军届时将距离他们很近……"事实上,此时突尼斯的任何目标都在从马耳他和阿尔及利亚起飞的英美联合轰炸机编队的攻击范围之内。在戈林于罗马举行的诸多作战会议记录中,还可以发现另外两项证据,这些证据表明凯瑟林有意隐瞒了自己的真实意图。会议记录中提及希特勒两天前向隆美尔允诺的20门新式高射炮,但事实表明,其中的2门已被运到突尼斯,而另外还有4门正在运往突尼斯的路上。最后,会议记录还简要注明,本应向德国-意大利装甲集团军提供燃料与弹药的"瓜尔迪号"(Gualdi)货轮已根据凯瑟林的命令改变航线前往突尼斯。利比亚战场急需的补给中途被改变航线运往突尼斯,这已经不是首次了。就这样,凯瑟林以牺牲德国-意大利装甲集团军为代价,不断强化了他在北非的地位。

隆美尔绝望了。过去几个星期的经历,他的装甲集团军在非洲所面临的形势,以及他在元首大本营停留时的遭遇,加上戈林和凯瑟林的所作所为,彻底拖垮了隆美尔。12月1日,再次跟这位帝国元帅在"爱克赛西奥酒店"(Hotel Excelsior)会面之后,隆美尔的精神崩溃了。当时在场的空军元帅艾哈德·米尔希就此事在他未公开发表的回忆录中写道:"共进午餐时,戈林用粗俗的

隆美尔神话

方式与隆美尔对话，这深深伤害了隆美尔。此后，我在他的房间待了几个小时，一直试图安慰他。他的内心如此疲倦，以至于痛哭了很长一段时间，然后才慢慢接受我的话语宽慰。让他耿耿于怀的是，希特勒已不再信任他的领导能力。"

隆美尔不知道的是，这种不信任主要源于戈林和凯瑟林的挑拨。在隆美尔精神崩溃之后，戈林欢欣鼓舞地向元首大本营报告："……隆美尔已失去了控制。"戈林自阿拉姆哈勒法战役就已发出的阴险的诋毁之音，现在终于结出了果实——隆美尔并非一匹"有耐力的赛马"，他只是一个"悲观主义者"，成功时"欢腾不已"，失败时"怨天尤人"。对希特勒来说，这无异于火上浇油。希特勒甚至对隆美尔装甲集团军的燃料短缺感到快意，因为这可以阻止隆美尔继续撤退。在12月12日的作战会议上，这位独裁者在戈林和凯瑟林的煽风点火下，倾情表达了他的下述观点："更为正确的或许是，应该立即将他（隆美尔）召回，然后派另外任何一头'公牛'前往并且严令：您必须在此坚守……"

12月2日，隆美尔怀着沮丧的心情返回了非洲。在他的参谋长韦斯特法尔看来，隆美尔完全变了一个人。现在，这位陆军元帅经常提及，德国将要在战争中"遭遇惨败"。据韦斯特法尔回忆，"他还作出了德国也许会出现内战的种种设想。当时，他已经背离了希特勒。在那一时刻，他内心的某种想法或许已经成熟，必须有所动作以尽快结束这场已日益变得毫无希望的战争……"隆美尔在写给妻子的一封信中请求她通过战地专递邮件的方式给他寄送一本英德词典。他在信中说："这对我将大有用处。"在12月8日的信中，他严辞告诫儿子要为自己的未来做好准备："不久后，你就该小学毕业了。你要意识到局势的严峻性，在学校里尽你所能……学习。你要为自己而学。亲爱的曼弗雷德，在不久的将来你可能不得不需要自力更生了。对我们所有人来说，日子将变得非常艰难。"

5 围猎

事实上，隆美尔在罗马停留期间还是成功地将防线继续后移了380公里。不过，这条新构筑的位于的黎波里以东的"布莱特防线"（Buerat-Linie）并未带来任何实质性的局势缓和。蒙哥马利带领他的英国军队最终突破这条防线只是时间问题。像在前几周一样，墨索里尼下达了命令，部队必须无条件地"坚守至最后一人"。现在，意大利殖民地利比亚的首都以及整个利比亚的命运都已处于风雨飘摇之中。

1943年1月5日，这位意大利"领袖"对他的女婿兼外交部长加莱阿佐·齐亚诺（Galeazzo Ciano）伯爵说，的黎波里必须"像斯大林格勒那样，一条街一条街地，一栋房屋一栋房屋地予以最坚定的防守"。不过，患有胃病、精力不济的墨索里尼看来没有多少希望实现自己的想法。"他用尖酸刻薄的话语，"齐亚诺在他的日记中这样写道，"来讽刺那位疯狂的只关心如何向突尼斯撤退的隆美尔'。"墨索里尼找到了他的替罪羊。1月8日，凯瑟林从意大利最高统帅部总参谋长乌戈·卡瓦莱罗元帅口中秘密得知，墨索里尼觉得现在是时候解除隆美尔的职务了。这条爆炸性的消息一定让凯瑟林欢欣不已。即便在战后，他还在回忆录中如此写道："在此，我不想申辩隆美尔的自主行动究竟应该被看作一项'政治伟业'，还是一种'导致灾难后果的抗命行为'。不过，有一点是肯定错误的，即仍然让隆美尔元帅留任原职。因为现存的不和谐关系如不能被清除，那么，军事行动势必会受累于此。"

当隆美尔在1943年1月10日得知，凯瑟林被任命为德国国防军（南线）地中海战区的最高指挥官，并在事实上节制德国-意大利装甲集团军时，他作出了最后一次企图将局势朝有利于自己方向扭转的尝试。隆美尔再次派遣传令官英格玛·伯恩特前往元首大本营，报告他与凯瑟林之间相处困难，并为将他的装甲集团军撤退至突尼斯进行辩护。但凯瑟林抢先了隆美尔一步。1月12日12时许，凯瑟林突然出现在元首大本营。一大早即已抵达元首

"坚守至最后一人。"墨索里尼，1942年11月，利比亚的士兵墓地

大本营并想在中午时分向希特勒汇报的伯恩特不得不继续等待。

凯瑟林一如既往地坚守着一种乐观主义。虽然这种乐观主义既无根据也不现实，但它却能引起希特勒的共鸣。他用含混不清的理由——"这将违背防守突尼斯的基本思想"——拒绝隆美尔将装甲集团军撤退至突尼斯。只有在"隆美尔不把交出重要作战力量作为更少参加战斗、更快躲避到突尼斯的借口"的情况之下，凯瑟林才同意仅让一部分作战师撤退至突尼斯。根据凯瑟林自己的回忆，他还曾当着希特勒的面挖苦道："有一点我必须公开阐明：我一直摆脱不了这样的怀疑，自阿拉曼战役以来已不再有激烈和毫不妥协的战斗，就比如现在的非洲集团军（Afrika-Armee）。"

当凯瑟林1个小时之后再次离开元首大本营时，其满意之情自不待言。此后，希特勒虽然花了3个小时听取伯恩特的汇报，那却难以摆脱凯瑟林的先入为主。这位独裁者像之前那样唠叨不停："非洲将获得最好的物资装备。"除此之外，就是连篇空话了。

"（希特勒说）他意识到了最高指挥官（隆美尔）所面临的困难，尤其是在指挥关系方面的困难。然而，即便是他，作为元首，也必须时常顾虑政治后果。他请求元帅理解，虽然有时或许有点勉为其难。"最后，希特勒强调说，他想把在突尼斯的整体指挥权托付给隆美尔。只不过，这位独裁者附带了严格的限制条件。希特勒补充说道："……如果他（隆美尔）自我感觉在健康状态上能够胜任的话。"

事实上，隆美尔自阿拉曼战役以来就患有严重的头痛和血液循环系统障碍疾病，并因而多次晕厥。将近两年的沙漠征程，尤其是过去几周经历的遭遇，让这位50岁的老兵不堪重负。隆美尔的身体和精神状态，或许正是对当前所面临的毫无希望的困境作出的一种无意识的反应。不过，这并未阻止他统揽全局，并在必要的情况下违背上级意志作出他认为正确的决断。然而，是什么促使希特勒在1月12日与伯恩特的谈话中拿隆美尔的健康状况说

隆美尔神话

事的？

很可能是凯瑟林在同一天向希特勒汇报时，将他在罗马从卡瓦莱罗元帅那里得知的消息通报给了希特勒：墨索里尼想要惩办隆美尔。这让希特勒骑虎难下：一方面，最近几个月德军战绩不彰，希特勒不得不倚重于他的轴心国伙伴意大利（意大利军队为了德国人的目标而转战在苏联、巴尔干地区以及突尼斯战场）。另一方面，这位独裁者对隆美尔元帅在英国对手和德国公众中所具有的强大影响力了然于胸。因而，把隆美尔调离非洲战场或将引发不可预测的后果。或许，伯恩特正是基于这样的背景，在跟希特勒的谈话中提及了隆美尔的健康状况，以便为希特勒找台阶。作为传令官，伯恩特是为数不多的几个能足够接近隆美尔，并因而知晓其个人状况的人之一。不管怎样，在伯恩特返回非洲后，隆美尔还是立即接受了赫尔曼·霍尔斯特教授的身体检查。这位陆军元帅想要竭尽全力扭转乾坤。然而，隆美尔所提供的论据，希特勒显然已很难入耳。他的行动和决策自由受到越来越严格的限制，是时候离开了。

在伯恩特拜访元首大本营之后，意大利最高统帅部向德国国防军最高统帅部正式建议"让隆美尔另谋高就"。后来，陆军人事局局长在他的日记中记录道："出于政治原因，元首同意了这项建议。"但是，德国国防军最高统帅部并未立即将元首的决定通知隆美尔，而是再次询问，"他的健康问题是否允许他继续担任集团军的领导职务"。同一天，霍尔斯特教授的鉴定报告发往了元首大本营。诊断结果是明确的：隆美尔的精力已消耗殆尽。意大利最高统帅部似乎正等待着这一最终结果，1月26日，隆美尔被宣布，"为恢复其健康状况，由其本人指定日期，解除其集团军领导职务"。

也就在那几天的时间里，德国-意大利军队全部撤离了的黎波里，退至突尼斯的"马雷特防线"（Mareth-Linie）背后。利比亚——

5 围猎

隆美尔曾征战两年并取得过伟大胜利的舞台——陷落了。"我的内心沮丧极了,"隆美尔1月25日在给他妻子露西的信中写道,"几乎什么事儿也干不了。或许他人看待局势的态度更加达观,并能做点什么加以挽救。比如,充满乐观主义的凯瑟林,他或许在我身上参透了为什么集团军没能更加长久地坚守的原因。"隆美尔抵达了他人生中的绝对低谷。现在,连他都开始自我怀疑了吗?隆美尔的传令官伯恩特赶紧给露西写了一封信安慰说:"元帅的健康状况导致了他现在的抑郁。在这种情况下,他看待一切事物都显得灰暗和不利……我写这封信的目的……就是想让您宽心。"

此时,已有21万名盟军士兵和1300辆坦克登陆突尼斯。与他们对阵的是12万名德国和意大利士兵以及150辆坦克。鉴于美英两国的占有绝对性的空中优势,以及盟军方更强大的补给,驻防突尼斯的轴心国集团"纸牌屋"的坍塌仅剩下时间问题。造成这种局面的,决非隆美尔的身体不适抑或他的"悲观主义"。相反,是战争不可逆转的失败结局,以及在他眼中希特勒、戈林和凯瑟林等人所欠缺的负责感和决断力,使这位经验丰富的现实主义者罹患了身体疾病和精神抑郁。

1月30日,隆美尔在他的作战司令部见证了德国历史上另一更加阴暗的篇章的终结。在他的无线电收音机旁,隆美尔聆听了帝国元帅赫尔曼·戈林关于"斯大林格勒堡垒"临终挣扎的讲话。戈林引用莱奥尼达斯(Leonidas)国王和他的300名斯巴达勇士在德摩比勒山口(Thermopylae)战役中阵亡的故事,试图赋予在斯大林格勒战役中战死的德军士兵更高的意义。"异乡人啊,你若到斯巴达,"莱奥尼达斯墓碑上的铭文写道,"请转告那里的公民:我们阵亡此地,至死尤恪守誓言。""你若到达德国,"戈林用他破锣般的沙哑嗓音大声呼喊,"请告诉人们:我们在斯大林格勒战死,至死尤恪守保卫我们的人民的安全的誓言。"

自1942年11月19日以来,超过5万名德军士兵战死在斯大

像一匹骑兵队的老马。在前往卡塞林山口的路上,突尼斯,1943 年 2 月

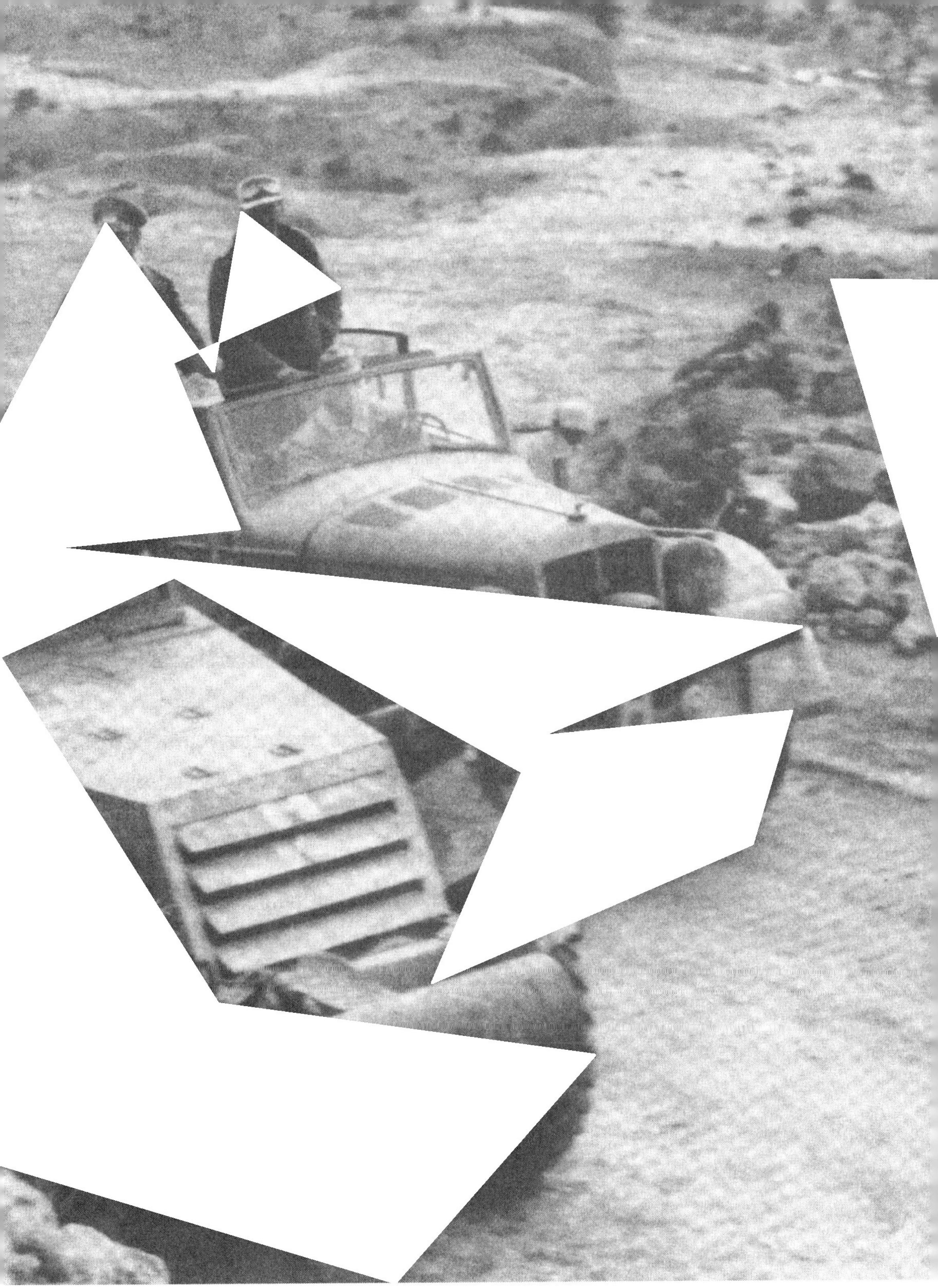

隆美尔神话

林格勒。另有 25 万名士兵被俘，其中仅有少数人被交换回国。

隆美尔在非洲时日无多了。但是，他仍想延后离开非洲的时间。2 月 8 日，隆美尔倔强地给妻子写道："我意已决，除非命令，否则我不会放弃集团军的指挥权。考虑到目前的局面，我决意坚守到底，即便医生不建议我这么做。你一定会理解我。"正当隆美尔毫不动摇地扩建"马雷特防线"时，2 月 14 日，德国人从突尼斯桥头堡发起了"春风行动"（Frühlngswind）。在于 1942 年 12 月接掌驻突尼斯的第 5 装甲集团军最高指挥权的陆军大将汉斯 - 于尔根·冯·阿尼姆（Hans-Jürgen von Arnim）的指挥下，德军装甲战斗群在第一天就成功占领了西迪·卜·基德（Sidi Bou Zid），并击溃了美军"A 战斗司令部"（Combat Command A）发动的攻势。第二天，美国人发起的反击未收到任何效果，美军暂时陷入了恐慌并开始向后纵深撤退。与此同时，美军还在未加抵抗的情况下撤离了位于西迪·卜·基德以南很远处的沙漠绿洲加夫萨（Gafsa）。下午，隶属于德国 - 意大利装甲集团军的意大利圣塔罗师（Centauro）离开了"马雷特防线"向加夫萨进发。这样，早就计划占领这一地区的隆美尔也被迫卷入了"春风行动"。

2 月 16 日早上 7 时 30 分，隆美尔元帅出发前往被占领的城市视察。这是隆美尔最后一次预感到有利战机的来临。对隆美尔这位运动战大师而言，处于溃逃中的对手是不容浪费的机会。他不耐烦地要求第 5 装甲集团军司令部下达立即跟进的命令，以便在当天晚上能夺取斯贝特拉（Sbeitla）。但冯·阿尼姆将军并不打算让隆美尔插手自己的作战计划。直到第二天（2 月 17 日）的早上，冯·阿尼姆才让自己的部队开拔。隆美尔已从加夫萨向东北方向出击。按照隆美尔的计算，德国 - 意大利装甲集团军和第 5 装甲集团军的作战师将分别从两翼向特贝萨（Tebessa）和卡塞林山口（Kasserine-Pass）机动，这两个地方都是通往突尼斯山区的重要战略通道。但当隆美尔在 16 时许抵达通往卡塞林山口的道路时，

5 围猎

他发现第5装甲集团军的作战师已折向北方行进。这位一直跟远在罗马的凯瑟林元帅保持联络的冯·阿尼姆大将决定首先夺取斯比巴（Sbiba）和塔拉（Thala）。

隆美尔震惊了。宝贵时间就这样被白白浪费了，而敌人却可以利用这段时间重新整编部队。2月18日，隆美尔再次捕捉住了战场的主动权。在他的例行报告中，隆美尔写道："最高指挥官于中午12时30分在其（参谋长）指挥车里决定孤注一掷，集中所有作战力量向特贝萨发起进攻。"这是一项沉着冷静的计划，隆美尔希望凭借所有可资调遣的作战力量决战于美英前线的大后方，经由特贝萨向波尼港（Bone）推进。如果这一作战行动取得成功，那么，盟军在突尼斯的作战力量将会遭受毁灭性的打击。根据2月18日的例行报告，隆美尔"之前从未这样全心全力地孤注一掷过"。"此间，局势变化之快，足以值得人们冒比迄今为止更大的风险，以使局势朝有利于我们的方向逆转。"

刻不容缓，隆美尔当即将他的作战计划向冯·阿尼姆将军作了汇报，并要求将第5装甲集团军的两个装甲师交由他指挥。但冯·阿尼姆又违背了陆军元帅的作战意图。紧接着，隆美尔通过无线电讯直接向身在罗马的凯瑟林以及意大利最高统帅部求助。直到临近傍晚，隆美尔才收到他们的第一次回复。凯瑟林通知，他将说服墨索里尼支持隆美尔的计划。事实上，他在隆美尔的背后直接跟阿尼姆进行了磋商，而阿尼姆明确表示反对向特贝萨采取攻势行动。按照阿尼姆的意见，即便发动攻势，也是指向位于特贝萨150公里以南的勒凯大（Le Kef）。

当天傍晚，隆美尔的作战司令部洋溢着欢笑。这位陆军元帅特意开了一瓶香槟并宣告："我现在就像一匹骑兵队的老马，重新焕发了活力。"然而，隆美尔的好心情并未持续多久。第二天早上，一股萎靡不振的氛围重新弥漫在空气中。意大利最高统帅部在昨晚批准了作战行动，不过带上了附加条件——以勒凯夫为

隆美尔神话

攻击目标。

隆美尔震惊不已。盲目向勒凯夫进军,非但不能对敌军形成巧妙的包围,反而会陷入敌军后备队所布设的陷阱。意大利最高统帅部纸上谈兵,现在竟然干预起了隆美尔的作战计划,这意味着原本就难以维持的局面会变得更加困难。

此刻,隆美尔不知道的是:冯·阿尼姆将军的无为等待致使战机白白丧失,而盟军部队已重新整编了作战力量,并为发起具有毁灭性的反攻行动做好了准备。对隆美尔来说,夺取卡塞林山口的战役,在尚未真正开始之前就已注定了失败。

2月19日7时30分,德国和意大利部队发起了进攻。进攻初期取得了一些成功。3天后,隆美尔意识到,这场攻势行动已经失败。雪上加霜的是,英国第8集团军此时也正准备向"马雷特防线"奔袭。2月23日,经由凯瑟林提议,隆美尔被任命为新组建的非洲集团军群(Heeresgruppe Afrika)最高指挥官。然而,这仅是表面文章。事实上,凯瑟林早就背着隆美尔在罗马与冯·阿尼姆秘密商讨了德军在突尼斯的下一步作战行动。隆美尔偶然识破了这一虚伪游戏的真面目,他感受到了一种屈辱并愤怒不已。但是,隆美尔无论向凯瑟林还是向元首大本营发出的抗议都石沉大海。

3月4日,轴心国军队先于蒙哥马利的攻势行动发起了针对英国第8集团军的进攻,而隆美尔不得不在"马雷特防线"亲眼目睹了这场进攻德军是如何深陷英军的凌厉炮火而无法自拔。这次,隆美尔并未抵挡住意大利将军们的反抗而实施自己的作战意图。

纵然实施了自己的作战意图,也不会对战役结局的改变有任何帮助。因为,蒙哥马利将军借助破译的恩尼格玛无线电讯早就事先获悉了德军进攻计划的全部细节。通过审讯英军俘虏证实,敌人已知晓了德军的作战计划,这强化了隆美尔的错误怀疑——在意大利高级军官中出现了背叛者。

面对令人绝望的局面,隆美尔最后一次求助于希特勒。3月4日,

5 围猎

在一封内容详细的无线电讯中,他建议收缩防御前线,向以突尼斯为中心的小型桥头堡撤退。隆美尔的这一建议很可能是出于自阿拉曼战役以来将部队撤离非洲的实际需求所作出的。"集团军群继续滞留非洲大陆,"隆美尔后来在回忆录中肯定地说道,"无异于自杀。"

希特勒怒火中烧。隆美尔的这一建议"完全迥异于……他之前作出的判断",这位独裁者暴跳如雷并进行了无理呵斥。他难道忘却了隆美尔在1942年11月28日的造访吗?希特勒将愤怒转向了隆美尔。在收到来自非洲的无线电讯后,他向德国国防军指挥参谋部参谋长阿尔弗雷德·约德尔如此说道:"他(隆美尔)绝不可撤退。"帝国装备部长阿尔伯特·施佩尔(Albert Speer)见证了希特勒是如何"日复一日"地谩骂那些"慵懒""怯懦""毫无想象力"的将军们的——"这些将军们对(斯大林格勒战役的)失败,对非洲战场的失败,对那个残酷冬天的后续进展,对苏联冰雪天气中的持续挫折负有不可推卸的责任"。

3月7日,隆美尔收到了发自元首大本营的一封无线电讯,他的建议被无情拒绝。"将两个集团军撤退至以突尼斯和比塞塔(Biserta)为中心的狭促桥头堡,"按照这份机密文件的说法,"将是战争结束的开始。"隆美尔担任非洲集团军群最高指挥官一职仅14天的时间。现在,他受够了。3月7日早上,当隆美尔快速浏览完希特勒的生硬电文之后,他决定"立即踏上疗养旅程"。其接班人冯·阿尼姆无法当面从隆美尔口中领受这一消息,因为他刚好再次启程飞赴罗马与凯瑟林进行秘密会晤。不过,这对隆美尔来说已不重要了。过去几个月以来的围猎结束了。

1943年3月9日,斯法克斯(Sfax)机场的一架飞机正等待起飞,隆美尔将搭乘这架飞机返回故乡。带着无言的痛楚和内心的不安,隆美尔沉默不语,甚至不曾再回头一望。隆美尔于7时50分登上了飞机。他或许不会再踏上非洲的土地了。几天前,他在给自己

隆美尔神话

围猎结束了。飞机起飞之前，1943 年 3 月 9 日

5　围猎

妻子的最后几封家信中写道:"外面春意盎然,树木葱茏,绿草茵茵,阳光和煦。这个世界原本对所有人来说都应该如此美丽。原本应存在无限的机会,让所有人变得满足和幸福……"

赫尔穆特·冯·莱比锡(HELLMUT VON LEIPZIG)
隆美尔司机

"在整个北非期间,事实上,我直到那一刻都将他视为我的榜样,而现在却不得不亲眼看到他被冯·阿尼姆取代的事实。他特地请求由我开车载他去飞机场,某种程度上,这也是我的荣幸。我必须说的是,这使我感到悲痛万分。这不是一种令人高兴的离别,从他脸上也能看得出来。他离开了,或许带着这样的感情,这是北非的终结。当时,他很可能早已有了感觉,总体而言,战争已不可能取得胜利。"

时代见证人　ZEITZEUGEN

6
间　奏

1943年3月10日15时15分，隆美尔飞抵乌克兰（Ukraine）卡林诺夫卡（Kalinowka）机场，该机场临近位于温尼察（Winnica）近郊的新元首大本营"狼人"（Werwolf）。甫一抵达卡林诺夫卡机场，隆美尔就开始后悔离开非洲了。他决定，再次向希特勒陈述身在突尼斯的德国和意大利士兵所面临的窘迫局面，并重返非洲战场。

18时30分，独裁者用茶叙的方式迎接隆美尔元帅的到来。关于这次私人谈话，隆美尔后来写道，希特勒好像因斯大林格勒的灾难性失败而心力交瘁。希特勒驳斥了隆美尔的所有论据并警告说："人们在经历失败之后很容易倾向于作出悲观性的预言，这种预言可能唆使人得出危险的错误结论。"希特勒在最后总结中发出的信号是明确无疑的：隆美尔应开启他的疗养旅程。等他身体康复后，才能"在以后将要开展的卡萨布兰卡（Casablanca）行动中……重新担纲指挥"。显然，这位独裁者拒绝重新考虑突尼斯事件。在这种情况下，实施卡萨布兰卡战役已变为纯粹的乌托邦。隆美尔绝望了。他恳求希特勒至少在接下来的几个星期里让他重返非洲，以阻击盟军的进攻。

希特勒不为所动。为了调和这位不幸的陆军元帅的情绪，第二天他被"即兴"授予最高级别的战争勋章——钻石双剑银橡叶骑士铁十字勋章。隆美尔并没有被希特勒的这种高姿态欺骗，他知

隆美尔神话

道自己要暂时退役了。在一封写于 3 月 14 日的信中，希特勒向墨索里尼通报了隆美尔"休假"之事。就此，这位独裁者忍不住公开发表了几句"悼词"。"不管后世将如何评价隆美尔元帅，"希特勒说，"他对于他的士兵，当然首先是对于德国士兵来说——无论他曾身居何种指挥职位——他是一位受欢迎的领导者。在他的对手看来，他过去是，现在仍然是一位令人敬畏的敌人。"

无论希特勒对他持何种态度，隆美尔都不再抱有任何幻想。从非洲返回德国后，隆美尔向他的儿子倾诉，他已经失宠且不能再奢望担当任何重要职务了。在就有关局势评估写给他在突尼斯的继任者汉斯-于尔根·冯·阿尼姆大将的最后一封信的结尾处，隆美尔伤感地写道："我的思想和忧虑将一如既往地停留在非洲，我热切地希望您能够成功坚守，尽管困难重重……"

隆美尔内心已与希特勒及其政权产生了疏离，从他有关非洲战场的回忆录中可窥见一斑。这部回忆录是在接下来的几周时间里，由隆美尔口授给他的妻子用打字机完成的。隆美尔在回忆录中坦率地表达了他与德国国防军最高统帅部以及帝国元帅赫尔曼·戈林之间关系的决裂："有那么几个身居要职之人，他们不应该缺乏认清事实情势的理智。事实上，他们宁愿执行鸵鸟政策，迷恋于某种军事鸦片造成的心醉神迷，并在军队以及前线指挥官中寻求替罪羊。"对希特勒，隆美尔也不乏公开针砭之词："我清楚地意识到，希特勒没有探求真实情势的意愿，而是情绪化地抵制现实，专一于自己的原始想法。"

至 3 月 31 日，隆美尔按计划一直在奥地利塞默灵（Semmering）的一座别墅里休养。之后，他返回了位于维也纳新城军事学院的家里。根据希特勒的要求，公众被蒙骗认为隆美尔仍然身在非洲集团军群。为掩人耳目，隆美尔必须穿着平民服装且不允许离家半步。就这样，隆美尔过起了与外界隔绝的隐居生活。隆美尔不得不跟其他人一样通过报纸和收音机来筛选突尼斯战场的有关讯

6 间奏

失宠。维也纳新城,1943 年 4 月

息。他期待着有人从非洲归来拜访他,或者不间断地打听有关因探亲休假或康复疗养从非洲返回德国的士兵的消息。隆美尔的心仍然和他的部队在一起。当他的集团军群正在突尼斯走向覆没之时,他却在该死的维也纳新城无所事事,度日如年。他向一位拜访者抱怨,最让他头疼的是,大量信件雪片般飞来。这些信件都是他麾下的那些士兵的母亲或者妻子所写。她们错误地相信,这位陆军元帅仍然身在非洲;她们写信给隆美尔,只要她们的儿子或丈夫与隆美尔在一起,她们的内心将获得安宁。

就像隆美尔早就预料到的那样,几天来,突尼斯局势已开始急剧恶化。盟军的攻势行动于 4 月 19 日开始。此时,非洲集团军群的士兵仅剩 48 辆坦克和 300 门火炮可用。德国和意大利军队耗尽所有力量维持着这场毫无希望的战争。5 月 7 日,英国装甲师的先头部队已抵达突尼斯外围,同一天下午,美国军队也攻入了比塞塔。

隆美尔神话

"不能随心所欲地创造出来……"
隆美尔在希特勒青年团面前，维也纳新城，1943年5月

"……然后又随心所欲地重新清除掉。"戈培尔谈隆美尔

6 间奏

离最终的失败仅剩下几天的时间了。

非洲战事的胶着使这位陆军元帅重新回到了独裁者希特勒的视野。"隆美尔由此陷入了一种极尴尬的境地，"5月7日，戈培尔与希特勒会谈之后在他的日记中记录道，"他拥有钻石橡叶勋章，人民却全无所闻；他早已在塞默灵待了几周的时间，人们却无从知晓。每个人都相信他还在非洲，假如我们因灾难迫在眉睫而将真相和盘托出，那么，将没有人再相信（隆美尔的权威）。"戈培尔开始为他所创造的这件"作品"担心起来。毕竟，隆美尔的大名"对于后续战争进展仍然具有非常重要的意义"。几天之后，戈培尔在他的日记中写道，"因为，像隆美尔这样的军事权威，人们不能随心所欲地创造出来，然后又随心所欲地重新清除掉。"

现在是时候重新委以隆美尔新任务了。1943年5月9日，这位陆军元帅奉命前往柏林。已在首都柏林停留了几日的希特勒，于12时30分在帝国总理府接见了他。

这位独裁者曾经一度想要委以隆美尔东线的某个指挥职务。但是，自阿拉曼战役以来，他已对隆美尔的能力充满了不信任感。因而，希特勒决定让这位陆军元帅先待在自己身边一段时间。"他（希特勒）想把他（隆美尔）留到最后，"戈培尔写道，"直至某一伟大而艰巨的任务显现之时，才将他派上用场。他一直想把他派遣到最迫切需要发挥清醒的即兴领导才能的地方。"

在这种情况下，希特勒或许首先考虑的是派遣隆美尔去抵抗盟军对欧洲大陆的入侵。轴心国在非洲战败之后，盟军将铁定无疑地把入侵欧洲大陆提上日程。尤其是意大利和希腊，驻防于此的意大利军队几乎没有战斗力，不足以应对敌人登陆欧洲的任何挑战。为加强防御，在未能及时运送至突尼斯而聚集在地中海沿岸港口的德国士兵中重新组建3个作战师，这3个作战师均驻防南意大利并被置于凯瑟林元帅的指挥之下。此外，发自意大利的秘密情报也被源源不断地呈送给希特勒。情况令人担忧：在丢掉利

隆美尔神话

比亚,以及在所有前线持续的军事失利过后,墨索里尼的地位也受到了严重冲击。意大利反对派已开始计划推翻他的统治。

在这次谈话之后,隆美尔有点失落地在当天的例行报告中口授:"尚未领受特殊任务。凯特尔元帅暗示,一旦战事吃紧,他将被派遣至意大利'领袖'身边。"

5月9日下午,希特勒让人起草了一份备忘录。这份备忘录主要是假托隆美尔的健康问题,向德国公众澄清隆美尔已经离开非洲的事实。希特勒说:"目前,隆美尔元帅的健康状况已趋于好转。元首将在他(隆美尔)身体完全康复之后委以新的任务。"

同一天,隆美尔走出了他在柏林的别墅——位于劳赫大街(Rauchstraße)的原南斯拉夫公使馆驻地——到外边转了一圈。他一介平民打扮,用一顶灰色小礼帽盖住了额头。他在柏林动物园散步的时候,几乎没人注意到他,只有少数路人在擦肩而过之时会转身向他投以惊异的目光。在士兵们的眼中,这位陆军元帅就像过去几周那样,还一直待在非洲战场。迫近的战败比他曾经料想的更加牵动他的心弦。尽管,很多人都在想方设法调剂他的单调生活:晚上,他在非洲的老传令官英格玛·伯恩特邀请他共进晚餐;国防军元首副官长鲁道夫·施蒙特想要见他;帝国宣传部长约瑟夫·戈培尔邀请他茶叙。"……然而,"第二天早上,隆美尔给他的妻子写道,"如果我能像个小男孩那样为突尼斯的困局号啕大哭一场该多好。"

1943年5月11日19时21分,陆军装甲兵上将汉斯·克拉默(Hans Cramer)从位于突尼斯昂菲达维尔(Enfidaville)附近的作战司令部通过无线电讯向隆美尔最后告别致意:"德国非洲军团现任最后一任司令官向非洲军团的创立者和第一任司令官致以诚挚问候。"克拉默在其无线电讯末尾使用的是第一次世界大战期间德国非洲军团(Die Deutschen Afrika-kämpfer)的古老问候语:"冲啊(Heia Safari)。"大约5个小时之后,5月12日0时40

6 间奏

分,克拉默的最后一封无线电讯发往了德国国防军最高统帅部:"弹药告罄。武器和军事装备尽毁。德国非洲军团按照命令已战至最后一刻,完全失去战斗力。德国非洲军团必须重新复活。"同一天,非洲集团军群的最高指挥官冯·阿尼姆大将在哈马迈特(Hammamet)以西的圣玛丽迪济特(St. Marie du Zit)机场被印度军队俘虏。1943年5月13日,星期四,具有传奇色彩的第90非洲轻装甲师最后的残兵剩勇也在突尼斯波恩角(Cap le Bon)的咽喉地带缴械投降。非洲战争结束了。

13万名德国士兵和18万名意大利士兵被盟军俘虏。自1940年9月战争伊始,总计18594名德国人,13748名意大利人,35476名英国人以及16500名美国人战死。为了这场毫无意义的战争,总计超过10万人在北非丧生。

在得知非洲战败的消息后,隆美尔陷入了极度忧郁,长达数天之久。他在东普鲁士的旧元首大本营中独自承受着寂寥。希特勒于5月13日携带他的参谋部返回了元首大本营。隆美尔被委以新任务,希特勒让他做好担任顾问的准备。按照隆美尔自己的说法,类似于陆军副总司令。但这并未给他带来多少安慰。此外,参谋部中的各位将军和军官也不见得会待见这位来自施瓦本的思想家。在参加作战会议时,隆美尔大多数时候站在摆放地图的作战桌旁一言不发,眼神中流露出回归部队的无限渴望。

意大利的局势进展将隆美尔从内心苦闷中短暂解脱出来。新的秘密情报不断发出警告,意大利法西斯政权的崩溃近在眼前。在5月15日的作战会议之后,希特勒描绘出了一幅阴暗的局势图景:"在意大利,对我们来说唯有'领袖'值得信任。他无论是被谋杀,还是被淘汰出局,都是令人担忧的。与我们敌对或者对立的有:(意大利)王室,在意大利国防军所有部门中居于领导地位的军官团,天主教神职人员,犹太人以及公务人员大部。"希特勒预料,在墨索里尼被解除权力的过程中必然会伴随盟军在意大利或者希腊

隆美尔神话

极度忧郁。希特勒御用摄影师瓦尔特·弗伦茨（Walter Frentz）摄于1943年

6 间奏

的登陆。为应对盟军的登陆行动,他计划从东线调遣8个装甲师和4个步兵师移防意大利——必要时,即便违背意大利政府的意愿也在所不惜。显而易见,这意味着德国人已准备武装占领意大利。

鉴于过去与意大利盟友共事的丰富经验,隆美尔注定将胜任这项任务。两天之后,希特勒命令组建一个"隆美尔特别参谋部"。隆美尔元帅将与该参谋部一起被派往意大利战区。在严格保密下,隆美尔开始着手实施入侵意大利的计划。此次行动的代号为"亚拉里克"(Alarich)——正是那位在公元410年占领和血洗罗马的西哥特国王的名字。隆美尔特别参谋部设立于维也纳新城并立即开展工作。希特勒在他5月15日报告的最后说:"接下来的8—14天尤为关键。"事实上,盟军展开登陆行动还是花费了一些时间。起初,意大利的整个氛围平静得离奇。

接下来的两个月,隆美尔又开始孜孜不倦地工作起来。在这两个月的时间里,他除了每周飞往维也纳新城一次之外,必须一直待在希特勒的活动半径之内。这位独裁者或许希望通过这种方式重新巩固他跟他的陆军元帅自阿拉曼战役以来遭受破坏的信任关系。当隆美尔被问及在元首大本营的具体工作时,有次他曾做出过这样回答:"我正在这里接受紫外线照射疗养。"这位施瓦本"帅克"(Schwejk)的狡黠回答的意思是:"我将在这里接受高原阳光和信仰的照耀。"

然而,效果并未彰显。有一次回维也纳新城探亲,隆美尔向他的妻子和儿子讲述了他跟这位独裁者之间的一次令人震惊的谈话。在这次谈话中,他向希特勒公开描述了他关于整体局势的见解:盟友伙伴意大利近在咫尺的崩溃,美国人和英国人的物资优势,以及德国诸如潜艇等军事装备的极高的月度损耗,所有这些因素都令人高度忧虑。希特勒原本是带着一副沮丧的神情听他讲话的。"突然,他仰起头,"后来,隆美尔是这样描绘他跟希特勒的这次会面的,"然后说,他自己也清楚地知道赢得战争的胜算不大。

接受"紫外线照射疗养"。元首大本营，1943年夏

但是，西方（西欧与北美）绝不会与他缔结和平……他从未想过会与西方持续交战。但，现在是西方想要持续这场战争——直至最后。"在这之后，隆美尔曾惴惴不安地向他的妻子露西倾诉，他有时甚至有这样的感觉，希特勒似乎已变得不太正常了。

1943年7月10日8时30分，美国和英国军队在意大利西西里岛（Sizilien）南部登陆。盟军对欧洲的入侵开始了。在接下来的几天时间里，总共有超过47.8万名盟军士兵被投放到这块陆地，这还仅是开始阶段。6月末，由凯瑟林元帅指挥的德国驻防南意大利的军队增兵至7个作战师。即便如此，就凭这点数量的士兵，欲与已厌倦战争的意大利士兵一起进行成功的抵抗，简直是杯水

车薪。7月15日，隆美尔已预防性地做好了去意大利接掌德军指挥权的准备。但是，希特勒仍然在犹疑是否应调遣更多的作战师前往意大利。他的顾问团队分裂为两个阵营：国防军最高统帅部总参谋长凯特尔和国防军指挥参谋部参谋长约德尔，他们连同隆美尔一道警告不可再继续增兵意大利。他们担心，一旦意大利出现政变，德国军队有被切割的危险。

凯瑟林和德国驻意大利高级外交官力谏希特勒应对自己的盟友伙伴充满信心。希特勒将要在与意大利"领袖"当面会谈之后作出最终决定。双方商定于7月19日在北意大利的费尔特雷（Feltre）举行短暂会晤。

隆美尔神话

然而，为了不给这次会晤增添不必要的麻烦，赫尔曼·戈林以及特意回国述职的德国驻意大利大使汉斯·冯·马肯森（Hans von Mackensen）向这位独裁者紧急建议，此时应放弃宣布隆美尔在意大利的新任务。因为这位陆军元帅名望不佳，他被视为"意大利人的死敌"。至少，戈林从他的空军元帅阿尔伯特·凯瑟林那里听到过这样的闲话。凯瑟林现在可没多大兴趣接受隆美尔的辖制。所有迹象都表明，他们的阴谋诡计好像暂时得逞了。隆美尔在其例行报告中愤懑地记录道："我获悉，有人在劝阻元首授予我在意大利的最高指挥权，据说是因为我有敌视意大利人的倾向。我猜想，是空军在从中作梗。这样，我去往意大利前线一事变得遥遥无期了。"

针对隆美尔的这种责备虽然看似有道理，但仅在一定程度上切合实际。事实上，自非洲战争爆发以来，隆美尔对意大利将领表现出了一种根深蒂固的厌恶。但这位我行我素的隆美尔同样对德国总参谋部的军官抱有同样的怨恨情绪。

此外，隆美尔怀疑意大利高级军官或许存在泄密活动。作出这种猜测虽然是可以理解的，但却是错误的。总体来说，隆美尔本质上对意大利人并无特殊偏见，遑论仇恨。相反，在非洲战场上，他深受普通意大利士兵的爱戴。好感是建立在相交基础上的。约德尔的下述观点不无道理，他在一次作战会议上提及隆美尔时说，隆美尔是驻防意大利的众多军官和士兵乐意接受其统率的"唯一一位领导者"。

7月19日晚，希特勒精神饱满地从意大利费尔特雷返回了德国。他确信已跟他的"朋友"兼盟友再次"达成了完全一致的意见"。只不过，他是在自欺欺人罢了。墨索里尼离开费尔特雷时，心情是极度沮丧的。就意大利当下的现实，德国人的要求已无法继续得到满足。在罗马，表面看起来风平浪静。比如，现在西西里岛一再被允诺将"穷尽一切手段坚守至最后一人"。为丢卒保帅，

6　间奏

意大利最高统帅部终于同意德国人长久以来的要求,将意大利驻守希腊的第 11 集团军置于德国的指挥之下。事实上,即便隆美尔拥有无可比拟的即兴天赋,单凭意大利第 11 集团军以及仅有的 1 个德国装甲师,绝不可能开展行之有效的防御作战行动。7 月 23 日,这位陆军元帅奉命前往萨洛尼卡(Saloniki)接任为希腊战场组建的一个集团军群的最高指挥官。

意大利"领袖"与希特勒在费尔特雷会晤之后,在台上仅仅还待了 6 天。1943 年 7 月 25 日,星期天,意大利法西斯大议会(Großrat)在经历暴风骤雨般的辩论之后通过了对墨索里尼的不信任动议。当天下午,意大利国王维托里奥·埃马努埃莱(Vittorio Emanuele)根据宪法规定解除了墨索里尼的一切职务。其实,发自罗马的最初几条耸人听闻的消息早在临近中午时分就已抵达了希特勒的元首大本营"狼堡"。白天期间,这位独裁者就确认了他的意大利同谋者倒台了。在晚间作战会议上,希特勒愤怒地要求立即武装占领意大利,逮捕意大利国王和意大利新政府成员。在他看来,有一人可堪此任。希特勒环顾一周之后喊道:"隆美尔已经走了吗?"约德尔大将点了点头,回答说:"是的,隆美尔已经走了。"希特勒急切地命令道:"马上确认隆美尔现身何处!"

隆美尔已奉命于同一天抵达了希腊的萨洛尼卡。23 时 15 分,来自遥远的拉斯腾堡的一通电话将其从睡梦中吵醒。"'领袖'已被监禁,"通完电话之后,隆美尔在其例行报告中口授道,"我被命令前往元首大本营。意大利局势不明。"第二天早上 7 时,隆美尔的飞机再次从萨洛尼卡军用机场的跑道上起飞。

就在墨索里尼被监禁之后的当天晚上,意大利新的国家元首佩特罗·巴多格里奥(Pietro Badoglio)元帅则宣告,意大利将继续跟随德国并肩作战。然而,巴多格里奥的豪言壮语与事实并不相符。私下里,意大利国王与他的元帅追逐的目标只有一个——为意大利创造和平。这个国家已经千疮百孔,人民已经疲惫不堪,士兵

隆美尔神话

也已经厌倦了为一场已经失败的战争继续搭上自己的性命。现在，巴多格里奥秘密地将触角伸向盟军作出试探，以便与盟军达成一份秘密的停战协定——这是基于意大利目前面临的令人绝望的形势所作出的唯一正确的选择。

德国领导层继续排斥着这种现实主义。希特勒所设想的，要么带领德国人民通向最后的胜利，要么通向最终的灭亡。在墨索里尼时代，意大利总是未经请求擅自在北非和巴尔干地区发动战争，每一次德国军队都被迫卷入其中。这消耗了德国大量原本用于东线战争的极为重要的物资储备，为此，还赔上了数以万计的德国士兵的性命。早在第一次世界大战期间，意大利人就有过临阵倒戈的先例。在1943年的夏天，空气再次弥漫起"意大利人背叛"的罪恶字眼。

希特勒的反应不容置疑：7月26日，他命令启动"亚拉里克"

"隆美尔走了吗？"希腊萨洛尼卡，1943年7月25日

6　间奏

行动的准备工作。只不过所有准备工作暂时都是"以静悄悄的方式"进行的。一开始的时候尽量避免做出任何挑衅性的动作，以免过早引起与意大利的决裂。早先宣布加强南意大利驻防部队的4个作战师已集结完毕，原地待命。党卫军第1"阿道夫·希特勒警卫旗队"装甲师奉命从东线调往意大利。除此之外，还有3个作战师也已做好了进军法国南部的准备。从萨洛尼卡返回德国的隆美尔被授予B集团军群的最高指挥权——该集团军群是专门为北意大利战区组建的。只不过，这一任命还处于保密状态。为掩人耳目，B集团军群使用的代号是"受国防军最高统帅部委托/慕尼黑休整参谋部"。它的总部隐匿于慕尼黑的南大门普拉赫（Pullach）。另外，这位陆军元帅和他的参谋部还被严厉禁止穿越帝国南部边境线。在"软禁"之中，就像他嘲讽这些措施时所说的那样，隆美尔为进军意大利做着精心的准备。

到7月29日，优柔寡断的希特勒还未作出决定。直至丘吉尔和罗斯福之间的一通无线远程电话被窃听之后局势才变得明朗起来。这位英国首相和美国总统之间的谈话内容跟停战协定有关。"这样，"正如7月29日德国国防军最高统帅部作战日志所记载的，"就提供了一种确凿无疑的口实，证明英国人和美国人已与意大利人展开了秘密谈判。"

"亚拉里克"行动正式开始了。按照隆美尔的预定计划，德军作战师连续向北意大利渗透。与此同时，他特别关心的是立即对各个阿尔卑斯山口进行警戒封锁。7月30日20时10分，第26装甲师最先出发的行军部队报告，"刚在没有任何冲突的情况下越过了布伦纳山口（Brenner）边界"。"您必须向意大利人展现出友善、和蔼的一面"，出发前，隆美尔再三提醒他的先头营营长。"要避免摩擦……告诉意大利人，就说我们士气正盛。东线战役进展情况良好，苏联人损失惨重……您必须急行军，您将在南意大利战区派上用场。"先头营营长追问道："万一遇到抵抗怎么办？"

隆美尔神话

沃尔夫－迪特里希·瓦格纳－曼斯劳
（WOLF-DIETRICH WAGNER-MANSLAU）
隆美尔参谋部军官

时代见证人 ZEITZEUGEN

"在这期间，我是隆美尔元帅特别参谋部的成员之一。几乎每天他从上萨尔茨堡（Obersalzberg）山上下来之后，我都会听见他以蔑视的口吻谈论山上的那帮人。不过，我从未听到以任何形式可清晰辨认的诸如'元首'或者'元首大本营'这样的字眼。他只是惊恐不已，并且总是说：'这些人到底是怎么想的？'但他总是使用复数形式，他说这些话的时候并未特指希特勒本人，因为山上还有凯特尔元帅，约德尔和其他人等。这样，我们就不能明确说他是在有意诋毁'元首'本人。"

隆美尔回答说："那就先进行谈判……如果您遭遇攻击，坚决予以回击。"隆美尔其实是在虚张声势。在几乎没有遇到任何抵抗的情况下，德军第26装甲师于7月31日抵达了意大利一侧并封锁了整个布伦纳山口。紧随其后，第44步兵师于8月1日，从东线调来的党卫军第1"阿道夫·希特勒警卫旗队"装甲师于8月3日也相继抵达。

这一引人注目、兵不血刃的占领过程，是在隐身幕后的隆美尔的指挥下完成的。就在越来越多的德国士兵在北意大利抢占战略要地之时，德国和意大利双方的受权代表还不切实际地进行了三轮会晤。在这件事上,双方都撒下了弥天大谎。德国谈判代表强调,进驻意大利的德军作战师仅是为了防御盟军的进攻,而意大利人则不厌其烦地表明其誓死追随德国的决心并极力撇脱任何正与西方秘密商谈签订单独停战协议的嫌疑。事实上,双方所等待的,不过是想让真正的决裂时刻早点到来罢了。

第三轮也是最后一轮会晤于 8 月 15 日在博洛尼亚(Bologna)的费德佐尼(Federzoni)别墅举行。双方之间的巨大信任鸿沟可在此次会晤中窥见一斑。除了约德尔将军之外,隆美尔也作为德国方面的受权代表参与了此次会谈。此次会谈的核心内容是确认"意大利人究竟是否像他们公开宣称和……保证的那样,继续参战"。希特勒在会晤前警告他的谈判代表,可以尝试逮捕甚至毒杀意大利代表。为防患于未然,元首大本营派遣党卫军"警卫旗队"

在"软禁"之中。跟参谋长阿尔弗雷德·高斯(右)在一起,1943 年 8 月

的一个"百人队"（Hundertschaft）作为德方谈判代表的护送人员。在没有事先通报的情况下，德军士兵在会谈开始之后就在谈判地点周围拉起了安全警戒线并在费德佐尼别墅的入口处配置了双哨。德国人展示军事力量的意图显露无遗。

本次会谈，意大利方面由意大利军队总参谋长马里奥·罗阿塔（Mario Roatta）将军领衔。不出所料，会谈并未取得任何具体成果。在整个谈判过程中，隆美尔一言未发，倒是粗野的约德尔和圆滑的罗阿塔之间不断上演着猫和老鼠的游戏追逐。隆美尔是满意的，因为在会谈中至少确认了他被任命为德军驻北意大利最高指挥官一事，他在普拉赫的捉迷藏的游戏时代结束了。隆美尔在他的例行报告中记录道："这样，我终于打开了一片通途。"

从一开始就确定无疑的是，意大利人签署停战协定必然伴随着盟军在欧洲的登陆行动。为应对这一情况，元首大本营自8月初就计划实施"轴心行动"（Unternehmen Achse）。隆美尔的任务是立即解除意大利士兵的武装并着手加固海岸防御工事。隆美尔预计盟军的登陆地点还要向北。出于这种考虑，他的防御战略重点是继续向后收缩，构建一条沿亚平宁（Apennin）半岛南翼横穿"意大利之靴"直至亚得里亚（Adria）海岸的防线。残留在南意大利的德国军队应当分阶段撤至"亚平宁阻击阵地"并以此为依托阻止敌人的后续攻势。一旦德军的所有作战力量得以联合，那么凯瑟林元帅的南方集团军群（Heeresgruppe Süd）就应解散，然后所有驻意大利的德国军队的最高指挥权将交由隆美尔。

此时，希特勒在很大程度上对隆美尔的军事设想表示了赞赏。隆美尔惊异于自己近几天来的神奇复活，他在例行报告中记录道："我重新确定，他（希特勒）对我充满完全信任。"如果说隆美尔对希特勒的态度并未因此受到影响，那是不现实的。但是，他对战争结局的现实观点却并未发生任何改变。8月22日，星期天，他难得有时间去阿尔高地区旺根（Wangen im Allgäu）私下拜访了

6 间奏

一位老朋友——大庄园主奥斯卡·法尼博士（Dr. Oskar Farny）。隆美尔搭乘他的鹳式轻型侦察机从普拉赫前往旺根，飞机降落在了法尼家旁边的一块空地上。在聊天中，隆美尔谈及了现在的军事局面。他问法尼怎么看时下的战争形势。法尼沉思了一会儿说道："堂堂陆军元帅飞往农村，然后向农民提出这样的问题，这种事还真不多见。"隆美尔只是轻微地点了点头，然后说："是的。"

9月3日，英国军队开始在意大利雷焦卡拉布里亚（Reggio di Calabria）以北登陆。此时，离意大利人投降还剩下5天的时间。之后，意大利人投降了。9月8日17时许，意大利人签署停战协定的消息通过众多外国广播电台发布。德国驻罗马大使鲁道夫·拉恩立即动身亲自前往拜会意大利外交部长拉法埃莱·瓜里格拉（Raffaele Guarigla）。瓜里格拉毫不迟疑地向拉恩确认了收音机里播放的消息。由此，意大利的停战协定对德国来说也正式生效。拉恩骂骂咧咧地说道："终究还是背叛了！"这位德国大使没有告辞就愤然离开了意大利外交部长的办公室，以便赶紧打电话向元首大本营报告此事。20时许，约德尔大将奉希特勒之命发起了"轴心行动"。当天晚上，巴多格里奥政权的所有政治和军事要员——以这位老朽的元帅本人为首，连同意大利国王和宫廷侍从一起——仓皇逃离了罗马。在未发布任何后续命令的情况下，100万名意大利士兵处于无人管理状态。

9月9日拂晓，美国第5集团军开始在萨勒诺湾（Golf von Salerno）登陆。虽然盟军的作战意图已十分明显，他们决定从遥远的意大利南端开启欧洲入侵之旅，但也不能排除他们后续在更北的地方登陆的可能性。按照隆美尔的计划，"一旦形势需要"，德国军队应立即向北撤退。然而，凯瑟林元帅最初举南方集团军群之力成功阻挡住了盟军部队的前进步伐，在跟意大利军队进行短暂交火之后也成功稳住了罗马周边的局势。凯瑟林在9月11日报告，他想尽可能长时间地坚守所需兵力相对较少的萨

隆美尔神话

勒诺（Salerno）—贝内文托（Benevento）—埃博利（Eboli）全线，这对希特勒来说具有致命诱惑力。希特勒在第二天就下令暂缓实施将凯瑟林归于隆美尔统辖之下的既定计划。希特勒对南意大利前线开始迷恋，也许源于9月12日德国人通过"橡树行动"（Unternehmen Eiche）成功地将墨索里尼从其被软禁之地大萨索峰（Gran Sasso）帝王台（Campo Imperatore）的一座别墅里解救出来。希特勒还打算跟墨索里尼重新复兴在意大利已破产的法西斯主义。墨索里尼希望在希特勒的荫庇下在位于北意大利加尔达湖（Gardasee）附近的萨洛（Salò）建立"意大利社会共和国"（Repubblica Sociale Italiana）。

最初，即便是隆美尔也成功完成了自己的任务。整个北意大利均处于德国人的控制之下。在米兰（Milan）和都灵（Turin）有零星的反抗出现，这些反抗都被德国人镇压了。滞留这一区域的数目庞大的意大利武装力量，诸如第4集团军的数部，第5和第8集团军的全部，以及驻博洛尼亚和米兰的国土防卫军，均被隆美尔部队的快速进攻轻松突破。意大利人偶尔作以抵抗，但绝大多数情况下，意大利军队选择自行解散。隆美尔向他的妻子这样写道："对一支军队来说，这样的结局是何其耻辱啊！"

早在9月8日，一份关于如何处置意大利士兵的具体指示就已由元首大本营发送至隆美尔处。起初，来自元首大本营的命令将意大利士兵区分为三个范畴："（1）忠于盟友的意大利士兵（这些士兵要么继续跟德军一同与盟军作战，要么为德军提供战地服务）；（2）不想继续参与战事的意大利士兵；（3）进行抵抗或者跟盟军或游击队员沆瀣一气的意大利士兵"。9月8日的最初指示计划将忠于盟友的意大利士兵"在不被人察觉的看守状态下集合在一起"，"其余意大利士兵在作出释放判决之前全部予以拘留"。

到9月9日，就像一段时间以来所预料的那样，又有新的关于如何继续处置战俘的指示：除了"德军所需的专业人士"以及坚

6 间奏

定的法西斯主义者，其余无一例外将被"用于修建'东方壁垒'"。实际上，这意味着超过 60 万名意大利士兵和军官被绑架前往"帝国"、波兰以及苏联被占领区从事强迫劳动。仅仅是在 B 集团军群作战区域，就有约 31 万名意大利士兵和军官被俘，超过意军被俘总数的一半。很多意大利战俘——按照希特勒的命令，这些战俘自 9 月 20 日起被称为"军事拘留犯"——踏上了一段无可名状的苦难人生旅程。超过 4.5 万名意大利人再未回到自己的故乡。

隆美尔对"军事拘留犯"所要面临的艰难处境一无所知。在他看来，对这些意大利军人进行疏散完全是出于军事上的考量，因为数量如此庞大的意大利战俘不可能在他们自己的国家得到安全守卫，因而会构成一项巨大的安全风险。隆美尔在北意大利的举止，就像曾经在北非所做的那样，因其公正对待对手而让人称道。9 月 12 日，在跟隆美尔就战俘问题交换意见的第二天，德国安全部队的司令官约阿希姆·维特霍夫特（Joachim Witthöft）再次特别指出，"在任何情况下都要遵守已经发布的命令，确保给意大利被俘者以良好的照料和足够的膳食……相应通报所辖各单位，尤其要相应告知看守部队"。此后，维特霍夫特又多次命令，"按照德国平民的膳食标准……向战犯提供伙食配给"。

德国看守部队在执行这些指示时大打折扣或者玩忽职守的现象并不能完全杜绝。在 B 集团军群作战区域，有时还会发生针对意大利战俘的攻击事件。至迟在向东线运输的第二天或者第三天，在整个污秽不堪的牲畜车厢中，闷热与饥渴变得令人无法忍受，这一残酷现实成为被俘意大利士兵挥之不去的梦魇。然而，这不能怪罪于隆美尔。对这位陆军元帅来说，在北意大利的解除武装与拘留行动仅是他的次要任务。他的重心是用他一贯的缜密思维为亚平宁防御战进行精心的准备。

在发布将意大利战俘作为强制劳工使用命令的第二天，希特勒于 9 月 10 日重新下达了关于如何处置意大利士兵的指示。德国军

隆美尔神话

队在解除意大利人武装时引起了他们的顽强抵抗，这些抵抗主要发生在巴尔干地区以及南意大利。很可能是意大利人的抵抗促使希特勒发出了新的指示。这位独裁者要求："现时，在意大利军队或者其他武器持有者仍进行抵抗的地方，要给他们设置一个极短的最后期限，并向他们表明：凡承担抵抗领导责任的意大利指挥官如在规定期限之内未向他们的部队下达向德国军队移交武器的命令，他们将被视为志愿军军人遭到射杀。"48小时之后，希特勒再次加码。"根据元首命令，"9月12日由陆军元帅凯特尔签署的一份公告提到，"那些使武器落入暴动分子之手或者根本就是与暴动分子同流合污的意大利部队，一旦被俘将按如下程序处置：（1）军官依《军事管制法》射杀；（2）士官和士兵直接输往……东线……参加义务劳动。"

9月10日和12日的两份电传被分别发往西线、南线、东南线、海军、空军和B集团军群最高指挥官。这一命令导致了"血腥后果"，军事历史学家格哈德·施莱伯尔（Gerhard Schreiber）评论说。施莱伯尔常年致力于德国-意大利关系研究，他几乎坚定地认为，德国方面作出这种举止完全在情理之中。他谈及这个主题时说道："在巴尔干地区，在东地中海岛屿以及在空军元帅凯瑟林的管辖范围内，这是再正常不过的事情。倒是在B集团军群的作战区域似乎非常耸人听闻。"一方面是因为，在隆美尔的辖区意大利士兵武装的解除速度较快，因而在很大程度上避免了武装冲突的发生。另一方面是因为，隆美尔或许延续了在非洲的行事风格，并未将希特勒的谋杀命令继续向下传达到他的部队。

9月15日，这些命令被再次概括为"意大利国防军和民兵组织士兵处置基本准则"。隆美尔或许从未看过这些"基本准则"，因为就在前一天晚上，隆美尔在他的新大本营——位于加尔达湖畔的"卡诺撒别墅"（Villa Canossa）——罹患剧烈腹部绞痛。"我当时忍不住呕吐起来，"隆美尔向他的儿子曼弗雷德写道，"可是，腹痛并未得到缓解。我整夜辗转反侧难以入眠，最后不得不借助医生的帮助才稍微安定下来。第二天我接受了手术。"医生们被迫将他的盲肠切除。隆美尔躺在野战医院，在接下来的两个星期里完全失去了战斗力。

到 9 月 23 日，隆美尔的健康状况已趋于好转，他终于可以第一次走出病房到野战医院的花园里散步了。当天，他向自己的部队发布了一份呼吁书——这份呼吁书直到（21 世纪的）今天还总被错误地跟当年发布的元首指示联系在一起。这份由隆美尔签署的文件记录道："兹有身着我们昔日战友制服之人，实乃归属巴多格里奥之游击队员。德国士兵针对此等之人心怀任何情感顾虑都是不合时宜的。这些人如敢与德国士兵作对，他们将失去任何获得宽恕的权利，并将像突然调转枪口指向昔日朋友之流氓无赖应得的那样受到非常严厉之处置。"事实上，虽然用词犀利，但与希特勒的命令截然相反，这份呼吁书并未要求实施"违反国际法之谋杀"，而只是针对参加游击队并出没于前线后方进行抗争的意大利士兵。因而，那种认为正是这份呼吁书"应该且事实上使与昔日盟友之间的冲突变得残酷起来"的观点，一如军事历史学家施莱伯尔所断言的那样，不能自圆其说。骚乱的发生是执行希特勒谋杀命令的必然后果，这些骚乱早就开始了，在北意大利也一样。

在位于皮埃蒙特（Piemonte）大区南部的省会城市库内奥（Cuneo），意大利第 4 集团军的数百名士兵在被拘捕之前成功逃进了山区。他们中的大多数藏身于博韦斯（Boves）小镇上的比萨尔塔山（Monte Bisalta）丛林。居住在博韦斯小镇上的意大利人与这些士兵保持着密切联系并为他们提供食物。德国方面，这一地区处于党卫军"警卫旗队"装甲师第 3 营营长、党卫军突击队大队领袖约阿希姆·派佩尔（Joachim Peiper）的管辖。9 月 16 日，派佩尔让人在博韦斯张贴了一份由他签署的公告，他向小镇居民

隆美尔神话

Der Oberbefehlshaber
der Heeresgruppe B

H.Qu., den 23. September 1943

24. Pz.-Div.
Eing. 28. SEP. 1943

　　Irgendwelche sentimentalen Hemmungen des deutschen Soldaten gegenüber Badoglio-hörigen Banden in der Uniform des ehemaligen Waffenkameraden sind völlig unangebracht. Wer von diesen gegen den deutschen Soldaten kämpft, hat jedes Anrecht auf Schonung verloren und ist mit der Härte zu behandeln, die dem Gesindel gebührt, das plötzlich seine Waffen gegen seinen Freund wendet.
　　Diese Auffassung muß beschleunigt Allgemeingut aller deutschen Truppen werden.
　　Entsprechende Warnung ergeht an die Italiener über alle italienischen Sender.

Verteiler
　bis Divisionen.

使冲突变得残酷起来！ 隆美尔于 1943 年 9 月 23 日发布的命令

6 间奏

隆美尔1943年9月23日签署的命令：

B集团军群最高指挥官　　　　　　　　　　　　大本营，
1943年9月23日

兹有身着我们昔日战友制服之人，实乃归属巴多格里奥之游击队员。德国士兵针对此等之人，心怀任何情感顾虑都是不合时宜的。如这些人敢与德国士兵作对，他们将失去任何获得宽恕的权利，并将像突然调转枪口指向昔日朋友之流氓无赖应得的那样受到非常严厉之处置。

这一观念必须尽快让所有德国部队知晓。

相关警告通过意大利广播电台向意大利人发布。

　　　　　　　　　　　　　　　　　　　　　　隆美尔（签名）

传达至师一级。

发出威胁，如果他们为"抵抗团体"提供庇护，则会被施以最严厉的惩罚和最严酷的报复。派佩尔断然拒绝了谈判者转交的意大利士兵提出的在确保他们人身安全的前提下放弃抵抗并"返回他们家乡"的建议。

3天后，派佩尔抓住了依照自己的方式解决这一迫切问题的机会。9月19日，两名党卫军成员在博韦斯一处废弃的工兵仓库为他们的车辆寻找配件时落入了意大利士兵手里。临近中午，博韦斯警察所向库内奥的第3营指挥部报告了德军士兵被俘一事。营救行动立即展开。第一批党卫军部队在博韦斯以南陷入与意大利

隆美尔神话

士兵的激烈交战之中，这一作战单位抱怨说交火已导致一人战死多人受伤。他们通过无线电讯请求增援。13时许，党卫军突击队大队领袖派佩尔率领第13装甲运兵车连抵达（博韦斯小镇）事发地。最终，两名被俘党卫军队员被成功营救。此时，博韦斯小镇青年居民几乎全部逃到旷野中藏匿起来，只剩下老弱病残留守村庄。作为报复，派佩尔让人纵火焚烧了博韦斯小镇。任何试图逃离火场之人，均被派佩尔的党卫军毫不留情地予以射杀，总共有350座房屋被焚毁。后来，人们在烟雾弥漫的废墟中发现了23具平民尸体。

派佩尔的策略成功了。9月20日凌晨3时许，派佩尔报告，"最初反抗的部队已离开山区并放下了武器"。约阿希姆·派佩尔至死也不理解世人对"博韦斯大屠杀"的愤怒。他认为自己在博韦斯所做的，只是东线的翻版——1943年，作为镇压游击队员的报复措施和手段，焚烧村庄和屠杀平民在东线已成为家常便饭，而派佩尔的大部分时间都是在东线的战斗中度过的。"我们在博韦斯的行动给当地居民造成的后果虽然是令人惋惜的，"派佩尔在战后就此发表自己的观点说，"但不可否认的是，由于我们采取了一次性干预措施，从而在持续开展的意大利行动中避免了更多无法估量的流血冲突的发生——更确切地说，对双方而言都有好处。"

9月21日，隆美尔大本营接到了关于博韦斯"偶发事件"的报告："2名党卫军'阿道夫·希特勒警卫旗队'成员被游击队员绑架"，党卫军第2装甲军团在早间报告中如是说。"最初的营救尝试因敌人的顽强抵抗而失败。此后派出的一个加强连制伏了发生在博韦斯的抵抗……队员被成功营救。博韦斯的男性居民携带轻武器和手榴弹逃往山区。博韦斯和卡斯泰拉游击队员的补给基地被摧毁。在每一栋燃烧的房屋里都能听到弹药的爆炸声。几名游击队员被击毙。"

6　间奏

隆美尔不可能知晓"博韦斯大屠杀"一事，因为他当时还躺在野战医院。即便有所耳闻，他也很难从这份遮遮掩掩的电传中读出事实的真相。否则，他会坚决反对实施"博韦斯大屠杀"，这一点毫无疑问。隆美尔的这种态度，可以从几个星期以来发生的另外一件事上反映出来。9月23日早上，一位意大利垂钓者在马焦雷湖（Lago Maggiore）发现了2具被冲击到岸边的男性尸体。在尸体的颈部和背部可以清晰地辨认出曾遭受射杀的痕迹。在接下来的几天，不断有新的尸体从湖底漂浮出来。9月28日发现1具男性尸体，几天之后，又发现2具女性尸体，至10月5日总计发现了7具男性尸体。所有死者都是以同样的方式被人从背后射杀的。引人注目的是，自最初几具男性尸体被冲击到岸边之后，党卫军"警卫旗队"装甲师第4连的一个巡逻队开始在湖边巡逻并沿湖岸搜寻尸体。很明显，党卫军队员企图将漂浮到岸边的死者尸体悄悄处理掉以掩人耳目。在湖中发现尸体，引起了民众的恐慌和不安。现在，马焦雷湖令人发指的秘密终于掩盖不住了。

9月中旬，党卫军"警卫旗队"装甲师第1营占领了马焦雷湖周边地区并逮捕了50名犹太人。这些犹太人本想在这片虚假的安宁之地寻求庇护。他们大多来自米兰，但也有一对来自立陶宛（Litauen）的年老的犹太夫妇。2名匈牙利犹太人和几名希腊犹太人在马焦雷湖岸找到了栖身之所。被逮捕的犹太人中最年长的是75岁的迪诺·费尔南德兹（Dino Fernandez），最年轻的几位是他的侄子——16岁的乔瓦尼（Giovanni），13岁的罗伯托（Roberto）和11岁的比安卡（Bianca）。

在党卫军"警卫旗队"装甲师第3营副营长、党卫军高级突击队中队领袖汉斯·罗韦尔（Hans Röhwer）参加的于9月19日前后召开的一次连级领导人协商会议上，这些犹太人的命运被作出了安排。在会议过程中，他们毫不犹豫地作出了杀掉这些犹太人的决定。这之前，在意大利还没有犹太人遭受过德国人有组织

隆美尔神话

时代见证人
ZEITZEUGEN

丽贝卡·比哈尔（REBECCA BEHAR）
意大利梅纳"格兰德酒店"老板的女儿

"'贝茜（Beccy），你听说了吗？'约翰（John）问道，'今天晚上，他们把我们的父母带走了，但我们不久之后就会赶上他们。他们把我们的父母带往一处德军司令部了，我们不久也会赶往那里。'当时对我来说最艰难的，就是不得不违心地跟我的一位朋友，一位小伙伴，我生命中的第一位真正的朋友说：'是的。你说的对。不久之后，你就可以与他们重聚。我敢肯定，不久之后你就能追上他们。'我欺骗了他，这件事我从未忘记。他盯着我，充满信任地对我说：'你会亲眼看到，我们不久之后就会去找他们！'我其实已在湖边目睹了他父母的尸体。"

的迫害。但是，罗韦尔等人在苏联早已司空见惯，他们知道该怎么做。这次会议召开 3 天之后，最初一批犹太人被带离位于梅纳（Meina）的"格兰德酒店"（Hotel Grand）——他们曾被集中关押在酒店的第三层。这些犹太人被蒙骗说，他们将被带往一处军营。事实上，这些一无所知的无辜牺牲品被开车带进了大山中。30 分钟后，运送车辆在一处岔道口停了下来。"党卫军成员用某种喜悦的口吻告诉这些犹太人，"1967 年，这些谋杀者向奥斯纳布吕克（Osnabrück）地方法院的预审法官作证说，"车子开错路了，

6 间奏

所有人必须下车。"这些犹太人向前走了几步，随即被党卫军从背后射杀。超过50名犹太人一夜间死于非命。走在最后的是迪诺·费尔南德兹和他的3个侄子。

尸体被绑上石头抛入马焦雷湖。如果党卫军的行事方式再聪明一点，也许这一罪行永不会被揭露。在马焦雷湖畔发现令人毛骨悚然的尸体后，有关谋杀犹太人的传言开始漫天飞舞。隆美尔知晓了此事并为此感到震惊。10月初，隆美尔命令党卫军"警卫旗队"装甲师师长、党卫军旅队领袖特奥·维施（Theo Wisch）成立一个调查委员会调查此事。至于维施是否照做了已不得而知。无论如何，由两名党卫军法官开展的调查最终不了了之，因为自10月20日起，党卫军"警卫旗队"装甲师已被重新调往东线。通过这一事件，隆美尔第一次被迫直面了针对犹太人的谋杀。此事给隆美尔造成的震惊是深远的。在他之后回家探亲时，他的儿子曼弗雷德曾提出他想志愿加入党卫军。隆美尔以不容置疑的口吻严辞否定了儿子的这一愿望。隆美尔从来没有像在意大利度过的几个月那样离他所服务的政权的谋杀罪行如此近在咫尺。

9月30日，希特勒命令隆美尔和凯瑟林一同前往元首大本营。在一场漫不经心的独白中，希特勒让他的两位元帅为接下来的几个月做好心理准备。"必须赢得时间，以便延迟决定性时刻的到来。"希特勒如是说。"对方（盟军）的日子也不好过。他们的人员和物资储备承受着与我们一样的困境。他们也会面临窘蹙的时刻。从某一特定时刻开始，人们将不能再通过占领世界的方式赢得战争，而是通过将战争无限延长从而拖垮对方的方式赢得战争。"希特勒站起身来——在此之前他一直屈身趴在摆放地图的作战桌上——然后用祈求的语气呼喊道："时间，时间，时间！"

隆美尔想为希特勒争取时间。他重新催促将南意大利德军快速撤退至"亚平宁狙击阵地"。这条狙击防线位于罗马以北120公里。在此，德军凭借有利的战略地形将有把握抵御盟军的冲击很

隆美尔神话

长一段时间。然而，希特勒有其他的打算。虽然各条战线都很吃紧，但希特勒仍然固执地坚持，即便是巴尔干的外围地区也要一如既往地予以坚守。为此，意大利防线必须向罗马以南迁移，以阻止盟军获得经由亚得里亚海（Adaria）向南斯拉夫（Jugoslawien）发起进攻的跳板。刚提出继续开展"运动战"想法的凯瑟林跳将出来，以他惯有的乐观主义声援"元首"。凯瑟林表示，他愿意坚守希特勒所要求的位于罗马以南120公里的加埃塔（Gaeta）—奥托纳（Ortona）防线，直至冬天过去。隆美尔沉默了。在隆美尔看来，希特勒并非是将作战力量聚集起来以投向东线，而是又一次加大了徒然耗费兵力的危险。在那里，当时德军的作战师仅剩70%的战斗力。

所有迹象都表明，至少对隆美尔来说不尽如人意的指挥境况终将朝有利于他的方向发生转变。10月17日，隆美尔再次被命令前往元首大本营。他被任命为意大利最高指挥官已是板上钉钉之事。凯瑟林将被调往挪威。隆美尔为此所要付出的代价也是高昂的。希特勒要求他整个冬天都必须在不受欢迎的加埃塔—奥托纳防线坚守。隆美尔义愤填膺，他拒绝领受"意大利最高指挥官"这一职务，直至他本人确切地了解有关南意大利防御的所有可能性。希特勒后来就隆美尔的悲观预测回忆，"隆美尔当时预料意大利……行将崩溃。但隆美尔表示，一旦他的任命获得确认，他一定会根据意大利的战争进展状况提出可行性的坦率建议。

隆美尔的首席参谋军官汉斯-格奥尔格·冯·滕佩尔霍夫（Hans-Georg von Tempelhoff）上校或许在隆美尔返回意大利的当天就知晓了他的想法。"元帅先生，或许是时候考虑，我们究竟应该与哪一方妥协了。"晚饭期间，一位军官如是说道。另一位军官应声问道："与东方还是西方？"隆美尔回答说："与东方妥协是完全不可能的！"在有关隆美尔的文件中，这是第一次提到可能与盟军单方面媾和，以让德国从令人绝望的局面中摆脱出

6 间奏

垮台。跟墨索里尼（右）在一起，萨洛，1943 年 10 月

来。或许他早就作过这方面的考虑。但可以肯定的是，自此之后他再未绕开这一主题。

即便是在元首大本营内部也不能对隆美尔发表的关于战争局面的评估言论视而不见。那次作战会议之后，就连他的忠实靠山，国防军元首副官长鲁道夫·施蒙特也抱怨说："隆美尔越来越难缠了。"元首大本营之外的控诉之声也不绝于耳。比如，奥地利蒂罗尔（Tirol）省党部头目安德里亚斯·霍费尔（Andreas Hofer）就抱怨说，"隆美尔对战争的预测是悲观的……他还向周围之人散布这种悲观主义。人们得出的印象是，他最好与他的部队全部撤退至布伦纳阵地。"消息甚至传到了身处遥远柏林的戈培尔那里。"在他（霍费尔）看来，隆美尔已经变得有点懦弱和优柔寡断了。"这位宣传部长在日记里如此写道，"几乎可以断定，他是从失败主义的角度看待这场战争的。这让我感到难过。很大程度上，许多人认为，隆美尔仅是个'撤退将军'。"

后果是不可避免的。1943年10月19日12时20分，约德尔将军打电话确认说，"元首签发的（由隆美尔担纲意大利最高指挥官）命令已经在发往（B）集团军群的途中"。然而，希特勒接下来又命令从电传中心撤回了任命函。这位独裁者最终作出了反对隆美尔出任意大利最高指挥官的决定。19时30分，隆美尔的参谋长被电话告知了此事。10月26日，隆美尔向他的妻子反思道："或许我没有激发起坚守阵地的巨大希望，或许正是由于我在接任最高指挥权一事上的迟疑造成了这种结局。也许还有其他一些原因，但不管怎么说，凯瑟林暂时还是凯瑟林（他将继续留任现在的职位）。或许该我离开了。既来之，则安之吧。"

7
稻草火

当希特勒陪伴这位陆军元帅走出位于东普鲁士的元首大本营地堡时,关于大西洋壁垒(Atlantikwall)的讨论似乎再次活跃起来。隆美尔在这天(1943年的11月5日)被委以新的职务:西线防御工事总监。他的职责即到处旅行、检查并提出建议,但却没有可供自己调遣的部队。隆美尔失望至极。据当时正在地堡前等待向希特勒汇报工作的帝国装备部长阿尔伯特·施佩尔回忆,隆美尔又一次"彬彬有礼",但却"冷若寒霜"地向最高元帅(希特勒)阐明了他的信条:"我们必须在滩头就将敌人拦截……否则,纵然有大西洋壁垒,(盟军)入侵也会成功。"隆美尔在非洲早已领略了英国空军优势的毁灭性打击效果,他有理由深信,在英、美战机投掷的弹雨中德军将难以实施传统的自由作战行动。虽然希特勒并未因隆美尔——那位曾经的"榜样将军"——在意大利的间奏而提升对其能力的信任,但此时希特勒似乎等待的就是这样一种论据。"元帅先生,我今天恰恰想给您展示这一点。"他带领隆美尔和施佩尔来到一辆新研制的装甲车前,这种新型装甲车配备一门88毫米口径高射炮,作为应对敌机轰炸的防护措施。希特勒顺便问了一下当时也在场的装备专家卡尔·绍尔(Karl Saur):"您可以提供多少辆这样的装甲车?"绍尔允诺可提供数百辆。希特勒满意地说道:"您看,使用这种装甲高射炮,就可

隆美尔神话

化解敌机在我们作战师上空的密集轰炸。"我们考虑下述事实，就会发现依靠区区几百辆可移动高射炮即可抵抗敌人强大的空中优势的想法多么幼稚——盟军空军在入侵的第一天就飞行了14674架次。更何况，这些移动高射炮从来就没有驶抵前线。隆美尔在滔滔不绝的希特勒面前保持着惯有的缄默。当希特勒发觉他的论述并未打动他的陆军元帅时，他悻悻而别，跟施佩尔一同返回他的地堡之中召开作战会议去了。

待隆美尔重返意大利大本营之后，他给妻子写道："情绪低沉。不确知新的调动是否意味着靠边站。从几个方面来看，似乎的确是这样的。不过，我拒绝相信这样的看法。元首可不是这么说的。"事实上，隆美尔现在像极了那位"无地王约翰"（Johann Ohneland）——他虽然贵为陆军元帅并配有一个集团军群级别的参谋部，但却指挥不动一兵一卒。在希特勒看来，隆美尔已不再是一张可以随意施展魔法抵御盟军的王牌了。就像他之前在意大利那样，现在伴随隆美尔的是诸如下述令人印象深刻的宣传大字标题："隆美尔现身海峡海岸""隆美尔在视察途中"。希特勒事先派人私下安抚了身在巴黎的西线最高指挥官陆军元帅格尔德·冯·伦德施泰特（Gerd von Rundstedt）。德国国防军最高统帅部总参谋长威廉·凯特尔向伦德施泰特担保说，隆美尔"决不会"接替他的位置，因为隆美尔并不适合担纲更大规模的战略行动。隆美尔充其量——凯特尔借喻腓特烈大帝（Friedrich der Groeße）时期一位以胆大著称的将军——也就跟"塞德利茨在罗斯巴赫战役"中的表现一样，只会鲁莽进攻罢了。

几天来，如果说让隆美尔感到无比压抑的是他关于自身前途的不确定性，毋宁说是德国当前面临的局势。他比大多数德国军官更早、更加切实地意识到德国行将溃败。此后不久，当隆美尔在意大利清理战地帐篷时，他向他的一位口译员道别，非常明确地说道："祝您在未来一切顺利……这让我有点难为情，因为战争

7 稻草火

"也就够当个师长的料。"伦德施泰特(左)谈论隆美尔,巴黎,1944年

几乎已经输掉了,对我们来说,艰难时刻就要来临。据我掌握的情报,敌人在人员与现代武器装备方面正变得日益强大,而我们的宣传机器所炫耀的超级武器到现在为止也仅是虚张声势。可惜的是,上边跟我们打交道的那帮人的盲目自信已近乎疯狂!"当隆美尔与他在非洲战场的参谋长西格弗里德·韦斯特法尔——当时韦斯特法尔正主导凯瑟林的参谋部——在11月份最后一次碰面时,隆美尔用辛辣的讽刺口吻忠告道:"假如一切都崩溃了,我就去匈牙利找您的岳母大人,在她那儿谋个牧牛人的差事。"

12月19日,隆美尔现身巴黎最负盛名的"乔治五世酒店"(Hotel George V),这是他自上任以来首次拜访伦德施泰特。两人之间

隆美尔神话

约翰·冯·基尔曼塞格伯爵
（JOHANN GRAF VON KIELMANSEGG）
陆军总司令部作战参谋

"我想说的是——纵使今天我也是这么看的——如果当时换一个人领导这场战争，或许有很大的希望和可能作长时间的坚持，直至盟军撑不下去，并最终提出：'现在，我们想谈判了。'虽然无法肯定，但即便在今天，我仍然认为这种可能具有存在性。"

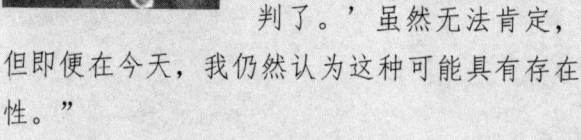

的对抗达到了顶点。伦德施泰特暗地里称隆美尔为"毛孩子"，他在自己的社交小圈子里半开玩笑地评论隆美尔说："他（隆美尔）也就够当个师长的料。"而在隆美尔看来，这位 69 岁的伦德施泰特则是一位"精力不济的老头子，他对海岸防御所面临的沮丧形势死心断念"。就有关在法国海岸抵抗盟军入侵一事，伦德施泰特夹带着英语单词装腔作势地得出结论："在我看来，前景一片黯淡。"隆美尔则不以为然，当天晚上，他向妻子写道："对于这项新任务，我将全力以赴。在我看来，这项任务将得以圆满完成。"

即便隆美尔最后一次像狂暴斗士那般投入工作，1944 年 3 月还一度短暂沉迷于盟军在西线的进攻可被成功击退的幻想，但这并不意味着他对局势的判断发生了根本性改变。自阿拉曼战役之后，他就不再相信"最后胜利"。只是当下，如同他的很多同时代人，隆美尔还耽溺于一种虚假的希望——如能成功抵御盟军的入侵就能找到一把开启可接受的和平协议的钥匙。以今天的视角来看，隆美尔的思想是不合情理的，但是，这样的想法却在1944年盟国远征军最高指挥官德怀特·戴维·艾森豪威尔（Dwight David Eisenhower）上将的决策中发挥过十分重要的作用。在他的回忆录中，艾森豪威尔就登陆失败设想了一幅令人不寒而栗的场景："这样一种不幸的结局，说不定意味着要把所有集结在大不列颠的美国军队全部调到其他战区，与此同时，盟军的士气和决心遭受打击之深也是不堪设想的。最后，这样一种失败必然会严重影响苏联局势。我们有理由设想，如果苏联认为它的盟国皆是脓包，在欧洲干不出什么大事儿，苏联也许会与德国单方面议和。"

隆美尔就像一名监工，巡视着需要专守防御的每一寸海岸，以便在现场亲自获取有关战争局势的第一手资料。他的想法源于过去的经验：自1942年7月第一次在埃及发动阿拉曼攻势以来，他总是亲历前线，亲眼见证英军战机是如何连续数日将他的部队"死死钉在地上"动弹不得的。早在1943年秋天，在意大利海岸进行防御准备时，他就意识到，德国军队的数量不足以建立战略预备队，他总结说："所有部队必须全部驻防海岸，不能组建预备队。必须阻敌于海上。"1943年12月初，隆美尔到丹麦巡视海防。在丹麦西海岸法诺岛（Fanö），当他看到当地宽阔平坦的海滩时突发奇想，认为可以通过在海滩前沿设立障碍物为防御阵地提供更大纵深。

隆美尔针对防御盟军入侵的结论简单明了："主战线就在海滩。"敌人最脆弱的时刻，即是从水里上岸之时。敌人一上岸，就必须将他们"击溃"。1943、1944年之交，隆美尔向希特勒发送了一份巡视报告。在这份报告中，隆美尔直截了当地要求希特勒赋予其海防部队的指挥权。他镇定自若地向妻子祝贺新年说："祝你在1944年里万事如意，一切顺利！愿新的一年能给我们带来胜利和持久的和平。"

"肯定行。"大西洋壁垒，1944年1月

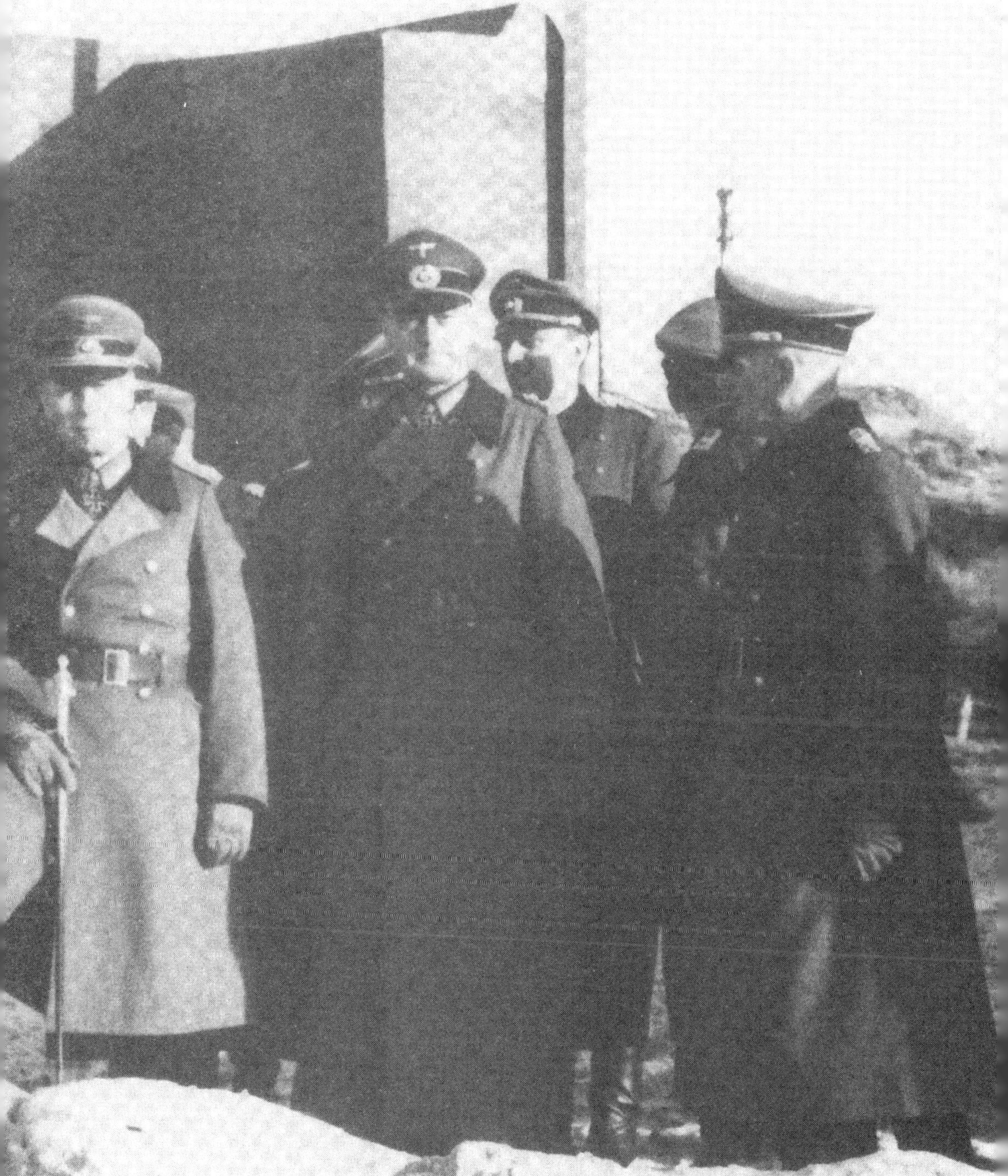

隆美尔神话

1944年1月15日，隆美尔被授予第7和第15集团军的最高指挥权。这是一种没有意义的妥协。在法国和比利时的被占领区大后方，手握重权的依旧是那些军事长官们。除隆美尔之外，还有驻防法国西南部和法国南部的集团军最高指挥官，以及装甲军团的指挥官。即便是海军和空军也拥有各自独立的指挥体系。节制上述所有军事长官之上的是西线最高指挥官冯·伦德施泰特，但即便是伦德施泰特想调动装甲师也必须获得希特勒的首肯。实际上，留给隆美尔的只有位于荷兰须德海（Zuidersee）至法国卢瓦尔河（Loire）入海口之间纵深约20公里的海滨地带。他矢志不移地让人在这里布设了数以百万计的地雷、钢梁和木桩。数以十万计的反坦克障碍物——这些障碍物的名字荒诞离奇，比如"捷克刺猬"（Tschechenigel）或者"比利时轨道拖车"（Belgischer Rollbock），它们都是从之前的战争中退役而来。它们从内陆地区被拖曳至海滩，数不胜数的木桩被夯入沙滩中，海面布满水雷或尖棱的钢齿（"开罐器"）。距离海滩稍远的腹地则是另一番抽象图景：一排排混凝土反坦克锥拔地而起。这些反坦克锥与由木桩组成的人工树林一起用于阻滞敌人的空降行动。这些人工树林很快就被士兵们戏谑为"隆美尔芦笋"。有时，隆美尔行为过激甚至到了荒谬的地步。比如，他曾要求必须"在整个海防前线……建造起一座由障碍物组成的珊瑚暗礁"，又或者，"每个连都必须拥有自己的水泥工厂"。

隆美尔乐此不疲、别出心裁地设计出各种增加敌人登陆难度的方法和武器。一次，隆美尔在一座位于圣马洛（Saint-Malo）附近被德国人占领的别墅里吃午饭，他的首席作战参谋阿尔弗雷德·高斯向他展示了几件精美的塞夫勒（Sèvres）瓷器。隆美尔心不在焉地问高斯："我们为什么不能制造瓷器地雷？"他在给妻子露西的信中说，"新任务无时无刻不让我伤透脑筋"。接着他又说道："我满怀希望，我们将完成这一任务。还有很多工作要做。"

7 稻草火

泰勒地雷 　　坚果钳子

捷克刺猬 　　开罐器

行为过激甚至到了荒谬的地步。

隆美尔神话

"我的发明派上了用场。"混凝土四面体，1944年3月

就像在非洲战场时一样，隆美尔用宽严相济的方法激励他的部队。对于计件工人，他会用手风琴奖励他们；对于消极的工人，他会施以严厉的斥责。隆美尔从不顾及士兵的军衔和服役年限。比如，1944年2月4日，隆美尔出现在了以陆军大将汉斯·冯·萨尔穆特（Hans von Salmuth）为最高指挥官的第15集团军防区（加莱）海峡海岸。正当这位大将想就其一线指挥官和部队所承受的"巨大压力"对隆美尔进行抱怨时，隆美尔却当着一帮参谋军官

196

7 稻草火

的面毫不留情地向他咆哮了起来：萨尔穆特根本不知道如何执行，首先是不愿意执行他（隆美尔）的命令；接着，他（萨尔穆特）还对他（隆美尔）的指示加以阻挠"。萨尔穆特面红耳赤地目送这位陆军元帅再次登上了指挥车，目送隆美尔向他视察之旅的下一站疾驰而去。显然，隆美尔自我感觉良好。他竖起大拇指朝后指向萨尔穆特，并对身边的一位陪同军官说道："那家伙全然是个粗汉，只能以其人之道还治其人之身。"

隆美尔还曾轰轰烈烈地上演过与此相类似的一幕。那次，驻防阿拉斯（Arras）的第84军团司令官埃里希·马尔克斯（Erich Marcks）给儿子写道："他（隆美尔）是个易怒之人，动辄火气冲天。一线指挥官在他面前大气都不敢喘一声。每天早晨，第一个想在他面前好好表现的人通常都会遭到他的臭骂，后面的人待遇会稍好一点儿，但是，他们必须能够（在隆美尔面前）展示出自己的成就才行。"

功夫不负有心人，隆美尔的努力终于显现出成效：1943年11月，冯·伦德施泰特还在抱怨"西线部队被不断稀释"，但自隆美尔上任之后，从西线往东线的部队调动就停止了。士兵的训练水平和献身精神获得了极大提升。1943年11月，德军步兵师还只是有条件地适合防御作战，而到了1944年3月，大部分步兵师已完全适合投入防御作战了。根据隆美尔式的数据统计方法，就连作战部队人数也增加了50万人，而坦克数量更是从256辆增加到了1299辆。不过，作为隆美尔工作的可视部分，滩头障碍物和空降障碍物在抵抗盟军入侵时几乎没能派上任何用场。这位陆军元帅认为，盟军在涨潮时登陆的可能性更大，因而首先推进的是海滩防御工事的构建，然后才是在剩下的区域布设滩头障碍物。事实上，盟军恰恰是在退潮时登陆的，且此时德军的滩头障碍物尚未铺设完成。

隆美尔的价值在其他领域不断得以彰显：不仅在法国海岸，

隆美尔神话

在他的家乡德国，人们也因隆美尔的举动而信心大增。比如，不久之后党卫军保安处（SD）以秘密形势报告——某种形式的间谍活动总结，每月固定由帝国保安总局汇总，向最高领导层提供情报参考——就宣称："在不久的将来，战事必定将朝有利于我们的方向发生决定性逆转，这一前景使绝大多数人民同志（Volksgenossen）在面对盟军入侵时充满信心。人们把这看作扭转乾坤的最后机会。几乎没有一点害怕盟军入侵的迹象。"隆美尔这颗在宣传棋盘上棋子的作用似乎又开始发酵了。

就连隆美尔本人的自信心也在月复一月地膨胀。1944年2月6日，国防军指挥参谋部副总参谋长瓦尔特·瓦尔利蒙特中将到访隆美尔位于枫丹白露（Fontainebleau）的参谋大本营。隆美尔向瓦尔利蒙特吐露心声，他确信自己采取的措施会获得成功。在同一天给他妻子——此时，露西在隆美尔的再三催促下从维也纳新城迁往乌尔姆近郊的赫尔林根（Herrlingen）——的一封引人注目的信中，隆美尔写道："在今天这样一个艰难的时刻，即便人们不能正确认识到新举措的意义，我们也有理由感到高兴并心存感激，因为我们发现了一个如此漂亮且优雅的落脚之处。"

1944年3月，隆美尔已移居拉罗什盖恩（La Roche-Guyon）城堡，这座城堡曾属于拉罗什福柯（Larochefoucault）公爵家族。塞纳河（Seine）流经此处，连接着勒阿弗尔（Le Havre）和巴黎。隆美尔第一次表达了对防御水平的满意之情。"这些防御措施越来越有必要了，我们必须打赢这场防御战并阻止盟军登陆。这场战役将由此决定德国和欧洲未来100年的命运"。隆美尔给儿子曼弗雷德写了一封信寄往其所在的军营——曼弗雷德于1944年2月被征召加入炮兵预备役。隆美尔在信中说："这儿有很多事情要做。不过，我们在每个方面所取得的成效都显而易见。我们怀着坚定的信念去面对这场即将来临的，或许将决定战争胜败的大规模冲突。"

7 稻草火

有很多证据表明，隆美尔在这几个星期里确信盟军的入侵是能够被成功击退的。然而，这最后一团在士兵中熊熊燃烧的圣火（feu sacré）也只是一种幻想，且幻想的终结已近在眼前。这一终结是由一场军事层面的争论引发的，而这一争论自隆美尔现身法国伊始就不断郁结，它将作为"坦克之争"而载入史册。

莱奥·盖尔·冯·施韦彭堡男爵（Leo Freiherr Geyr von Schweppenburg）是德国国防军最具智慧的将军之一。他出身于一个古老的莱茵贵族家庭，能流利地说八种语言。盖尔声誉远播，他在波兰战役中担任第3装甲师师长，后又在苏联期间供职于总参谋部。他经常仗义执言、针砭时弊，因而在希特勒那里获得了"悲观主义者"的名声。1943年秋，希特勒任命盖尔担任西线装甲集群司令——这项任命与其说是出于对盖尔担任这一职务能力的信服，不如说是因为希特勒实在找不到更合适的人选。与冯·伦德施泰特步调一致，盖尔从一开始就在法国形成了自己的一套抵抗盟军入侵的战略：他原计划让装甲战斗群尽可能自成一体地投入战斗，在盟军入侵之前这些装甲战斗群应作为预备队驻守法国内陆。只有当盟军登陆的主攻方向确定无疑之后，这些装甲预备队才可以目标明确地朝敌人的主攻方向集结并投入战斗。盖尔的计划明显与隆美尔不同。盖尔愤懑不已，直到1961还在一份美国军事杂志上撰文对甫抵法国的陆军元帅隆美尔展开尖锐的批评："鉴于隆美尔战略训练的匮乏，鉴于隆美尔的荒唐想法——妄图凭借躲藏在障碍物后方的三流步兵师，以最危险的方式消耗装甲师这一奢侈品，试图将汹涌而入的……占据大半个世界的盟军阻滞在海岸之上——加上混乱的战场指挥，这场战争的结局已不战而定。"

盖尔提及隆美尔的"荒唐想法"，即试图不自量力地阻挡"占据大半个世界的盟军"汹涌而入是符合逻辑的。但盖尔并未提及的是，即便是他的战略思想也同样不能拯救德国的危局。在盟军入侵的最初几个星期里，英、美两国的战斗机和轰炸机牢牢掌握

通往真相的荆棘之路。
陆军元帅们向希特勒宣誓效忠（左二为隆美尔），1944 年 3 月 19 日

着制空权，这使装甲部队的所有经典机动形式统统失灵。

　　盟军登陆之后不久，盖尔的参谋部就成为盟军猛烈空袭的目标，他亲眼见证了自己的两个参谋军官被活活烧死在指挥车里。此刻，当盖尔终于能用其剩余的装甲部队证明自己的计划可行时，他已彻底丧失了行动能力。对自己亲历的景象感到震惊，盖尔收回了自己的论点，提笔给隆美尔写了一封信——以一种相当传统的绅士方式——与自己旧日的竞争对手告别："在我放弃指挥权之际，请允许我在正式告别之外再跟您絮叨几句。自我被置于 B 集团军群的统辖之下并与您共事以来，过去在法国战场上——这一战场比我时至今日所经历过的所有战场都更残酷和严苛——所发生的战斗，让我的内心产生了巨大转变；您的军事天赋和经验使我的服从态度转化为另外一种更为高级的感情，这是至今为止我的意

志力所不能企及的。"

　　这两位竞争对手1944年1月8日在巴黎首次相遇时还是另外一幅景象。当时，隆美尔和盖尔的见解格格不入。然而，盖尔不想在这位固执的施瓦本人面前哪怕退让半步。在接下来的几个月里，他们为实施各自的战略而争执：盖尔旗帜鲜明地支持冯·伦德施泰特和"坦克之父"——陆军上将古德里安；隆美尔则一如既往地与之针锋相对。当隆美尔意识到使用惯常的粗暴行事方式效果不佳时，他转而通过非官方途径假手施蒙特直抵天庭——希特勒本人。1944年3月16日，隆美尔在写给希特勒的一封信中恳求立即将盖尔的装甲战斗群置于自己的统辖之下。在信的末尾，隆美尔写道："决战将发生在海岸之上。"

　　3天后，隆美尔获得了与希特勒面谈的机会。1944年3月19

隆美尔神话

日，德国国防军全体陆军元帅被召集至贝希特斯加登的伯格霍夫（Berghof）别墅向希特勒宣誓效忠。引发这次非同寻常的效忠事态的导火索是一群高级别的德国军官，这群德国军官以在斯大林格勒战役中被苏军俘虏的瓦尔特·冯·塞德利茨－库尔茨巴赫将军为首组成了一个所谓的"德国军官联盟"。自 1943 年开始，在苏联政府的导演下，载有被俘德国军官敦促德军临阵倒戈内容的传单被不断抛洒到东线的德军阵地。当"德国军官联盟"开始通过经中立国家转寄的私人信件将触角伸向德国国防军的军中大佬时，宣传部长戈培尔认为，是时候作出反应了。

为了驱散这股幽灵，戈培尔突发奇想，欲上演一出别具一格的好戏。在伯格霍夫别墅的巨大的前厅里，帝国的军事首脑们站成一行，资格最老的陆军元帅格尔德·冯·伦德施泰特排在首位。希特勒出现在他们的面前，伦德施泰特郑重其事地宣读由戈培尔起草并经全体陆军元帅签名的效忠誓言。誓言的高潮部分是对元首和对国家社会主义"发自内心最深处的亲和以及毫不动摇的忠诚"。按照伦德施泰特的说法，陆军元帅们将竭尽全力，"让每一名士兵都变为我们人民的国家社会主义未来而战的狂热的斗士"。

8 个男人——年龄全部超过 50 岁，他们都应在某种程度上预料到了帝国的没落——庄严地在希特勒面前掩盖了事实。他们中只有隆美尔将走上通往真相的荆棘之路。此刻，萦绕在隆美尔脑海中的只有一个想法：获得驻守在法国的 10 个装甲战斗群的指挥权。1944 年 3 月 20 日，希特勒向同样奉命前来的西线各军团最高指挥官们和要塞司令官们作报告："英国人和美国人的登陆……将要并且必然来临，这是不言而喻的。没人知道他们如何登陆以及在何处登陆。想要为此作出准确预测几乎是不可能的。"

不过，希特勒此时已意识到了诺曼底（Normandie）对于盟军登陆的战略意义。"最适于登陆且最危险的地方是（法国）西海岸的两个半岛（诺曼底和布列塔尼），它们足以对盟军形成致命

7 稻草火

诱惑，这种可能性是巨大的。盟军将通过大规模投入各类空中力量和重型武器以扩大并实现这一登陆计划。"事实上，希特勒相对精准地预料到了盟军即将发起的登陆点。然而，就算希特勒意识到了这点，他也并未采取后续的实质动作。因为，即便是希特勒本人也不敢冒险仅凭他的一己猜测就让军队撤离法国海岸的某些仍占领地段，以赌博性地加强诺曼底海岸的防御力量。

第二天离别之际，隆美尔终于如愿以偿地与希特勒单独进行了一次谈话。他着重恳求希特勒将西线装甲部队置于他的统辖之下，并再次将其所有论据和盘托出。希特勒的反应与往常一样，他假装信心十足的样子试图激励隆美尔，却并未作出任何实质性的承诺。在这场谈话中，一种新式超级武器"V1"可能会扮演重要角色，这是一种安装了高爆炸药的可控轨的导弹。希特勒或许还提及了幻想中的"1000架喷气式轰炸机"，这些幽灵将在盟军登陆之日出现在天空。除此之外，希特勒还担保说他将全力支持隆美尔。高科技的军事装备、超级武器以及表面上坚不可摧的乐观主义，再加上希特勒本人展现出的无可置疑的说服力，这一切不可能不对隆美尔产生影响。是的，不可能。在他返回法国后，隆美尔在例行报告中记录道："对已达成的（口头协议）感到满意。元首对最高指挥官（即隆美尔本人）关于海岸防御的观点毫无保留地表达了支持并答应改变（西线的）指挥关系。"

事实上，出于对冯·伦德施泰特立场的顾虑，希特勒并未对隆美尔的请求作出认真回应。过后不久，隆美尔的新任总参谋长汉斯·施派达尔中将就获知了元首大本营对隆美尔的真实态度。1944年3月30日，施派达尔现身一架从乌克兰伦贝格（Lemberg）飞往贝希特斯加登的"元首"私人专机——"秃鹰侦察机"（Kondor）。抵达贝希特斯加登后，施派达尔旋即向国防军指挥参谋部报到，以便领受有关新任务的指示。国防军参谋指挥部参谋长阿尔弗雷德·约德尔将军关于法国局势的评估是坚定的：隆美尔是一个"失

隆美尔神话

败主义者"。施派达尔的首要任务是支持、鼓舞这位陆军元帅。

一个星期之后的 1944 年 4 月 7 日，希特勒针对隆美尔的态度也已确定无疑：这位独裁者保留了关于"B 集团军群快速战斗群的全部或者部分将在何时完全置于隆美尔的统辖之下"的最终决定权。"在此之前，按照元首的意愿，这些战斗群的支配权必须保留在西线最高指挥官（即伦德施泰特）手中。"隆美尔愤怒地给妻子写道："今天去了伦德施泰特那里。并非一切都如我以为在 3 月 21 日已争取到的那样。在这里，人们不愿看到内阁危机。因此，我不得不再次屈服。"

隆美尔彻底抛弃了幻想。作为与海军之间的联络官，弗里德里希·鲁格（Friedrich Ruge）隶属于隆美尔参谋部，他在 1944 年 4 月 16 日的日记中写道，"隆美尔虽然性格和蔼可亲，但却非常严肃……希特勒对西线的口头承诺并未书面落实，一些承诺并未被遵守"。隆美尔早在 1944 年初跟他的陆军工兵上将威廉·迈泽博士（Dr. Wilhelm Meise）在谈到希特勒时所说的话，被再次证实——冒昧而言，希特勒就是一个空想家（他或许当面却能听进理性建议，过后，与鲍曼及其随从在一起时又会很快反悔，接着就对他们谄媚奉承编织而成的乌托邦言听计从。）

隆美尔对希特勒的疑虑日见增多，这位陆军元帅的态度是分裂的。他在 1944 年 5 月就某一军事问题与这位独裁者通话后向他的妻子满意地写道："他（希特勒）情绪极佳，对我们在西线所做的工作不无赞许。我希望能取得比迄今为止更大的进展。"进一步而言，隆美尔对希特勒的这一坚定赞赏姿态或许意味着一种尝试，即试图掩盖他对希特勒日益紧迫的怀疑。这反映在 1944 年 5 月 13 日例行报告中的一条记录上，这些例行报告一直是由隆美尔的传令官赫尔穆特·朗格（Hellmuth Lang）上尉使用第一人称替隆美尔起草的："我太高兴了，自从好些个圈内人不再对我抱有任何希望以来，终于又有人跟我打交道了。元首信任我，这对我

7 稻草火

假装的自信。
与恩斯特·迈泽尔（Ernst Maisel）将军在一起，诺曼底，1944年4月

来说已经足够。"实际上，自1944年4月7日之后，隆美尔与希特勒之间就不存在这种所谓的信任关系了。

即便如此，隆美尔也没有放弃将装甲力量置于自己统辖之下的愿望。1944年4月13日，盖尔亲自向希特勒作了汇报，隆美尔在4月23日又向元首大本营发出了一份信誓旦旦的信函，信函的最

隆美尔神话

精彩之处是："这将是整个战争中最具决定性的战役，这将关系到德国人民的命运。"隆美尔的呼吁最终激起希特勒作出了令双方都不能切实满意的决定。跟往常一样，当他的两个部下争执之时，希特勒既不支持这一方也不支持另一方。这位独裁者在1944年4月26日命令分割预备队。3个装甲师划归隆美尔指挥，3个装甲师划归新组建的驻防法国南部的D集团军群，4个快速装甲战斗群留给伦德施泰特。

　　这种人为的妥协当然不能让隆美尔满意，它最终削弱了（分别以隆美尔和盖尔为代表的）两种防御战略的效力。只不过表面上看起来，隆美尔还是信心满满。比如，他在1944年5月12日鼓励妻子说："我们正变得日益强大，我的发明派上了用场。我怀着无比的自信迎接战斗的来临。"这些天里，面对《新闻周刊》

时代见证人　ZEITZEUGEN

温里希·贝尔（WINRICH BEHR）
隆美尔参谋部军官

"我曾陪伴他多次前往各地视察。他总是用他质朴的施瓦本方言公开表达他的观点。他不是一位复杂的、伟大的哲学家，或者思想家。他会直截了当地说：'这我们可做不到。您简直无法想象，有些人就知道说三道四。看啊，这里有1个步兵师设防，然而他们却几乎没有配备火炮。在2公里的路上，竟然只有1个炮兵连，难道想要我们仅靠他们来对抗英国人吗？'"

7 稻草火

战局严峻。 视察途中，隆美尔与施派达尔、鲁格、朗格在一起（从右至左），1944年5月

的镜头，隆美尔最后一次用他特有的生硬、撕裂的嗓音大声表白他对战争必胜的信念："鉴于我们强大的防御设施，鉴于我们军队一流的精神状态，加上配发给我们的新式武器，我们能用最平静的心态看待即将发生的一切。我们一定可以成功。"

假装的自信面具之下，却是另一幅图景。面对某些精心挑选的听众，隆美尔开诚布公、毫不留情地向他们描述了他对时局的看法。比如，德国驻维希法国大使奥托·阿贝茨（Otto Abetz）1944年5月16日受陆军元帅隆美尔之邀，前往拉罗什盖恩城堡共进晚餐。当听到隆美尔的"激烈反对态度"时，阿贝茨震惊不已。这位陆

隆美尔神话

输掉了战争。

7 稻草火

军元帅实事求是地描绘了他对迫在眉睫的盟军入侵的预测。"在柏林,"阿贝茨在他的回忆录中写道,"人们急切地等待着(盟军)登陆时刻的到来,因为人们确信,登陆行动将会被德国人成功击退。他(隆美尔)却不这么乐观。德军在海峡和大西洋沿岸的防御设施没有纵深梯次延伸,也没有采取针对敌人空降行动的预防措施。就连列入敌人可疑登陆地点的近海水域的布雷工作也未做好充足的准备。与柏林不同,他希望英国人的入侵时间能尽量延后,使他有充足的时间填补德军防御设施之间的漏洞。如果敌人在某个地点成功站稳,那么,整个战局就将变得十分严峻,必须做好丢掉法国的打算。"

1944年6月1日,昔日非洲战场传令官、现任帝国宣传部局长的英格玛·伯恩特拜访隆美尔。隆美尔也向他表达了类似的观点。"我们将不会赢得战争。"隆美尔如此说道。此后不久,伯恩特在柏林向戈培尔作了汇报。伯恩特接受了隆美尔的观点,他直截了当地对戈培尔说,他本人也不再相信会有什么"最后胜利"。戈培尔恼怒地在日记中写道:"(伯恩特的)报告虽然有点儿令人担忧,但我把这归因于伯恩特以他惯有的方式作了近乎疯狂的夸张性描述。伯恩特不是一位严肃的报告人。我觉得,我将永远不会再让他担纲宣传部任何一个重要的政治职位。"

伯恩特并未添油加醋,他只是原文重复了隆美尔的阴郁观点。然而,约瑟夫·戈培尔还是不愿相信,他一手塑造的宣传杰作已经开始走自己的路了。两个月后,他不得不承认,隆美尔的所作所为已不仅是对"最后胜利"的怀疑了。戈培尔在1944年8月3日的日记中震惊地写道:"更加让人惊愕的是,这竟然是事实:不仅卡尔-海因里希·冯·施蒂尔普纳格尔(Karl-Heinrich von Stülpnagel)将军作为知情人参与了针对元首的政变,而且还有克鲁格,甚至还有隆美尔。人们大吃一惊,我们究竟陷入了什么境地。我们目前正经历最严重的政权危机。"

8
反　抗

卡尔·施特罗林（Karl Strölin）在1923年10月就已在符腾堡申请加入国家社会主义德国工人党。10年后，作为"元老级的"国家社会主义者，施特罗林被任命为斯图加特市市长，直至第二次世界大战结束。他参与且执行了希特勒针对犹太人的反犹太主义政策。1941年12月初，第一批1000名犹太人被从斯图加特驱逐至拉脱维亚（Lettland）首都里加（Riga）。1942年4月末，第二批犹太人被运往德国占领区波兰东部卢布林（Lublin）市郊伊茨比萨（Isbica）隔离区。消息灵通的施特罗林不久之后就得知了这些被放逐的犹太人的命运：在伊茨比萨短暂停留后，他们被谋杀于贝乌热茨（Belzec）集中营的毒气室。施特罗林虽然参与了针对犹太人的隔离、剥权、迫害，但他对由国家组织的大规模屠杀行动并不认可。

此时，即便在其他领域，施特罗林与上级也不那么步调一致，特别是纳粹针对教会实施的迫害。他勇敢地赦免了被判死刑的13名年轻的阿尔萨斯人，施特罗林开始公开与国家社会主义德国工人党唱反调。此外，自1941年冬德军在莫斯科前方溃败之后，他就意识到希特勒的战争终将失败。施特罗林并非对国家社会主义持批评态度——他至死（1963年）都是国家社会主义的忠实信徒。事实上，在他眼里，希特勒已严重背叛了国家社会主义的基本原则。1943年8月，他向帝国内政部公开发表了一份备忘录，要求"彻

隆美尔神话

底转变内政及外交方向"。备忘录原件虽未被保存下来,但根据施特罗林的说法,其核心是"重建法治国家……切断党对行政部门的渗透,停止对教会和宗教的迫害,彻底放弃针对犹太居民的非人性对待方式,核查集中营的现状",以及"改变在被占领区执行的灾难性政策"。

对施特罗林来说,前外交部长康斯坦丁·冯·诺伊拉特男爵（Constantin Freiherr von Neurath）是一位志同道合者。早在第一次世界大战期间,施特罗林就跟同为符腾堡人的诺伊拉特熟识,当然还有隆美尔,他们曾在"特遣第64统帅部"共事过一段时间。诺伊拉特于1932年6月就任弗朗茨·冯·帕彭（Franz von Papen）内阁的外交部长。希特勒掌权之后,他仍然担任外交部长直至1938年。1939年德国占领捷克斯洛伐克之后,诺伊拉特成为"波希米亚和摩拉维亚保护国总督"（Reichsprotektor für Böhmen und Mähren）,直至1941年秋天被赖因哈德·海德里希（Reinhard Heydrich）取代。由于在其任职期间所犯下的罪行,诺伊拉特战后在纽伦堡战争罪行审判诉讼中被判处15年有期徒刑。1941年被解职之后,他仍是一名国家社会主义德国工人党党员；此外,他还是一名荣誉党卫军上级集团领袖。只不过,他跟施特罗林一样,最终跟希特勒分道扬镳,承认战争已经失败。

为了德国的未来,加之二人在反对希特勒的观点上具有一致性,施特罗林同诺伊拉特在1943年的下半年开始考虑出路问题。他们寻求着某种可能,"如何先找人与希特勒谈谈……以结束战争为名对他施加影响"。显而易见,施特罗林和诺伊拉特不约而同地想到了埃尔温·隆美尔。诺伊拉特坚持认为,"按照他（诺伊拉特）的观点,必要时可以考虑让隆美尔代替希特勒"。施特罗林和诺伊拉特决定与这位陆军元帅建立联系。

与此同时,施特罗林还多次与他的前同事,莱比锡前市长卡尔·格德勒博士（Dr. Carl Goerdeler）碰面。格德勒1936年11月

8 反抗

至死都是国家社会主义的忠实信徒。 卡尔·施特罗林（右二），1938 年

即已离职，因为他不愿执行国家社会主义德国工人党的命令，去拆除莱比锡音乐厅前一座犹太人作曲家费利克斯·门德尔松·巴托尔迪（Felix Menlssohn Bartholdy）的纪念雕像。此后，格德勒逐渐成为德国民间反抗希特勒的一位领袖人物。不过，他坚决反对刺杀希特勒。在他看来，这位独裁者不应该成为殉道者。格德勒的计划是逮捕希特勒，通过法庭诉讼程序向公众揭露他的罪行。一段时间里，格德勒曾非常希望赢得施特罗林对自己的支持。格德勒甚至曾当面向施特罗林公开阐述过自己的想法和计划。而施特罗林本人，则希望让隆美尔居中发挥作用。根据战后自我标榜

隆美尔神话

为某种程度上的反抗斗士的施特罗林的回忆，他与格德勒当时达成了一致意见，如果政变成功，则推举隆美尔为国家元首。这听起来似乎匪夷所思。因为在柏林以及东线参谋部的谋叛者看来，隆美尔还是一名不靠谱的"新兵"。如海宁·冯·特莱斯科夫（Henning von Tresckow），他虽不认识隆美尔，但他在半年前就曾表示，这位陆军元帅是毫无指望的，他既无思想又无见识。

位高权重的施特罗林似乎并未在这件事上表达明确的态度。最终，格德勒退缩了，他向一位朋友抱怨说："没法与施特罗林打交道。"这位斯图加特市长走了一条自己的路——施特罗林施瓦本式的特殊解决方案视隆美尔为帝国的拯救者。冥冥之中上天自有安排：1943年夏天，由于盟军对奥地利维也纳的持续轰炸，这位陆军元帅重新催促他的家人下定决心迁移到德国的符腾堡居住。因而，隆美尔在1943年9月写信给斯图加特市长，请求施特罗林为他的妻儿在寻找住处上提供帮助。在乌尔姆近郊的赫尔林根恰巧有座合适的庄园。这座宏伟的庄园最初是犹太社区的儿童疗养院，后来作为犹太人的养老院，直至1942年最后一批犹太人从那里被驱逐至死亡之地。曾有一段时间，乌尔姆市长对这座被没收的庄园非常中意。最终，在经过价格不菲的翻新改造后，这座庄园在1944年1月成为了隆美尔家人的新的居所。

在房子完工之前，露西·隆美尔租住在赫尔林根。施特罗林利用隆美尔妻子暂住他家附近的机会，想方设法与隆美尔重叙情谊。比如，他邀请露西到斯图加特剧院包厢看戏，将自己的公务用车提供于露西使用，并多次在他的市政厅办公室接待露西的来访。与此同时，施特罗林还越来越开诚布公地阐述他对毫无希望的战争时局以及自己对亟需改变的国内状况的看法。1943年11月，施特罗林水到渠成地将一份备忘录交给露西，请求露西转呈她的丈夫。1943年12月14日至18日，在隆美尔参观新家并在赫尔林根短暂停留之际，他读到了这份备忘录，并从妻子口中得知了施特罗林所发表谈话的内容。隆美尔的儿子曼弗雷德回忆，在这几天里，他的父亲谈及了"发生在东线的大规模射杀行为"。

继隆美尔在非洲战场听闻发生在俄国的大规模屠杀传言，以及发生在意大利马焦雷湖的犯罪行为之后，这是隆美尔第三次面对屠杀犹太人问题。此后不久，1944年2月9日，这位陆军元帅在一次视察法国西南海岸的途中，得知了有关纳粹犯罪行为的更多细节。在波尔多（Bordeaux），当第1集团军最高指挥官陆军大将约翰内斯·布拉斯科维茨（Johannes Blaskowitz）与这位陆军元帅寒暄之后，他将隆美尔拉到了一边。布拉斯科维茨以近乎开脱的语气试图向隆美尔解释，这么多年来他为什么会一直待在现在这个波澜不惊的位置上。早在波兰战场之时，这位当年57岁的步兵上将的前程就一片光明。在1939年10月23日突袭波兰成功之后，他被任命为德军驻波兰占领区东线最高指挥官。

波兰沦陷之后，在无以计数的大规模屠杀中成千上万的波兰人被杀害，主要是波兰知识分子和犹太人。然而，布拉斯科维茨并不愿默默忍受希特勒的残酷占领政策。他多次抗议党卫军和警察的残暴行为。当希特勒得知此事后，这位独裁者作出了反应，他"对陆军领导层中存在的'幼稚观点'进行了强烈谴责"。比如，希特勒的陆军副官格哈德·恩格尔（Gerhard Engel）在日记中写道："用救世军的方法领导战争是行不通的。"布拉斯科维茨的军事生涯终结了。在多次调动之后，他于1940年秋天停靠在驻防法国南部的第1集团军最高指挥官的位置上。时隔三年半之后，当隆美尔来拜访他的时候，布拉斯科维茨依然停留在这一职务。

在布拉斯科维茨完成了自己的讲述后，隆美尔最终确认了那位自1939年秋天即已宣告失踪的天主教神父特蒙德·罗斯切聂尔斯基的命运。隆美尔妻子的舅舅，与数以百计的波兰神职人员一同被德军指挥官下令枪杀。

同月，隆美尔得知了事情的全部真相。1944年2月22日至3

隆美尔神话

月3日，在隆美尔回赫尔林根的新家度假期间，施特罗林经露西的引荐，终于获得了与这位陆军元帅见面的机会。在一个较大范围内，施特罗林开始了他的讲述。当时，隆美尔的妻子露西、隆美尔的参谋长阿尔弗雷德·高斯的夫人、隆美尔的儿子曼弗雷德以及隆美尔的副官都在场。施特罗林公开阐述了自己对战争局势的绝望以及纳粹政权的犯罪性质。此外，他还谈及了从斯图加特被驱逐的犹太人在东线被谋杀于毒气室的情况。

虽然隆美尔不可能全然了解纳粹犯罪行为的规模，但可以确认的是：隆美尔所得知的信息使他深受触动。1944年6月，海军上将弗里德里希·鲁格在他的日记中记录了他与隆美尔之间的一次谈话："正义是国家不可或缺的基础……遗憾的是，上边的人却不那么干净。他们要对大规模屠杀负重大责任。"

毫无疑问，犹太人大屠杀的问题成为促使隆美尔参与反抗组织的一个因素，但更为决定性的因素是战争局势。在与施特罗林会面的时段内，隆美尔的内心很长时间以来第一次又重新燃起了希望。受到西线战事投入所取得的成就的鼓舞，隆美尔在接下来的几周里，真的相信盟军入侵会被自己成功击退。故而针对施特罗林的描述，隆美尔采取了观望态度。

就像之前与诺伊拉特商议的那样，施特罗林在与隆美尔会面当天的计划是，让隆美尔先尝试和希特勒面谈，对他施加影响，从而结束战争。但隆美尔对此持怀疑看法，他深切地知道，希特勒几乎不会接受外界的任何影响。也许，施特罗林当时已将格德勒的计划告知了隆美尔。至于隆美尔在与施特罗林谈话的过程中，是否如施特罗林战后陈述的那样，萌生了向这些建议靠拢的想法，是令人生疑的。施特罗林在他的回忆录中写道，隆美尔在对话结束之际已被说服，"他必须献身拯救帝国的事业。他愿意就尽快结束战争的必要性向希特勒汇报……当然，如果汇报不能取得理性结果，采取行动将是应有之义。"事实上，这次谈话的价值或

起初采取观望的态度。 与露西在赫尔林根，1944 年 2 月

隆美尔神话

许在于，隆美尔充其量第一次得知了反抗运动在德国的存在。在此之前，他与当时的大多数军官所遵从的法则完全一样。他只关心对战争的指挥，对政治不闻不问。与施特罗林的谈话或许给了隆美尔某种启示，促使他最终拐离沉重灾难的轨道。

事实上，三个星期以后，1944年3月21日，当隆美尔与希特勒在贝希特斯加登再次会谈之时，他并未向这位独裁者提出结束战争的请求。相反，他利用这次机会希望谋求对驻防法国的德军装甲师的指挥权。隆美尔错误地认为，他已实现了自己的目标，然后情绪高昂地离开了希特勒的伯格霍夫别墅。两天之后，隆美尔去布鲁塞尔拜访了驻法国北部和比利时的德国国防军最高指挥官陆军上将亚历山大·冯·法肯豪森（Alexander von Falkenhausen）。

法肯豪森对纳粹政权持鲜明的反对立场，他与德国国内的军事反抗运动保持着直接联系。不过，在他的任期内，他对25000名

时代见证人 ZEITZEUGEN

曼弗雷德·隆美尔 时年15岁

"施特罗林来拜访父亲，我也刚好在家。只要父亲在家，我总能获得休假。当时，施特罗林当着我的面对父亲说，他想强调的是，如果希特勒不下台，一切都将变得没有意义。我的父亲回答他：'好了，如果您能在我儿子面前不发表这种言论，我将对您感激不尽。'"

8 反抗

犹太人被强行驱离比利时并未伸出援手。

晚饭后，法肯豪森私下小心翼翼地作了试探，在多大程度上可以赢得隆美尔参与反抗运动。首先，他不拘礼节地引用了一句名言尖锐地影射希特勒："权力导致腐败，绝对权力导致绝对腐败。"隆美尔没任何反应。"当时，"法肯豪森就这次谈话回忆，"没有给我留下他（隆美尔）赞成采取行动的印象。"

在接下来的1944年4月，军事反叛者首领、陆军大将路德维希·贝克（Ludwig Beck）在柏林起草了一份文件。在这份文件里，他再次勾勒了推翻希特勒的计划。对德国未来充满焦虑的贝克想要清楚地从盟军那里知道，如果政变成功，与西方国家单独签订和平协定的可能到底有多大。在他头脑中挥之不去的是对共产主义的恐惧以及苏联的报复行动。具体地说，贝克计划逮捕希特勒，然后向盟军开放西线，以能使德国在东线继续与俄国作战。贝克也提及了不少可派往东线前线的将军人选，其中就有法肯豪森，他将被重新派往那里。从法肯豪森那里，贝克极有可能已经得知，隆美尔或许已不能指望了。鉴于盟军已计划在西线登陆，贝克写道："诚然，这将困难重重，因为人们不能寄希望于隆美尔。"

1944年5月4日，一名信使从柏林出发将这份文件交给了汉斯·伯恩德·吉斯维乌斯（Hans Bernd Gisevius），这位反谍报机构官员在即将被盖世太保逮捕之前秘密逃亡到了瑞士苏黎世。在这里，吉斯维乌斯接受以路德维希·贝克为首的反抗圈内人士的委托，与美国情报机构驻瑞士情报站负责人艾伦·威尔逊·杜勒斯（Allen Welsh Dulles）保持接触。1944年5月16日，杜勒斯将贝克文件的内容加密发往了美国。这份紧急公函包含了隆美尔对反抗运动持抗拒态度的直接暗示。它的发送日期时至今日依然遮蔽着隆美尔的思想变迁。事实上，这位陆军元帅开始向反抗运动靠拢的决定性时刻，与杜勒斯备忘录的发送时间相比，提前了四个星期。

隆美尔神话

在这一决定性变迁的开始阶段,却发生了一件凡俗的事情:女人之间的争风吃醋。隆美尔的总参谋长阿尔弗雷德·高斯在柏林的寓所于1943年8月在一次轰炸中被完全摧毁。在高斯为他的家人四处寻找新的落脚地时,隆美尔向他这位自非洲战场就一直相伴的老伙计提出,搬到自己家里暂居,直到高斯一家找到新的住所。这样,高斯的妻子和女儿就搬到了赫尔林根与露西·隆美尔一起居住。最初,两个女人惺惺相惜,相处融洽。但是,一次两人在参加一场婚礼时,露西被安排了一个不如高斯夫人那么显眼的位置。此后,两人间的争吵开始升级,直至隆美尔屈服于露西的催逼,不得不将他的总参谋长调离。就此,隆美尔在1944年3月17日写信给他的妻子说道:"让我们就整件事情画上句号吧……我将照你说的办。很有可能,高斯将另谋高就。当然,在现在这样的时刻临阵换将是一个艰难的决定。"隆美尔本人对高斯一如既往地友好,并向元首大本营建议,任命高斯为下一位空缺的装甲师师长。

对隆美尔来说,这件荒谬丑闻的唯一慰藉是陆军中将汉斯·施派达尔博士接替高斯被任命为他的总参谋长。这位46岁的施派达尔出生于梅茨辛根(Metzingen),与隆美尔一样同为施瓦本人。第一次世界大战之后,他在大学修习历史,并以优等成绩(magna cum laude)获得博士学位。作为一位穿制服的学者,施派达尔在军中的声望极高。

至迟在调往法国之后,施派达尔就开始接近反抗运动,并为赢得隆美尔参与反抗运动作出了决定性的贡献。因而,在战争结束之后他被指责作为修正主义者,他破坏了对盟军入侵的抵抗。戴维·欧文在他1977年出版的《隆美尔传》中断言,1944年7月20日刺杀希特勒行动失败之后,施派达尔在接受盖世太保的审讯过程中"出卖了"隆美尔。施派达尔本人终其一生坚持说,自己不曾透露任何真相。1946年他发誓说,他之所以这样做,"是为

8 反抗

完全一致。与汉斯·施派达尔（左）在一起，1944年5月

了将隆美尔塑造为整个德意志民族的英雄"。施派达尔的誓言帮了隆美尔的倒忙，因为他关于隆美尔通往反抗之路的模糊描述时至今日依然掩盖了隆美尔真正的思想变迁。

1944年4月14日，即在施派达尔抵达隆美尔的大本营拉罗什盖恩城堡的前日，人们在符腾堡的弗洛伊登施塔特（Freudenstadt）为他举办了一个欢迎盛会，以庆祝他刚从元首手中获颁骑士铁十字勋章。参加宴会的客人还包括施特罗林，他们两人自第一次世界大战以来即相互熟识。宴会结束后，施特罗林向施派达尔提及了他在1944年2月与隆美尔在赫尔林根会面之事。对施特罗林而言，说服施派达尔接受他的计划，是一件容易的事情，因为施派

隆美尔神话

达尔很久之前就已对希特勒和纳粹政权产生了怀疑。施特罗林迫不及待地请求施派达尔促成这位陆军元帅再次跟他以及冯·诺伊拉特会面。第二天，施派达尔登上了飞往法国的军机，他下定决心要让他的新上司答应施特罗林的请求。

隆美尔通往反抗的漫漫长路总是与他对战争局势的评估以及他与阿道夫·希特勒关系的亲疏程度相关联。早在1942年夏天进攻阿拉曼之前，他就曾怀疑所谓的"最后胜利"。希特勒于1942年11月在阿拉曼前方下达的毫无意义的"命令"第一次使隆美尔与他的这位靠山之间产生了疏离。1943年在意大利以及在法国之初，隆美尔也是悲观的。然后，在隆美尔1944年2月底回家度假探亲至希特勒在4月7日下达解决"坦克之争"的命令的那段时间，他内心最后一次燃起了自欺欺人的希望：即便不能最终赢得战争的胜利，也可以赢得防御盟军入侵战役的胜利。幻想之后是彻底的醒悟。正如当时作为卫戍队连长驻扎在巴黎，后来成为作家的恩斯特·云格尔恰如其分的描绘，隆美尔对希特勒发自内心的依恋变成了某种程度的"爱恨交织"。对这位陆军元帅来说，是时候与希特勒决裂了。

1944年4月15日，施派达尔抵达拉罗什盖恩城堡。隆美尔热情地接待了这位施瓦本乡党。当天晚上，隆美尔邀请施派达尔到他的办公室进行了一次亲密谈话。隆美尔的文艺复兴时期的办公桌后方悬挂着几条古老的挂毯，1685年法国国王路易十四（Ludig XIV）的战争部长就在这张桌子旁收回了"南特敕令"。这位陆军元帅直言不讳地，并以他特有的充满激情的方式向施派达尔描绘了一幅关于当前军事和政治局势的灰暗画卷。隆美尔的批评尖刻至极，这让施派达尔感到惊异。显然，自施特罗林在1944年2月拜访他之后，隆美尔的心底就已泛起波澜。施派达尔满意地记录道："我最初的政治思想界线与隆美尔完全一致。"

距施派达尔抵达法国仅6天后，有关隆美尔思想变迁的消

8 反抗

息甚至传到了柏林，即便没有传到陆军大将路德维希·贝克那里。1944年4月22日，作为反抗运动领导人物之一的乌尔里希·什未林·冯·施瓦恩菲尔德伯爵（Ulrich Graf Schwerin von Schwanenfeld）将这一最新消息告知了德国驻里斯本（Lissabon）大使馆随员博托·冯·乌索夫（Botho von Wussow），后者携带这一消息返回了葡萄牙——就连广受欢迎的"纳粹将军"隆美尔也要"共同参与"了。然而，作出这样的预测还是显得太过乐观了。按照施特罗林的建议，先对希特勒施加个人影响，从而让他结束战争。隆美尔或许最初就意识到，这一计划终将失败，因为希特勒决不会妥协。隆美尔还未考虑好替代方案。

在巴黎，刚上任的施派达尔越来越被寄予厚望。在这里，一小群最坚决的反叛者聚集在驻守法国的军事指挥官陆军中将卡尔-海因里希·冯·施蒂尔普纳格尔周围，他们通过施蒂尔普纳格尔的副官凯萨·冯·霍法克尔博士（Dr. Caesar von Hofacker）与身在柏林和东线的军事反抗者保持直接联系，而这位霍法克尔是克劳斯·申克·冯·施陶芬格伯爵的一位远房亲戚。根据计划，巴黎小组对政变扮演重要角色。一旦刺杀希特勒成功，德国国防军将为盟国军队的登陆以及向德军占领区挺进敞开大门。这一计划的军事向度使得"隆美尔之谜"（Rätsel Rommel）——巴黎反叛者对这位陆军元帅的戏谑称谓——成为人们关注的焦点。没有人能预测，隆美尔当时会站在哪边，将采取何种行动。但可以确定的是：没有隆美尔将一事无成。必须不惜一切代价将施派达尔争取到巴黎反叛者一边，从而对这位陆军元帅施加影响。

驻扎在巴黎的行政专员马克斯·霍斯特博士（Dr. Max Horst）与施派达尔是连襟。由于霍斯特与隆美尔的新任总参谋长的这层私人关系，与施派达尔建立联系是最合适的选择。作为可信赖之人，霍斯特被启用。他本人表示，将把巴黎反叛小组的计划告知施派达尔。1944年5月初，在紧张中期待的两人会晤在巴黎"拉斐尔

没有隆美尔将一事无成。军事指挥官们在巴黎会晤，1944年5月6日。从左至右：盖尔·施韦彭堡，布拉斯科维茨，胡戈·施佩勒（Hugo Sperrle），伦德施泰特，隆美尔，特奥多尔·克朗克（Theodor Krancke）

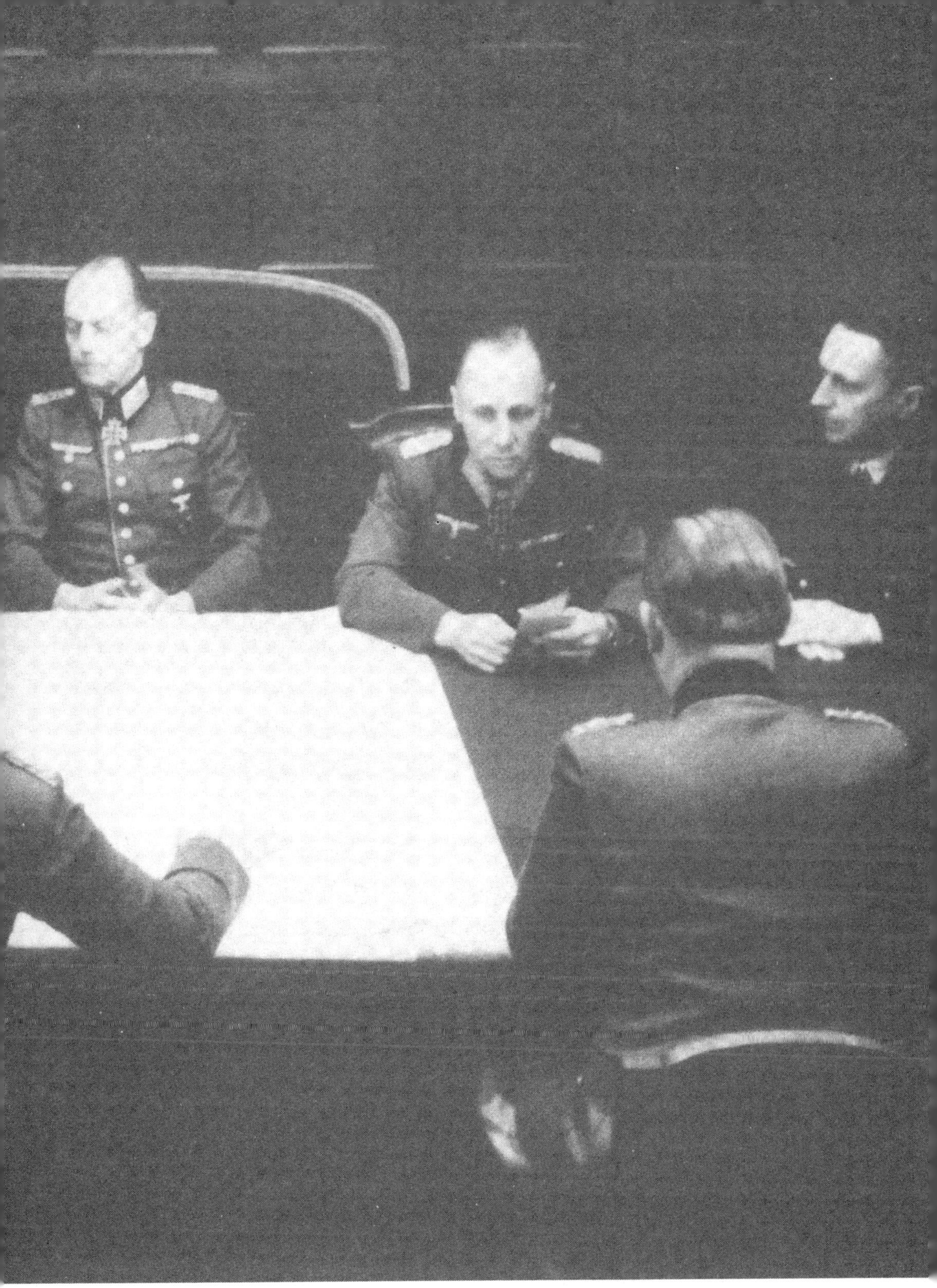

隆美尔神话

酒店"（Hotel Raphael）举行。"施派达尔，"会谈之后霍斯特这样讲述道，"怀着极度震惊与激动的心情接受了关于颠覆运动的存在以及颠覆计划的消息，并立刻明白了他的任务。"接下来的几个星期里，施派达尔将挖空心思地想要赢得隆美尔对于巴黎反叛小组计划的支持。

1944年5月12日，陆军军需总监炮兵上将爱德华·瓦格纳（Eduard Wagner）到访拉罗什盖恩城堡，与隆美尔共同商讨棘手的西线补给问题的解决方案。瓦格纳一直与反抗运动保持着密切联系。施派达尔说，瓦格纳抓住这个机会，向隆美尔阐明了"有关陆军总司令部中反抗积极分子以及按部就班为举事所做的准备工作的情况，并首次向他透露了针对希特勒的刺杀行动"。隆美尔的反应是明确的，他坚决拒绝刺杀希特勒的任何行动。施派达尔后来写道，隆美尔据理力争，"他（隆美尔）不想让希特勒变成一个殉道者"。更为可能的是，谋杀国家元首暨德国国防军总司令这样一种行为，从根本上已超出了隆美尔当时的想象力。隆美尔仔细聆听了瓦格纳的想法，并保守了瓦格纳透露给他的秘密。大幕开启了。

1944年5月15日，隆美尔与西线反叛组织首领施蒂尔普纳格尔将军走到了一起。这天，人们到卡尔-理查德·考斯曼（Karl-Richard Koßmann）上校位于距离巴黎不远的马雷尔-马里（Mareil-Marly）的乡村别墅参加他儿子的受洗仪式。考斯曼本人也是巴黎反叛圈子中的一员。在受洗仪式结束后，考斯曼安排众人外出散步，他让儿子的两位教父隆美尔和施蒂尔普纳格尔走在前面，以使他们能面对面地进行一次坦诚而深入的交谈。借此机会，施蒂尔普纳格尔向隆美尔阐述了进行军事反抗的理由和计划。虽然这次会谈的内容并未被保留下来，但很可能隆美尔并未因此而改变自己的立场。

为了确证他的立场，隆美尔派他的总参谋长施派达尔在圣灵降

没有改变自己的立场。
与施蒂尔普纳格尔在一起,马雷尔－马里,1944 年 5 月 15 日

隆 美 尔 神 话

临节期间回到自己的家乡，在那里与施特罗林和诺伊拉特会面。1944年5月28日与29日，在施派达尔位于弗洛伊登施塔特的家里，三人进行了两次长谈，施特罗林和诺伊拉特催促一定要赶在盟军入侵之前采取行动。虽然想法不错，但他们高估了隆美尔采取行动的意愿和可能性。在施派达尔看来，施特罗林指出的具有决定性意义，"核心问题是希特勒本人……外国人（盟国）绝不会与他（希特勒）签订任何政治协议。只有将他清除（对其进行逮捕）才有可能推行一种有创造性的政策"。会谈后，诺伊拉特拟定了一份详细的备忘录，对德国所面临的外交孤立处境进行了绘声绘色的描述。在施派达尔返回法国后，隆美尔看上去似乎深受触动，并让人告知施特罗林和诺伊拉特，"他愿意无条件地全力以赴"。

1944年6月3日，隆美尔请求元首大本营安排一次他与希特勒的会谈。在隆美尔的例行报告中，他写道："（对我来说）首要的是，在上萨尔茨堡当面与元首本人会谈，并向他汇报盟军登陆时我们与敌人的力量对比关系在人员以及物资方面的差别。"在施特罗林和诺伊拉特的鼓励下，隆美尔下定决心要与这位独裁者摊牌了吗？面对盟军的入侵，希特勒的战争已变得毫无意义，隆美尔要威逼希特勒采取行动了吗？在例行报告中，隆美尔阐述了他所采取措施的必要性，"请求另外投入2个装甲师，1个高炮群，1个火箭炮旅"。

不管怎样，隆美尔身边的人已渐渐开始觉察，有些事情正在"酝酿之中"。在一次外出散步时，隆美尔的传令官赫尔穆特·朗格上尉影射一位在拿破仑战争期间私下与敌人串通一气反对自己国王的普鲁士将军，然后公开说出了自己的心里话："元帅先生，有人说，不久之后，您一定会扮演约克（Yorck）的角色！"隆美尔震惊不已，他用施瓦本方言斥责自己的副官道："朗格，别再嚷嚷了！根本没这回事！"

隆美尔计划借前往元首大本营的旅行之机，再次见到他的家人。

8 反抗

愿意全力以赴。1944 年 6 月

隆美尔神话

与此同时，他还想带给妻子露西一个惊喜，因为露西将在6月6日过生。隆美尔选择的时机是合适的，因为就像他与海军上将弗里德里希·鲁格吐露的那样，"接下来几天的潮汐状况不利于登陆作战，空中侦察显示，没有丝毫征兆表明（盟军）登陆行动已近在眼前"。1944年6月4日，隆美尔从拉罗什盖恩城堡出发，18时许抵达赫尔林根。6月5日，星期一，元首大本营打电话告诉他，与希特勒的见面时间定在6月8日。隆美尔与他的家人度过了愉快的一天。1944年6月6日7时许，隆美尔在沐浴和剃干净胡须之后穿着他的条纹长袍睡衣出现在了餐室。桌上摆放着他送给妻子的充满深情的礼物。他给露西带了几双精致的巴黎女鞋作为生日礼物。然而，这几双鞋子终究不合露西的脚，却成了这天早间最不值得一提的小事。

7时30分，隆美尔书房的电话响起。女仆抓起了话筒，然后喊道："元帅先生，您的电话！"在电话的另一端，施派达尔战战兢兢地报告说，盟军空降师在夜间借助降落伞和滑翔机已在诺曼底登陆了。自凌晨5时30分，敌人的海军舰炮开始攻击德军的岸防炮兵。事实上，在1小时后，盟军部队即在人造烟雾的掩护下成功地在卡瓦多斯（Calvados）海岸和科唐坦（Cotentin）半岛登陆了。

德军方面尚不清楚的是，这到底是一次"大规模的佯攻"，还是一次"主攻"行动。施派达尔允诺，一有新的进展将立即实时向他的长官汇报。在例行报告中，隆美尔记录道："还不确定这是否是（盟军）入侵的开始。"现在，隆美尔时刻都在紧张中度过，他焦急地等待前方传来新的消息。临近10时，隆美尔亲自拿起了话筒，准备给拉罗什盖恩城堡打电话。现在，已没有什么可以怀疑的了：（盟军）入侵开始了。隆美尔决定立即启程返回法国。11时许，他重新现身街道，极速向西线驶去。

8 反抗

隆美尔合影。赫尔林根，1944 年 6 月 5 日

9
魔 力

埃里希·马尔克斯将军这一人物形象孤寂地划破了历史的夜空。这位驻防诺曼底的第84军团司令官比任何人都更为精准地预料到了盟军的入侵。早在1944年2月，在隆美尔也参加了的军事演习中，这位在苏联战场失去一条腿的瘸腿将军就一瘸一拐地走向作战桌，用指尖在地图上从容地敲打着诺曼底。他直截了当且未卜先知般地解释说：这儿，将是盟军入侵的开始。没人听从他的意见，隆美尔没有，因为隆美尔此时正等待盟军从加莱海峡（Pas de Calais）登陆，其他高级军事将领也未重视他的意见。1944年5月12日，马尔克斯写信给他的妻子说道："我有一种'预感'，等我过生日的时候，形势会变得严峻起来。"而他的生日就在6月6日！1944年6月2日，星期五，即在他生日的前4天，马尔克斯当着一位军官的面，带着一丝冷幽默预测说："就我对英国人的了解，他们将在接下来的星期天去教堂做礼拜，星期一登陆。星期二之后，将不再有涨潮的机会可供他们利用……看着吧，我们将在星期一在这里迎接他们的到来。"

事实上，自1944年6月初以来，英国广播公司每天都在多次播送法国诗人保尔·魏尔伦（Paul Verlaine）的《秋歌》（*Chanson d'Automne*）第一小节的前两行："秋天的小提琴，那长长的呜咽。"德军侦察人员知道，这两行诗句是在向参与抵抗（德军占领和维

隆美尔神话

希政权）运动的法国人宣告，盟军登陆即将开始。如果在接下来的 14 天内播送《秋歌》第一小节的后续两行诗句，那么，盟军登陆行动将在此后的 48 小时内进行。然而，仅从 1944 年 1 月至 5 月，德军就已接收到了 20 种此类"入侵警句"，人们对此早已习惯。德军最高司令部也完全未将这样的警告当回事。除此之外，西线的陆军和海军气象专家，以及驻加莱海峡的气象观测站均报告，6 月 6 日，云层距地面高度 300—500 米，风力 5—6 级，海浪 4—5 级。这样的天气不利于盟军作大规模的两栖登陆行动，德军岸防部队的战备状态被取消。隆美尔决定，利用这几天的时间前往元首大本营，顺便回家一趟。

在盟国远征军最高指挥官德怀特·戴维·艾森豪威尔的参谋部里，几天来一直笼罩着一层绝望情绪。进入 1944 年 6 月，英吉利海峡上空受低压槽控制，狂风暴雨不断，天气迟迟不见好转。这样的天气状况让艾森豪威尔将军心急如焚，坐立不安。6 月 5 日凌晨 3 时 30 分，"我们所在的小小营帐，"正如艾森豪威尔在他的回忆录中所说，"遭遇了一次风暴侵袭，这次风暴的强度达到了飓风级别。随之而来的便是铺天盖地的滂沱大雨。在泥泞的道路上驱车数公里前往海军司令部，决不是一件令人愉快的事情，因为在这种情况下讨论局势问题似乎没有任何意义"。英军气象参谋抵达盟国远征军最高统帅部所在地索斯威克公园（Southwick Park）后，向这位上将通报了一个耸人听闻却又让人无比振奋的消息：由西往东，在低压风暴的间隙，英吉利海峡上空将出现一个短暂的临时高压，这意味着 6 月 6 日至 7 日有一段时间天气将会转好，大约能持续 36 个小时。艾森豪威尔断定这是一次绝佳机遇，并由此扭转了历史的进程。6 月 5 日凌晨 4 时 15 分，艾森豪威尔下达了最终命令：盟军登陆行动将在当天晚上进行！

3 个小时后，一通电话叫醒了人在巴黎的德国战地记者威廉·里特尔·冯·施拉姆博士（Dr. Wilhelm Ritter von Schramm）。电话

9 魔力

的另一端是隆美尔的参谋长汉斯·施派达尔。施派达尔显然情绪不错，他邀请施拉姆今天晚上造访拉罗什盖恩城堡。"老家伙走了，"施派达尔说道，"我还邀请了恩斯特·云格尔以及另外几个朋友。"这一桌达官贵人只不过是施派达尔惯常组织的交际聚会中的一次而已。当天晚上，众人来到隆美尔的这位总参谋长的房间，他的房间位于拉罗什盖恩城堡一座古老的建造于诺曼王朝时期的尖塔内。晚餐后，宴会主人与恩斯特·云格尔、威廉·冯·施拉姆以及马克斯·霍斯特博士退场密谈。密谈的核心是云格尔的"和平文件"。施拉姆后来回忆，他当时惊呆了，这是他第一次听到有关即将发生的推翻希特勒政权的暗示。谈话中，突然有电话找施派达尔。

21时15分，第15集团军司令部侦察营截获了一条无线电讯："用单调的忧郁，刺伤我心。"这正是魏尔伦《秋歌》第一小节的第三行和第四行诗！

盟军入侵就要来临了。陆军大将汉斯·冯·萨尔穆特向他统辖的驻防加莱海峡的第15集团军发布了预警，并立即电告西线最高指挥官参谋部以及B集团军群参谋部。施派达尔惶恐不安，委托一位参谋向巴黎询问，该如何反应。在伦德施泰特的参谋部里则是另一番景象，根据迄今为止应对此类"入侵警句"的经验，人们对这一消息不以为意。按照公事程序，他们向西线下属司令部进行了通报。施派达尔得到的指令是暂时等待。而陆军大将弗里德里希·多尔曼（Friedrich Dollmann）统辖的驻防法国腹地以及诺曼底海岸的第7集团军并未被命令进入战备状态。

施派达尔安心地返回了客人中。直至临近午夜时分，宴席才最终散去，参加人员启程返回巴黎。与此同时，盟军的第一批战斗机驶离了位于英国的空军基地。半个小时后，盟军的空降部队已借助降落伞和滑翔机占领了科唐坦半岛的东海岸，以及科唐坦半岛以东从卡昂（Caen）至多维尔（Deauville）的大片法国土地。

大规模的佯攻。在诺曼底海岸之前的盟国登陆舰队，1944年6月6日

盟军入侵开始了。

  6月6日凌晨1时35分，施派达尔再次被电话叫醒。此刻，由陆军上将马尔克斯统辖的第84军团以及由多尔曼统辖的第7集团军由于盟军实施的伞降行动被迫进入了战备状态。德军中依然漫布着一种乐观的可能性，这不过是盟军实施的大规模佯攻罢了，目的是转移人们对盟军真实登陆点的注意。事实上，在诺曼底的多处地点盟军都投掷了大量稻草人并燃放了大量烟火，用以迷惑德国人。2时15分，施派达尔确信，"此次登陆，并非一次大规模的军事行动"。即便是伦德施泰特的参谋部也作出了相同的评估。3时始，盟国空军部队对德军海岸防御设施进行了毁灭性的轰炸。不久后，德国海军西线部队在卡瓦多斯海岸前方发现了首批盟军登陆舰艇。5时许，已确定无疑，盟军正云集诺曼底东海岸。很快，

依然没有作出最终明晰的结论。美军在诺曼底，1944年6月6日

盟军舰炮开始轰击德军的海岸阵地。6时30分，第一批英军和美军士兵在隆美尔在非洲战场的老对手伯纳德·劳·蒙哥马利的指挥下登上了卡瓦多斯海岸和科唐坦半岛。7时30分，施派达尔向他身在赫尔林根的长官汇报了此前一夜所发生的一切。

9时55分，德军无线电监听机构收听到了艾森豪威尔通过英国广播公司向"联合远征军的海陆空战士"发表的演讲。这位盟军最高指挥官用激情洋溢的话语宣告了入侵的开始："你们即将踏上征程去进行一场伟大的圣战，为此我们已精心准备了数月。全世界的目光都注视着你们，各地热爱和平的人们的期望与祈祷伴随着你们。你们将与其他战线上的英勇盟军及兄弟一起并肩战斗，摧毁德国的战争机器。推翻压在欧洲人民身上的纳粹暴政，保卫我们在自由世界的安全……祝你们好运，并让我们祈求万能

"这一天终于来了。"
希特勒研究盟军入侵,克莱斯海姆(Klessheim),1944年6月6日

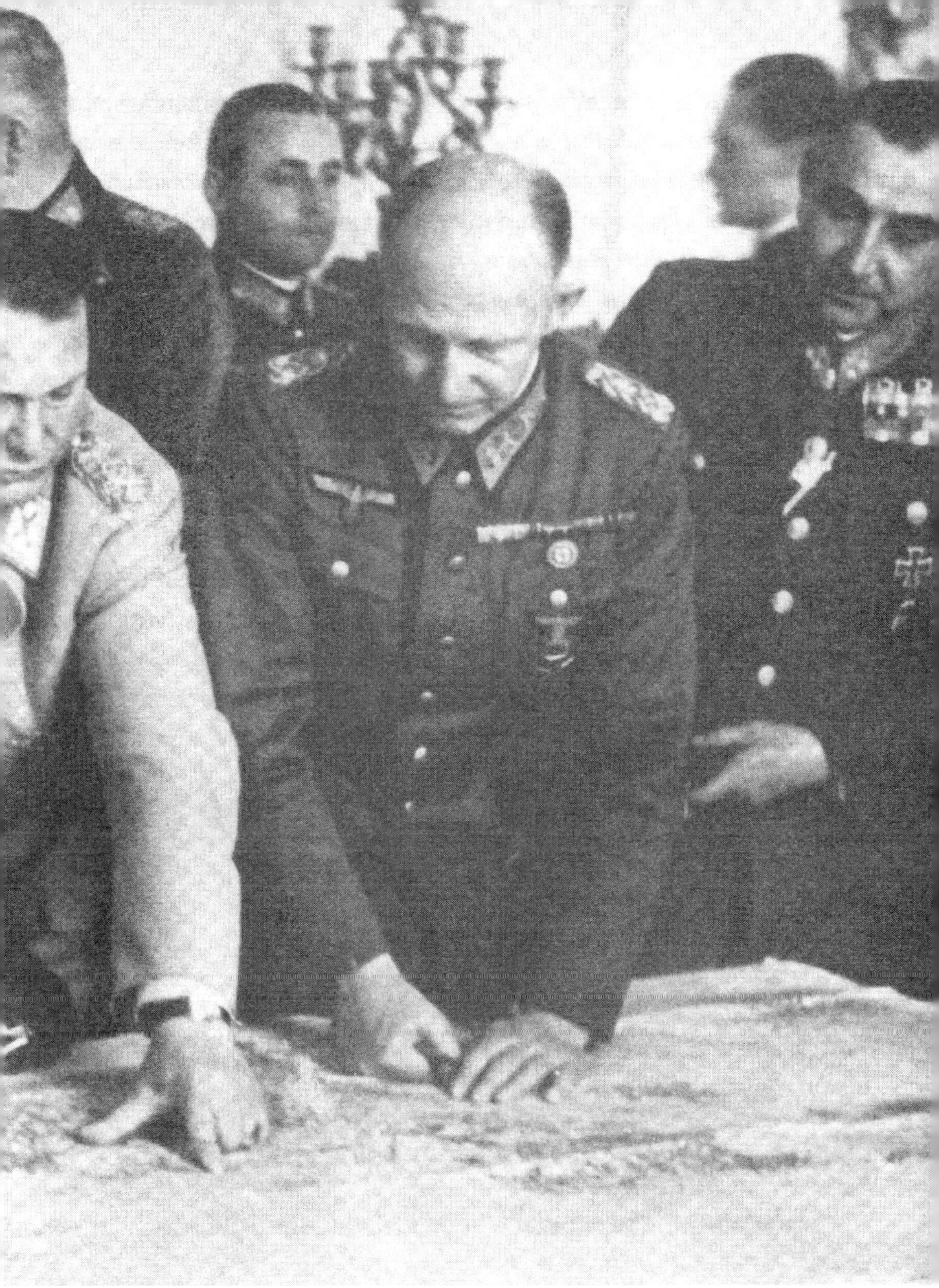

隆美尔神话

的上帝祝福这伟大而崇高的事业获得成功。"

1小时后,隆美尔匆忙自赫尔林根启程前往巴黎的当口,德军参谋部仍未作出最终明晰的结论。比如,伦德施泰特在11时向元首大本营发送的第三份局势评估中一如既往地写道:"迄今为止仍不能确定,究竟是佯攻还是主攻。"

来自西线的报告,加之内容相同的海军和空军报告,让德国国防军最高统帅部以及身在贝希特斯加登的希特勒得出了这样的印象,即敌人主力的主攻方向尚未显现。盟军入侵当天,希特勒由于未被及时叫醒而未能对战局作出决定性的干预,成为希特勒本人创造的诸多传说中的一个。事实上,即便在11时,这位独裁者最终醒来并被告知盟军已经登陆之后,他仍然在观望。"笑逐颜开地,"国防军指挥参谋部副总参谋长瓦尔特·瓦尔利蒙特这样

局势明朗起来。英军在诺曼底,1944年6月6日

9　魔　力

回忆道,"像一个真正的男人那样,仿佛抓住了长期等待的与对手决一雌雄的机会。"希特勒在当天第一次局势会商时走向摆放地图的作战桌旁,用他的奥地利方言说道:"这一天终于来了。"

与他最初的灵感不同,现在,希特勒正等待着盟国军队的第二次登陆行动。此外,伦德施泰特和隆美尔在很长一段时间内也支持希特勒的观点。这一错误的预判,导致了德军防御力量的分散,即便在 6 月 6 日过后的几个星期内,驻防加莱海峡、法国南部以及荷兰的德国装甲师仍在原地等待着所谓的第二次入侵,未被投入到最急需战斗的地方。就连诺曼底海岸也是一片混乱。当时唯一可供立即调遣的摩托化部队是驻守在卡昂以南 30 公里外的第 21 装甲师。但施派达尔与第 21 装甲师参谋部均处于茫然状态,究竟是否应征调该师或者征调该师的哪一部。上午,第 7 集团军和第 84 军团参谋部也搅和了进来。指挥权限的混乱,导致第 21 装甲师直至当天傍晚时分也未能投入战斗。

这天,在法国前线以及元首大本营的军事领导层把赌注压在"等待"和"确认形势"上的时间太久了。宝贵的时间无情地流逝,直至伦德施泰特终于在 14 时意识到了局势的严峻性并请求元首大本营允许动用装甲预备队。身在拉罗什盖恩城堡的施派达尔也别无二致:隆美尔的这位参谋长虽然如坐针毡,但他却犹豫不决,不敢擅自作出任何决定。他一边咒骂着一边来回在走廊里快速穿行,因为元帅先生此时恰好正在返回法国的途中。临近 16 时 55 分,隆美尔焦急万分地从兰斯(Rheims)打电话询问局势的进展情况。形势变得扣人心弦起来。盟军已突破了"大西洋壁垒"并建立了多个桥头堡;已有 5 个师成功登陆,还有 3 个师空降到德军前线后方。隆美尔不耐烦地问道:"我们自己的反攻推进多远了?"施派达尔回答说,第 21 装甲师还在等待增援。隆美尔在话筒里咆哮:"立即让第 21 装甲师发动进攻!立即投入战斗!"

纵然隆美尔从未提起,但他在盟军入侵当天的缺席很可能构成

祈求上帝祝福这伟大而崇高的事业。奥马哈滩，1944年6月7日

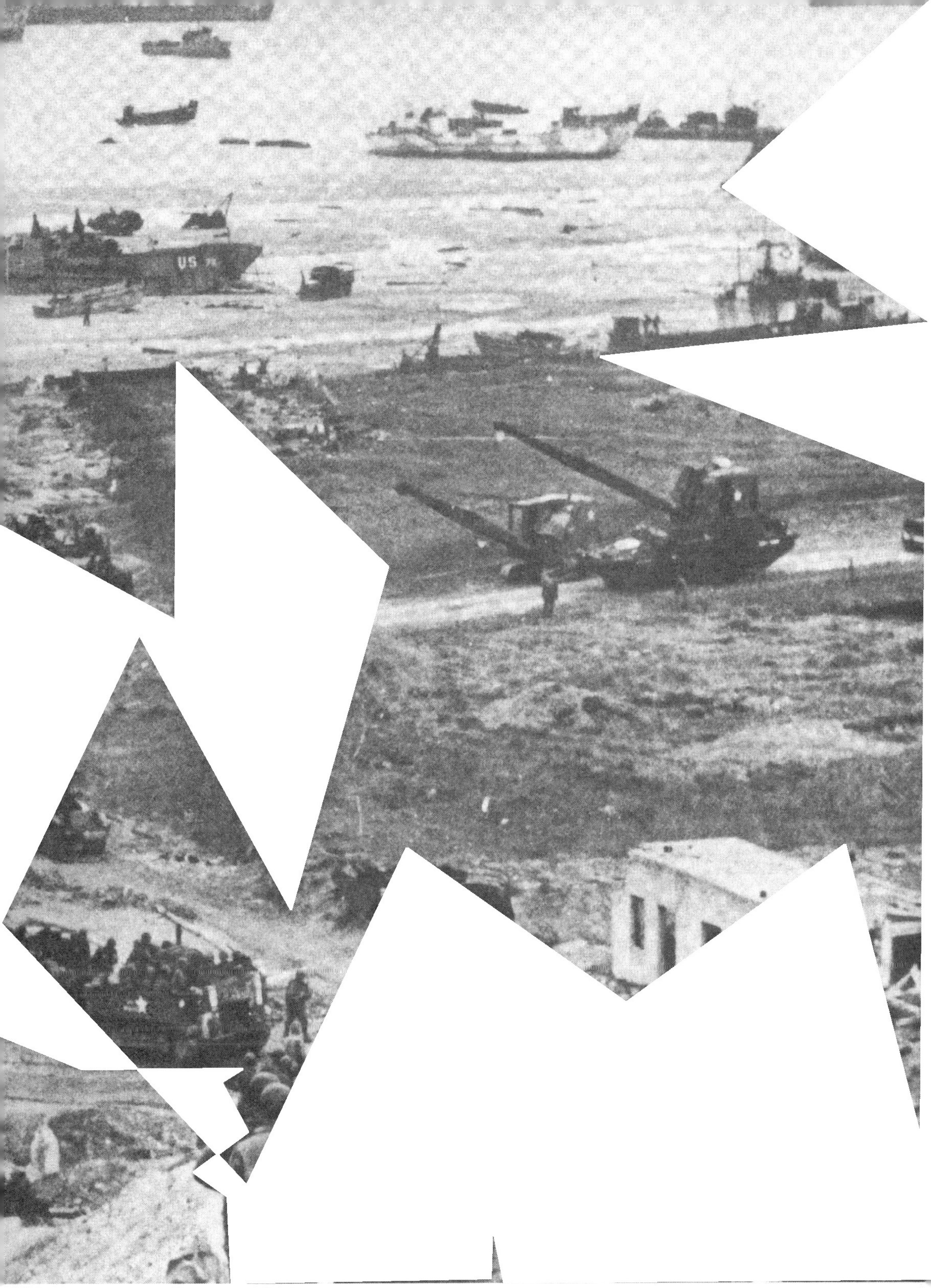
US

隆美尔神话

了他军事生涯中最痛苦的一页。只有"按照隆美尔最初的设想立即干预并采取果敢行动,第一时间下达命令,"如同军事历史学家迪特尔·欧塞(Dieter Ose)在其有关盟军入侵的经典著作中评论的那样,"或许还有少许成功的可能。"然而,乐团指挥在序曲开始时就缺席了。当隆美尔终于在21时30分抵达拉罗什盖恩城堡时,"他看起来,"海军上将弗里德里希·鲁格写道,"对德军所采取的快速而又相宜的行动感到高兴,并表示完全赞同。"但事实上,在1944年的6月6日所发生的一切不但跟"快速而又相宜的行动"毫无关联,甚至恰恰相反。隆美尔应该已经意识到,他数月以来的辛勤工作所积攒的成果已付诸流水。

后果可想而知。6月11日,美国和英国军队成功弥合了它们的各个入侵地段,即犹他滩(Utah)、奥马哈滩(Omaha)、金滩

时代见证人 / ZEITZEUGEN

海因茨·古德里安(HEINZ GUDERIAN)
法国战场军官

"入侵开始了。我们很难迅速地洞悉一切,因为我们当时还不清楚敌人究竟派遣了什么样的兵力在此登陆。不过,直到后来事情才一点一点地得到证实。我们作为预备队还一无所知地驻守在塞纳河北岸,第二天,我们被隆美尔派至(加莱)海峡海岸,但并非经由此地开往前线,而是驻扎在此。因为他总是说:'真正的登陆还未到来。海峡海岸才是真正的登陆地点。'"

9 魔力

(Gold)、朱诺滩(Juno)和斯沃德滩(Sword)之间的空隙。这样，盟军控制了一个宽约100公里、纵深约10至15公里的连为一体的桥头堡。盟军虽然自身损失惨重且遭遇了德军士兵的顽强抵抗，但不可忽略的事实是：盟军入侵成功了。

就在这天，隆美尔表情严肃且面带沮丧地前往巴黎圣日耳曼（St.-Germain）拜访了格尔德·冯·伦德施泰特。在私下会谈中，两位元帅达成一致意见，向希特勒开诚布公地通报当下令人绝望的战争境况。正如伦德施泰特所说，战局很快就将"逼迫元首作出原则性的决定"。这句话背后的含义，汉斯·施派达尔向伦德施泰特的参谋长陆军中将京特·布鲁门特里特（Günther Blumentritt）道出了原委。就在隆美尔还跟伦德施泰特坐在一起交谈的时候，施派达尔来到布鲁门特里特的办公室，并对布鲁门特里特坦白，他以隆美尔的名义发表下述看法："是时候告知元首，我们不能再将这场战争继续进行下去了。"人们必须与盟军在西线达成某种"共识"，以便能继续东线的战斗。在这次谈话中，布鲁门特里特第一次惊讶地得知，"在帝国中，已形成了一个准备向元首提出申诉的男人圈子"。这个圈子中的人包括：路德维希·贝克、埃尔温·冯·维茨莱本以及卡尔·格德勒。就连自己在圣灵降临节期间与施特罗林和诺伊拉特会晤一事，施派达尔也向布鲁门特里特和盘托出。在这场谈话的最后，施派达尔暗示说："在最迫不得已的情况下，人们必须逼迫希特勒作出让步，如果他不肯自愿的话。"只不过，正如布鲁门特里特后来所言，现在与暗杀行动还远不沾边，根本没有"刺杀希特勒"这一说法。对布鲁门特里特而言，这种暗杀行动也早已超出了他的想象力。

6月11日下午，隆美尔在拉罗什盖恩城堡后面的树林里散步。在散步的过程中，隆美尔再次向海军上将鲁格阐述了自己的思想。"就眼下局势而言，最好的解决办法，"隆美尔说，"在于如何结束战争，只要我们手中还有谈判的筹码。"隆美尔开始重新思

隆美尔神话

拉罗什盖恩城堡。

9 魔 力

考早在意大利时就萦绕于心的"西线解决方案"。但是,"希特勒,"正如鲁格在他的回忆录中引证隆美尔的话所说,"不想谈判,这在他那里行不通。他想战至最后一处房屋。元首曾多次表明,他也无法料定最后的结局,但他确信,应该能向好的方向发展。"隆美尔已不对这样的希望抱任何幻想。6月13日,隆美尔在给家人的信中写道:"我昨天给元首呈送了一份报告,伦德施泰特也呈送了一份,是到了让政治发挥作用的时候了。"两天后,他向妻子露西坦诚地写道:"目前为止,我感觉尚好。无论结果如何,我决不会丧失勇气,尽管现在不得不埋葬很多希望。你可以想象一下,我们在不久的将来需要承受多么艰难的后果。此外,你一定还记得我们在1942年11月进行的谈话……"隆美尔在阿拉曼战役惨败之后前往罗马的途中对妻子作出的战争结局猜想,已渐渐变为了现实。

正当隆美尔将赌注压在与盟军的谈判上时,凯萨·冯·霍法克尔已从巴黎启程返回柏林,以便与在柏林的反抗运动圈内人士就后续行动进行商讨。霍法克尔已不抱任何幻想,现在无论是胜利和平还是妥协和平均不存在任何的可能。"现在只剩下一件事情,即将不可避免的失败控制在尽可能承受的范围之内,通过政治方式解决军事上的战争失败问题。"施陶芬伯格考虑,继续坚持计划中的刺杀行动是否还有实际意义,"因为战事的变化太快"。施陶芬伯格的朋友海宁·冯·特莱斯科夫坚持:"针对希特勒的刺杀行动必须进行,要不惜一切代价,即便刺杀不能成功也必须执行。虽然,这已与政治目标无关,但更重要的是,德国的反抗运动已向世界和历史证明,我们敢于迈出决定性的一步而不惜为此冒着生命危险。其他任何事情都是无足轻重的。"

6月16日,希特勒屈从于伦德施泰特和隆美尔的催逼,飞往法国。与两位元帅的会晤地点是新建的元首大本营"狼谷Ⅱ号"(Wolfsschlucht Ⅱ),该元首大本营位于苏瓦松(Soissons)附近

"隆美尔芦笋":几乎没能派上用场。
一架盟军滑翔机机翼被撕裂,1944年6月

的马尔吉瓦勒(Margival)。这是希特勒第一次也是唯一一次到访此地。隆美尔和伦德施泰特在各自参谋长的陪同下于第二天9时许抵达这里。当伦德施泰特汇报自盟军入侵以来过去10天的进展情况时,希特勒独自坐在作战桌前的板凳上,低着头,脸色苍白,

双手紧张地摆弄着他的眼镜和几支彩色铅笔。伦德施泰特的结论是明确的：利用现有的军事力量已不足以将敌人赶出法国。这位西线最高指挥官要求，在多个地点将前线后移，通过采取灵活自如、自我负责的战争指挥形式去拯救所能拯救的一切。但是，希特勒

来到西线，可决不是为了讨论撤退的。他倔强地要求按照他过去数年来开具的万能药方行事："这里没有任何退让，也没有任何军事行动可言，要么在这里固守，要么在这里死去！"在没完没了的独白中，希特勒穷尽一切办法，让两位元帅起誓执行他设定的路线。其中包含了事先周密谋划的疯狂赌注：正如希特勒在与两位元帅的谈话中向帝国首席发言人代表口授的新闻通稿中所表明的那样，这篇新闻通稿的内容跟"报复性武器V1""对战争所发挥的决定性影响"有关。此前一天，长久以来所宣称的无人驾驶巡航导弹第一次真正飞到了伦敦。超过70枚导弹命中了目标，这在英国这座大都会的内城造成了巨大的财产损失和人员伤亡。

谈话在中午时分短暂中断，利用这一间隙，希特勒从多个利口酒杯中交替取出几粒药丸和几颗不同颜色的药片，这些利口酒杯就放在一个盛有米饭和蔬菜的盘子旁边。希特勒的这一举动让他的客人们惊骇不已。会谈很快恢复，因为敌人的轰炸机编队正接近掩体所在的防空区域。在这样一个亲密的范围，隆美尔和伦德施泰特鼓足勇气，建议采取一种政治解决方案，这一政治解决方案即建立在与西方国家谈判的基础上。希特勒言辞躲闪："单方面媾和将不会被西线盟军接受。缔结这样的协约将造成德国的毁灭。必须让德国人民知晓，现在，最重要的是进行'狂热的抵抗'。"

在临别之际，隆美尔又一次开门见山地问道："我的元首，这场战争该如何继续进行下去？您究竟是如何设想的？"希特勒看上去很不高兴，在结束这场谈话时他说道："这一问题不在您的职责范围之内。这必须留待我去解决。"就在两位元帅离开后不久，随着一声巨响，元首大本营"狼谷Ⅱ号"被震得摇晃起来。一枚V1导弹在发射之后不久即偏离了轨道，坠落在掩体附近爆炸了。希特勒受够了！他急匆匆地返回了贝希特斯加登。甫一抵达，他就气急败坏地与阿尔伯特·施佩尔谈及隆美尔："他丢掉了勇气，他变成了一个悲观主义者。现在，只有乐观主义者才能干大事！"

9 魔 力

根据希特勒的这种主观意见,施佩尔写道:"隆美尔被解职,只不过是早晚的事了。"

纵然上空阴云密布,隆美尔本人却一无所知。很显然,隆美尔又一次臣服于这位独裁者的魅力,即便在离别之际他遭遇了后者的粗鲁拒绝。很有可能"奇迹武器"V1臆想中的成功给隆美尔留下了深刻的印象。隆美尔"重振精神",鲁格在他6月17日晚上的日记中写道,"情绪不错……元首非常乐观、平静。作出了不同的局势评估"。鲁格惊异于隆美尔的情绪转换,关于希特勒,鲁格写道:"(希特勒身上)肯定散发着某种真正的魔力。"就连在第二天写给妻子的信中,隆美尔也表现得信心十足:"昨天见到了元首……与此前一个星期相比,我对未来的看法远没有那么忧虑了。报复性武器让人如释重负。敌人想要快速向巴黎突破存在很大困难。现在,我们获得了巨量的后勤补给。元首和蔼可亲,兴致勃勃。他对局势的严峻性有着深刻认识。"这一次,希特勒的个人魅力再次发挥了作用。隆美尔胸中最后一次燃起了希望之火。直至6月24日,隆美尔每天都在前线穿梭——隆美尔依然抱有某种程度的自信。然后,无情的现实再次击碎了他的梦想。在一次视察驻守圣洛(St.-Lô)东北部的第84军团时,隆美尔被他所看到的景象震惊了。临近23时,他垂头丧气地返回了拉罗什盖恩城堡。鲁格记录道,"元帅神色凝重,因为步兵损失非常巨大,敌人的物资优势高不可及"。

第二天,新上任的西线参谋次长艾伯哈特·分克(Eberhard Finckh)上校到拉罗什盖恩城堡作就职访问。芬克是一位组织大才,由其上司炮兵上将爱德华·瓦格纳派遣至此,以期大力改善法国战场糟糕的后勤保障状况。与瓦格纳一样,芬克也是反抗运动圈子里的人,他利用这次机会,试图重新探听隆美尔的口气。隆美尔初心未改,跟往常一样,他拒绝对希特勒采取刺杀行动。不过,据施派达尔的说法,"隆美尔打算再去找希特勒一次,将他的要求以最后通牒的形式向希特勒提出"。

"他们不愿看到，战争已经失败。"当天傍晚，隆美尔在城堡后边的山顶上散步时对他的密友海军上将鲁格抱怨道。隆美尔有一条钟爱的长椅，位于两棵古老的雪松底下。这里风景如画，塞纳河谷的秀丽尽收眼底。在暖洋洋的夕阳余晖中，隆美尔坐在长椅上陷入了沉思。他本人也半信半疑地承认，希特勒对其周围过从甚密之人具有某种令人倾倒的魅力。鲁格在其日记中援引隆美尔的原话记录道，"希特勒总是处于精神亢奋之中，且能很快作出结论，但逃避作出决定"。隆美尔默默凝视着远方的风景，根据鲁格的记载，他最后说道："就这样束以待毙，静候崩溃的来临，真是让人苦恼。"

此时，盟军已将大约85000名士兵和15400辆战车泵到了他们的桥头堡。盟军舰炮和空中凶猛的火力压制，使德国军队几无还手之力。在德军战线后方纵深150公里范围之内，已无采取任何军事行动的可能。就像隆美尔预测的那样，大约8000架盟军战机把它们认为对德国方面存在军事价值的所有据点全部化为灰烬。现在，"指挥混乱"所造成的恶果开始呈现，混乱的指挥系统导致德军仅存的为数不多的作战力量在兵力上更加分散。最致命的是，大多数德国人还在等待盟军第二次登陆的来临，这种等待牵制了三分之一的德国军队。盟军从他们在诺曼底建立的桥头堡向法国内陆和德国发动毁灭性的进攻行动，只是时间问题了。像一条"极度绷紧的锁链"，国防军指挥参谋部副总参谋长瓦尔特·瓦尔利蒙特写道，"德军包围了敌人在诺曼底的登陆区域。然而已谈不上什么进攻和'击溃'了"。德军的战略最终转入了防御。

战局越是严峻，希特勒就越是倔强地要求固守"每一寸土地"。此刻，希特勒的注意力聚焦在了海港城市瑟堡（Cherbourg），他命令不惜一切代价守住这座城市。堡垒的陷落已近在咫尺。为了阻止堡垒的陷落，这位独裁者要求立即发动一场增援攻势。伦德

9 魔力

结束战争。与布鲁门特里特、施派达尔（从左至右）以及伦德施泰特在一起（右），拉罗什盖恩城堡，1944年6月26日

隆 美 尔 神 话

施泰特和隆美尔却束手无策。军队、弹药、汽油和坦克的缺乏，使任何一项军事行动的执行都变得困难。两位陆军元帅拒绝了希特勒的命令。6月26日，伦德施泰特出现在元首大本营，想要再次请求获准一项前线拉直（Frontbegradigung）行动的申请，虽然这样的拉直行动本身已没有任何意义。希特勒否决了这一收缩战线的请求。他一直以来的猜疑，这次似乎得到了证实：他在西线的最高指挥官已经心灰意冷。当天下午，德国国防军最高统帅部总参谋长威廉·凯特尔与伦德施泰特之间产生了激烈的争论。在这次电话交谈快结束的时候，伦德施泰特在话筒里怒不可遏地咆哮道："你们应该做什么？你们应该结束这场战争，你们这群蠢货！"24小时后，伦德施泰特、隆美尔以及驻防法国的空军和海军最高指挥官被集体召至伯格霍夫进行局势会商。

希特勒再次使用了他的惯常伎俩，以让那些在他眼里变得不那么顺从的下属在谈话开始之前能互相让步并达成妥协。局势会商定在下午1时。他让来自法国战场的德军最高指挥官们整整等待了5个小时，才将他们召唤至伯格霍夫别墅的大厅。希特勒站在铺有红色大理石台面的桌子旁，桌上摆放着战场形势图。他可能早就打算好了，这次决不给伦德施泰特和隆美尔任何提出令人不快的问题的机会。有关西线毫无希望的战局的实事求是的报告，这位独裁者与往常一样，用一种乐观主义给予了回击。伦德施泰特和隆美尔多次迫切请求允许与希特勒单独会谈，这位独裁者对此置若罔闻。3个小时后，两位陆军元帅失落地离开伯格霍夫踏上了返回法国的归途，他们一息尚存的幻想最终破灭了。

1944年6月26日，这天或许是隆美尔与希特勒的最后一次见面。魔咒被打破了。与之前的任何一次见面不同，这次隆美尔非常坚定。第二天早上，隆美尔在拉罗什盖恩城堡用早餐的时候沉默寡言。让鲁格感到不可思议的是，这次隆美尔几乎没有提及对元首大本营的造访。更让隆美尔的勤务兵鲁道夫·路易斯特尔

9 魔力

（Rudolf Loistl）感到惊异的是，他的长官从贝希特斯加登返回之后竟第一次批评希特勒："那个男人根本就心不在焉。人们自说自话，他表面上浮光掠影地观察着每一个人，却不曾听进任何人的讲话……"隆美尔对希特勒的怀疑，终于开始超越对他的钦佩、感恩和忠诚。

1944年7月1日，比利时最高军事指挥官来拉罗什盖恩城堡拜访隆美尔。就在这年的3月，亚历山大·冯·法肯豪森上将还曾徒劳无功地试图赢得隆美尔对计划中的政变的支持。这次，法肯豪森心情轻松地确认说，"他（隆美尔）十分感兴趣，且态度坚决"。然而，这并不意味着隆美尔已同意了采取刺杀行动。不过，隆美尔应该是赞同下述观点，即不惜一切代价阻止灾难的继续发生。这些天里，隆美尔的一名参谋军官在拉罗什盖恩城堡后面的小树林里碰到了他——安东·施陶布瓦塞尔（Anton Staubwasser）中尉通宵达旦地完成工作后想继续在外边溜达一会儿呼吸新鲜空气，他看到元帅正端坐在他钟爱的长椅上。隆美尔将施陶布瓦塞尔叫至身边，向他阐述自己的想法："德国已经战败。元首必须看清这一不可更改的事实……现在到了元首必须隐退的时刻了。元首采取的灾难性政策以及对军事指挥的持续干预已将德国人民推向了深渊的边缘。现在，我们必须缔结和平。战争每延长一天，就将继续带来无法估量的人员及财产损失、破坏和荒废，并因而成为一种犯罪。"在隆美尔的思想里，他还将赌注压在了盟军身上。

第二天晚上，海军上将鲁格在拉罗什盖恩城堡的大厅里发现了隆美尔。天空下起雨来，隆美尔静静地盯着雨滴在玻璃上滑落，留下一道道印痕。他们再次谈到了当前的局面。隆美尔自言自语，"是否还有与俄国或者英美达成解决方案的可能"。鲁格在他的日记里记录道："隆美尔赞成西线解决方案。该是政治人物采取行动的时候了，只要他们手中还有一点胜算的话。元帅希望，能够顺利度过未来在几个星期，战势已非常严峻。"事实上，距离

隆美尔神话

隆美尔意识到他本人必须采取行动之时，只剩下几天的时间了。

7月2日晚上，希特勒的一位副官来到巴黎授予冯·伦德施泰特元帅银橡叶骑士铁十字勋章。此外，这位信使的公文包里还装着一封希特勒写给伦德施泰特的"诚挚的"亲笔信，信中劝说伦德施泰特基于健康原因提出辞职。伦德施泰特的日子没有几天了。早在6月29日，在伯格霍夫举行局势会商期间，伦德施泰特的继任者就已在候命了：汉斯·京特·冯·克鲁格（Hans Günther von Kluge）。这位时年61岁的陆军元帅与隆美尔一样，也是来自野心勃勃的市民阶层——他的父亲1913年才被封为贵族——并是一位极具天赋的高级将领。这位陆军元帅同样富有雄心且目标坚毅，在希特勒那里是"受欢迎之人"（persona gratissima）。希特勒对他非常信任。虽然克鲁格于1942年在俄国担任中央集团军群最高指挥官期间曾接近过反抗运动（他与希特勒之间的关系并非毫无嫌隙），但他却并非希特勒的反对派。如反抗运动成员法比安·冯·施拉布伦多夫（Fabian von Schlabrendorff）所说的那样，克鲁格就像一个"闪烁的灯芯"，总是臣服于这位独裁者的个人魅力。1943年10月，克鲁格在驱车前往明斯克（Minsk）的途中不幸遭遇车祸。自恢复健康后，他就一直在等待着被分配新的任务。

希特勒确信，他作出了正确的选择：让克鲁格去扭转西线战局。在伯格霍夫别墅，他向这位刚获任的西线最高指挥官在临行之前就其新任务调唆说："（盟军）入侵仅因为几个愚蠢的巧合才得以侥幸成功。比如，当时没人及时叫醒我；隆美尔元帅恰恰在家为露西庆祝生日。另外，西线最高指挥官们的指挥也不够果决。"克鲁格惊异地问道，是否隆美尔也包括在内。这位独裁者对其个人意见并不讳莫如深："陆军元帅隆美尔在得胜之时是一位伟大而又鼓舞人心的领袖，一旦遭遇困难他就变成了悲观主义者。他没有韧性。"在希特勒的算盘里，隆美尔在军事领域已没有价值。但如果将这位曾经的非洲战场英雄贸然解职，恐怕会被敌人的宣

9 魔力

传机器加以利用，并在德国人民心中引发惶恐。或许正是希特勒的这一忧虑才使隆美尔暂时没有遭到像伦德施泰特那样的命运。隆美尔得以继续留任，但代价是其原本就受限制的指挥权被彻底解除。

希特勒在送别克鲁格时说道："您抵达西线之后，劳驾您帮忙严密监视我们的朋友隆美尔。他必须听您的指挥！"

希特勒的话发挥了作用。克鲁格于7月3日第一次到访拉罗什盖恩城堡，这次拜访是以争吵开始的。克鲁格毫不忌惮施派达尔以及另外一位参谋军官在场，对隆美尔在抵御盟军入侵时所谓的渎职行为横加指责，"现在，隆美尔本人也必须习惯去执行命令"。隆美尔也向克鲁格清楚地表达了自己的立场，两人之间的争执变得激烈，以至于克鲁格将在场的两位参谋军官请出了房间。克鲁格接着侮辱隆美尔。他要求这位小他7岁的陆军元帅立即将前线发来的报告念给他听，这就好比他命令隆美尔给他端一杯咖啡。当隆美尔拒绝了这一无理要求之后，克鲁格变得厚颜无耻起来，他傲慢地说道，"迄今为止，他（隆美尔）事实上仅指挥过一个师而已"。这种打击非常伤人自尊。隆美尔在非洲战场的时候就已担任过很长时间的整装集团军的最高指挥官。隆美尔大为光火地回应道："您还没有与英国人交过手呢！"即便这场谈话的最后恢复了平静，克鲁格的争吵以及对隆美尔对盟军入侵防御的失败应负有共同责任的责备，还是在隆美尔的心中留下了难以抹掉的伤痕。

克鲁格走后，隆美尔难以压制内心的愤怒，口授了一份措辞强硬的声明。在这份声明里，他再次逐条记录了，针对盟军入侵的防御在他看来为什么会归于失败。从军队的老化到兵力的不足，从后勤保障的不充分到作战师断续地投入，从海军和空军实力的缺乏到无法令人满意的指挥权限的使用及划分方式，隆美尔直陈了德军的每一项弊病。这份公函当天就发往了元首大本营。隆美

隆美尔神话

尔知道,他的"思考"只会更加刺激希特勒,但他所承受的责备太过沉重,以至于他不能无动于衷。时至今日已非常清楚,他已不可能再从那位独裁者手里得到什么。现在,隆美尔已明白希特勒为什么还让自己待在这个位子上了。晚上,隆美尔心酸地向海军上将鲁格抱怨,"他(隆美尔)必须将自己的名望奉献出来",

从未与英国人交过手。 陆军元帅汉斯·京特·冯·克鲁格

鲁格在他的日记中记录道。

两天之后,隆美尔又将他的那份"思考"发给了克鲁格。这份电传的附函既无称谓又无司空见惯的纳粹礼,足见隆美尔内心依然愤懑。附函的结束语是:"您在到访伊始……对我进行的责备,'现在我也必须习惯去执行命令',深深伤害了我。我请求您告知我,您是出于什么样的理由对我作出了这种指责。"

当时,陆军元帅克鲁格已启程前往前线,以便第一时间对战局获得直观印象。出行前的最后1秒,他的参谋军官们才得以成功劝阻他改掉了自俄国战场以来惯用的以乘坐"菲施勒施托奇"轻型侦察机的方式开展旅程。鉴于盟军占有的空中优势,延续之前的出行方式就意味着死亡。事实上,即便在公路上也充满了危险。盟军的低空飞机多次向这位陆军元帅的座驾俯冲射击,克鲁格不得不一再躲进公路排水沟寻找掩护。当他抵达这次旅程的第一站第84军团指挥部时,比计划晚了几个小时,局面已是危急万分。英国和美国军队还未成功地从他们建立的桥头堡处拿到决定性的突破。然而,他们发起的进攻却一天比一天猛烈,一天比一天凌厉。自7月3日始,有8个美军作战师不分昼夜地向德军阵地发起了"正面进攻"。克鲁格也亲眼见识了敌人舰炮和空军对几乎无处藏身的德军部队造成的可怕伤害。面对这种地狱般的景象,他意识到希特勒欺骗了他。他抛却了初时的傲慢,克鲁格此刻对他的士兵以及他们的军官产生了一种崇高的敬意。他诚恳地承认了自己的错误。克鲁格从前线返回后,隆美尔在7月7日这天到圣日耳曼拜访了他。克鲁格全数收回了自己对隆美尔的不实责备,请求这位受到侮辱的陆军元帅原谅他的行为。施派达尔欣喜地注意到,"克鲁格从扫罗(Saulus)变成了保罗(Paulus)",或许,反抗活动有希望了。

现在还必须赢得隆美尔支持这个最后的步骤。几天来,在结束公务活动后,凯萨·冯·霍法克尔每天晚上都会找施蒂尔普纳格尔商谈此事。后者的办公室设在著名的"曼捷斯帝酒店"（Hotel Majestic），这里是德国占领当局的军政府驻地。两人通宵达旦地草拟了一份备忘录，这份备忘录再次概括了所有关键要点，在与这位陆军元帅谈话时它将用来帮助说服隆美尔。

7月9日，星期日，时机成熟了。霍法克尔动身前往拉罗什盖恩城堡，试图让隆美尔起誓支持刺杀行动。霍法克尔早就整理好了手中掌握的几张王牌：他的父亲在第一次世界大战时曾担任符腾堡皇家第26步兵师的陆军中将指挥官，第26步兵师与隆美尔当时所在的第14集团军一道参与了伊松佐河谷攻势。霍法克尔与隆美尔一样，也是施瓦本人，因而对隆美尔来说并不陌生。参谋长施派达尔做了他所能做的事情，让隆美尔准备好迎接霍法克尔的这次拜访。当这位陆军元帅与这位陆军中校单独会谈时，隆美尔开门见山地问道："您想跟我说什么？"霍法克尔放下了所有的拘谨，孤注一掷地告知了隆美尔一切：他感人肺腑地将备忘录中有关施陶芬伯格针对希特勒的刺杀计划以及柏林反抗集团的政变准备作了详细陈述。霍法克尔继续说道，如果刺杀行动获得成功，那么西线战事将立即终止，德军将撤离被占领国家。要促成这件事，需要陆军元帅先生出手相助。

隆美尔沉思了片刻。就在前一天，英军第2集团军已向卡昂发起了突击。英军的这次进攻以超过80000枚火箭弹的连珠发射和2500吨炸弹的密集轰炸拉开序幕。在许多阵地，英军成功突破了德军的防线。仅24个小时，德军就不得不撤离了卡昂。盟军的攻势已经开始，隆美尔此刻为霍法克尔描绘了一幅阴暗的场景："……敌人的人员和物资补给将在14天之内逐渐上升到令人震惊的绝对优势……面对这一优势……前线最多还能抵抗6个星期的时间。"

时至今日，隆美尔与霍法克尔这次谈话的内容以及隆美尔对此作出的反应均未得到披露。虽然威廉·凯特尔1945年9月28日在纽伦堡国际军事法庭的一次审讯中供述说，"霍法克尔向盖世

9 魔力

"我生命中最有意思的时刻。"凯萨·冯·霍法克尔

太保供认,隆美尔考虑了一会儿说,他们(反抗运动成员)可以指望他",但仍然存在许多矛盾的资料。主要是施派达尔,他终其一生坚持说,"在这次谈话中,隆美尔只字未提计划中的刺杀行动"。今天,一份迄今为止尚未公开的文献无可争辩地证明——隆美尔在这次谈话中的确得知了刺杀计划的存在且表达了赞成态度。这份文献是元首秘书1944年9月27日所做的一份文件备忘录。在这份备忘录中,马丁·鲍曼写道:"……原施蒂尔普纳格尔上将,原冯·霍法克尔上校,克鲁格此刻已被绞死的外甥拉特根斯(Rathgens)中校,以及几位依然活着的被告供述,'陆军元帅隆美尔绝对知道真相。隆美尔声明,他将在刺杀行动成功之后在建

隆美尔神话

"绝对知道真相。"隆美尔，1944 年 7 月

9 魔 力

立的新政府中效力。'"

霍法克尔心情轻松地踏上了归途。同一天晚上,身在巴黎的反抗运动成员获悉了与隆美尔这次谈话的激动人心的结局。"我刚才度过了生命中最有意思的时刻",霍法克尔幸福得无以言表,他在巴黎"皇家梦索酒店"(Hotel Royal Monceau)将这一消息第一个告知了他的朋友戈特哈德·冯·法肯豪森男爵博士(Dr. Gotthard Freiherr von Falkenhausen)。"我孤注一掷,"霍法克尔继续说道,"与元帅讲了全部实话。"接下来,施蒂尔普纳格尔和弗里德里希·冯·托伊歇特男爵博士(Dr. Friedrich Freiherr von Teuchert)也获悉了此事。"这个消息对我们来说意味着什么,"托伊歇特在他的回忆录中写道,"即便在今天,人们或许仍然难以想象。在经过令人不安的等待之后,此刻终于可以确认,之前停留在口头上的时代过去了。霍法克尔请求我立即为隆美尔起草一份发往盟军大本营的备忘录。这份备忘录可消除我们之间的敌意……"

第二天,托伊歇特委托知晓内情的军事管理顾问瓦尔特·巴加茨基(Walter Bargatzgy)起草了这份"隆美尔想要发给蒙哥马利元帅的"备忘录。战后,巴加茨基就这份备忘录的非同寻常的内容回忆道:"……按照指示,这份备忘录仅包含下述请求:初始时保守秘密,投降之后以体面的形式处置德国军队。"

与此同时,霍法克尔已在返回柏林的途中,以便向那里的反抗人士报告此事。由于连接巴黎的铁路线已遭盟军空袭摧毁,霍法克尔只能乘汽车从巴黎前往梅斯(Metz)。司机是巴黎军政府首脑埃尔玛·米歇尔博士(Dr. Elmar Michel),他也是巴黎反抗圈子中的一员。霍法克尔又一次提及了他与隆美尔之间的谈话:"陆军元帅隆美尔,"正如米歇尔就霍法克尔的报告后来所说的那样,"表示愿意听候差遣并宣称,已准备好在西线战场与盟军展开停战谈判。现在就剩一件事情了,即赢得这位陆军元帅同意奉献出

隆美尔神话

其本人及其名字所产生的全部声望,在新政府中行使某种主权"。

7月11日,霍法克尔在柏林与其表弟进行了会晤。克劳斯·冯·施陶芬伯格伯爵刚从贝希特斯加登返回柏林。在贝希特斯加登,他曾第一次试图在与希特勒进行早间会商时引爆身上携带的炸弹与其同归于尽。只因为党卫军帝国领袖海因里希·希姆莱不在场,施陶芬伯格不得不在最后时间终止了这次行动。同一天晚上,霍法克尔向路德维希·贝克作了汇报。贝克的反应十分明确:"隆美尔此时加入实施暴动的疾呼者行列,他(贝克)称其为缺乏气节的表现,"正如此时已从瑞士秘密返回德国,正处于地下工作状态的汉斯·伯恩德·吉斯维乌斯所言,"这位之前如此忠心耿耿的纳粹……提出了一个要求——在实施刺杀行动时让希特勒、戈林和希姆莱三人一次性消失。除此之外,他还告知,即便如此,他也最好不在行动之初就露面。人们最好将他视为一张储备王牌。贝克并不怀疑凯萨·冯·霍法克尔的报告有误,但他心中仍有一丝不快,几个月前,隆美尔还就战争局势作出了完全不同的评判"。1946年,吉斯维乌斯在纽伦堡国际军事法庭上补充道:"是的,一直以来存在的一个巨大问题是——那些失败的英雄,那些先生们是否会加入我们的反抗团体?何时加入?加入的目的是否仅是为了拯救他们的退休金?"

这种批评对隆美尔来说是不公正的。隆美尔是一个"失败的英雄"这一点或许不假,但他加入反抗运动决非为了自己的"退休金"。极有可能的是,这位固执的陆军元帅,与反抗人士的"严格要求"保持着疏离。如历史学家约阿希姆·菲斯特(Joachim Fest)称谓的,"他们的道德以及良知思考之间明显保持着疏离"。如果更确切地审视,人们不应将其称为"纳粹将军"。充其量,只是隆美尔与希特勒之间的个人关系给人留下了这样的印象。按照今天的评判标准,他对希特勒的崇拜简直到了无以复加的程度。这种关系让隆美尔的内心充满矛盾,直至隆美尔生命的最后时刻:一

9 魔 力

边是毫无批判的仰慕之情,一边是与日俱增的怀疑精神。正因如此,隆美尔的最终决定更加难能可贵——隆美尔忧心于他的国家的未来,意识到了希特勒政权正实施的犯罪行为,在经过长时间的内心挣扎后终于决定站出来,选择了站在正确的一方。用了很长时间才走完这段路程,他来晚了。然而,还不算太晚,在这最后的时间,他成为了整个刺杀行动中最为重要的人物之一。

霍法克尔来访之后,隆美尔第二天早上与往常一样,在旭日初升之时即乘坐他的霍希(Horch)指挥车出发前往前线视察。此次视察的首个目的地是驻扎在特罗阿尔恩(Troarn)附近的德军第86军团。由于爆胎的缘故,隆美尔一行人等被迫进行短暂休整。利用司机与隆美尔的副官修理汽车的间隙,隆美尔把陪同视察的参谋军官汉斯·拉特曼(Hans Lattmann)上校叫到一边。"拉特曼,"过了一会儿,元帅问道,"您对这场战争的结局如何看待?"拉特曼早在维也纳新城时期就与隆美尔相识,两家也建立了深厚的友谊。他直言不讳地说道:"元帅先生,我们已不可能赢得这场战争,我非常清楚。然而,我希望,我们还拥有足够的力量,能为我们带来不那么苦涩的和平。"前天,霍法克尔的到访显然给隆美尔留下了深刻印象。这位陆军元帅接受了暴动者制订的计划:"我想尝试借助我在盟军中的良好声誉,与西方国家达成一项违背希特勒意志的协议。达成这项协议的前提是,盟军允许我们与他们共同向俄国进军。"

西线最高指挥官通知,将于7月12日到访拉罗什盖恩城堡。晚餐后,隆美尔摊牌了。他想最后一次以最后通牒的形式敦促希特勒采取行动,否则他将取而代之执掌权力。克鲁格还在观望中,在他看来,应该再咨询一下其他军事领导人的意见,前线究竟还能坚守多久,然后再从长计议。他私下里被称为"聪明的汉斯"并非没有理由。然而,隆美尔此时已不再顾忌他这位犹豫不决的长官了。他委托施派达尔驱车前往巴黎向施蒂尔普纳格尔通报,

隆美尔神话

Abschrift　　　　　　　　　　　　　　H. Qu. 15. 7.

Der Oberbefehlshaber
der Heeresgruppe B

Betrachtungen zur Lage.

Die Lage an der Front in der Normandie wird von Tag zu Tag schwieriger und nähert sich einer starken Krise.
Die eigenen Verluste sind bei der Härte der Kämpfe, dem außergewöhnlich starken Materialeinsatz des Gegners, vor allem an Artillerie und Panzern, und der Wirkung der den Kampfraum unumschränkt beherrschenden feindlichen Luftwaffe derart hoch, dass die Kampfkraft der Divisionen sehr rasch absinkt. Ersatz aus der Heimat kommt nur sehr spärlich und erreicht bei der schwierigen Transportlage die Front erst nach Wochen. Rund 97 000 Mann (darunter 2 360 Offiziere) an Verlusten - also durchschnittlich pro Tag 2 500 bis 3 000 Mann - stehen bis jetzt 10 000 Mann im Ersatz gegenüber (davon rund 6 000 eingetroffen).
Auch die materiellen Verluste der eingesetzten Truppen sind außergewöhnlich hoch und konnten bisher in nur ganz geringem Umfange ersetzt werden, z.B. von rund 225 Panzern bisher 17.
Die neu zugeführten Infanterie-Divisionen sind kampfungewohnt und bei der geringen Ausstattung an Artillerie, panzerbrechenden Waffen und Panzernahbekämpfungsmitteln nicht im Stande, feindliche Großangriffe nach mehrstündigem Trommelfeuer und starken Bombenangriffen auf die Dauer erfolgreich abzuwehren. Wie die Kämpfe gezeigt haben, wird bei dem feindlichen Materialeinsatz auch die tapferste Truppe Stück für Stück zerschlagen und verliert damit Menschen, Waffen und Kampfgelände.
Die Nachschubverhältnisse sind durch Zerstörung des Bahnnetzes, die starke Gefährdung der Strassen und Wege bis 150 km hinter die Front durch die feindliche Luftwaffe derart schwierig, dass nur das Allernötigste herangebracht werden kann, und vor allem mit Artillerie- und Werfermunition überall äußerst gespart werden muss. Diese Verhältnisse werden sich voraussichtlich nicht bessern, da der Kolonnenraum durch Feindeinwirkung immer mehr absinkt und die feindliche Lufttätigkeit bei Inbetriebnahme der zahlreichen Flugplätze im Landekopf voraussichtlich noch wirkungsvoller wird.

隆美尔写给希特勒的信：给希特勒最后一次机会。
关于时局的思考，1944年7月15日

- 2 -

Neue nennenswerte Kräfte können der Front in der Normandie ohne Schwächung der Front der 15. Armee am Kanal oder der Mittelmeerfront in Südfrankreich nicht zugeführt werden. Allein die Front der 7. Armee benötigt aber dringend 2 frische Divisionen, da die dort befindlichen Kräfte abgekämpft sind.
Auf der Feindseite fliessen Tag für Tag neue Kräfte und Mengen von Kriegsmaterial der Front zu. Der feindliche Nachschub wird von der eigenen Luftwaffe nicht gestört. Der feindliche Druck wird immer stärker.
Unter diesen Umständen muß damit gerechnet werden, dass dem Feind in absehbarer Zeit gelingt, die dünne eigene Front, vor allem bei der 7. Armee zu durchbrechen und in die Weite des französischen Raumes zu stoßen. Auf anliegende Meldungen der 7. Armee und des II. Fallsch.Jg.Korps darf ich hinweisen. Abgesehen von örtlichen Reserven der Panzergruppe West, die zunächst durch die Kämpfe an der Front der Panzergruppe gebunden sind und bei der feindlichen Luftherrschaft nur nachts marschieren können, stehen keine beweglichen Reserven für die Abwehr eines derartigen Durchbruchs bei der 7. Armee zur Verfügung. Der Einsatz der eigenen Luftwaffe fällt wie bisher nur ganz wenig ins Gewicht.
Die Truppe kämpft allerorts heldenmütig, jedoch der ungleiche Kampf neigt dem Ende entgegen. Es ist m.E. nötig, die Folgerungen aus dieser Lage zu ziehen. Ich fühle mich verpflichtet als Oberbefehlshaber der Heeresgruppe dies klar auszusprechen.

(gez) : R o m m e l .

隆美尔神话

<u>副本</u>

大本营，7月15日
B集团军群最高指挥官

<u>关于时局的思考</u>

诺曼底前线局势日益艰困，已濒临巨大危机的边缘。

战斗之惨烈，敌人物资尤其是火炮与坦克投入之甚，以及敌人空军如入无人之境所造成之影响，均达至异乎寻常之程度，致使我方损失巨大，作战师战斗力已呈急剧下降之态势。然则，来自家乡的兵员补给早已捉襟见肘，且因运输困境往往耗时数周方能抵达前线。我方已损失97000人（其中包括2360名军官）。即是说，平均每天损失2500—3000人。迄今为止，仅获得10000人兵源的补充（其中约有6000人抵达前线）。

作战部队的物资损耗日渐增高，以致如今作战区域囿于一隅，大约225辆坦克中仅剩17辆可投入战斗。

新补充的步兵师尚不能适应战斗情势，因其所配重炮、穿甲弹以及坦克等武器严重匮乏。在历经持续数小时的敌人的连珠炮火与地毯式轰炸之后，再想长久成功抵抗敌人的大规模进攻已力不足。诚如战斗所昭示，纵使最英勇的部队亦终将被逐一击溃，乃至弃甲曳兵。

因铁路网络已遭敌人空军摧毁或严重破坏，我方后勤补给境况已变得非常糟糕，以致最亟需的物品才能运送至前线，特别是炮弹以及掷弹器弹药必须处处极尽节约使用之能事。

9 魔力

此一境况改善之前景不容乐观,敌方影响已造成我行进空间持续压缩,而敌人空中活动之能力因其在滩头堡所建多座机场之投用而日益彰显。

若不削弱第15集团军的海峡防线,抑或不削弱法国南部的地中海防线,我军已无值得一提的兵力可调防诺曼底。仅第7集团军防线就亟需两个满员作战师之增补,前线官兵已呈精疲力竭之态。

在敌军一方,但见新补的兵力与战争物资被日复一日地源源不断地输往前线。敌方后勤补给并未遭受我方空军袭扰。敌人给我们造成的压力正日益高涨。

在这种情况下,必须做好心理准备,敌人在不久的将来即可成功突破我方,特别是第7集团军的薄弱防线,而后伺机向法国腹地纵深挺进。请允许我指出随电附上的来自第7集团军和第2猎骑兵伞降军团的报告。西线装甲集群的地方性预备队目前正深陷坦克集群的战斗前沿而不能自拔,由于敌军占有制空权,他们不得不在夜间行军。除上述预备队之外,第7集团军在抵抗敌人强行突破之时,将无任何机动预备队可资调遣。如今,我方空军的投入已然无足轻重。

纵然部队处处骁勇善战,这场力量对比悬殊的战争也已臻结束。我以为,此刻对时局作出结论已实属必要。作为集团军群最高指挥官,我感常有责任对此作出清晰的阐述。

隆美尔(签名)

隆美尔神话

时代见证人
ZEITZEUGEN

赫利伯特·恩克尔（HERIBERT ENGL）
隆美尔参谋部绘图员

"我的同伴穆宁格给我看了电传底稿，我问：'你将这份电传打发人送走了？'穆宁格回答说：'是的。'我接着说：'那他完了。'这是原话。"

他已做好采取行动的准备了——有没有克鲁格都无所谓。

第二天晚上，隆美尔最后一次跟海军上将鲁格到拉罗什盖恩城堡后边的山顶散步。此后，鲁格像往常一样在其日记中记录了隆美尔的思想："元帅承受着巨大的压力，每人都能感受到这种压力。他总是问：4个星期之后，情况将会是什么样子？那时，我们是否已然度过了最糟糕的阶段？确信前线已经坚持不了多久，必须作出政治决断。"接下来的几句异乎寻常的话明显是一种自欺欺人的行为，这些话怎么听都不像出自一个已知晓刺杀行动计划并已做好犯叛国罪打算的人的口中："另一方面，元首是一个伟人，拥有独特的政治本能，他必须自愿作出正确的抉择。"

隆美尔一直不曾完全放弃让希特勒改弦更张的希望。7月15日，隆美尔最后一次校订了他的那份"关于时局的思考"。这份"思考"的前两页是由施派达尔起草的，前两句话是："诺曼底前线局势日益艰困，已濒临巨大危机的边缘。"然后就毫不留情地汇报，西线前线崩溃已是不可避免之事。结尾处，隆美尔加上了他的最后通牒："纵然部队处处骁勇善战，这场力量对比悬殊的战争也

9 魔力

已臻结束。我以为，此刻对时局作出（政治）结论已实属必要。作为集团军群最高指挥官，我感觉有责任对此作出清晰的阐述。"最后一刻，施派达尔成功地说服了他的元帅，至少把"政治"一词删掉了。他认为，没必要在这种情况下再刺激希特勒，这过于冒险了。隆美尔的这份勇敢的呼吁书所传达出的讯息已非常清晰。

当天，隆美尔派人将这份有关时局的思考送到了仍在巴黎圣日耳曼的克鲁格那里，由克鲁格转发给元首大本营。隆美尔本人已被禁止直接与希特勒联络。

信使离开拉罗什盖恩城堡后，隆美尔以一种愤怒的口吻对施派达尔说道："现在，我已经给他最后一次机会了。如果他还不吸取教训，我们就相机而动。"然而，此刻他没有预料到的是：那位"聪明的汉斯"为保险起见竟然扣押了这份公函，直到2周后才转交到希特勒的手里。

7月15日15时许，隆美尔出发前往前线视察。在第16空军野战师驻地他遇到了一位故人：埃尔玛·瓦尔宁中校，那位在1942年11月3日至4日的晚上在阿拉曼陪伴他左右的参谋军官。由于天气炎热，瓦尔宁穿着一身非洲战场时的黄色卡其布军装。隆美尔喜形于色，没想到还能在法国碰到一位"非洲人"。瓦尔宁坚持亲自送他的陆军元帅回到车上。在一个没人打扰的时刻，瓦尔宁发泄了心中的不快："元帅先生，这里究竟是怎么了？"隆美尔站了一会儿，审视着瓦尔宁，然后说道："我想跟您说点事情。陆军元帅冯·克鲁格和我已给元首下了一道最后通牒，我们在这份通牒中表达的意思是，德国已不可能在军事上赢得这场战争，他必须作出政治决断。"瓦尔宁有点不大信服的样子："如果元首拒绝了，该怎么办呢？"隆美尔出奇冷静地回答："我将让西线前线大门洞开。对我们来说，可以让英国人和美国人踏上柏林的土地，绝不能是俄罗斯人！这非常重要。"

从第二天起，隆美尔开始为计划中的停战协定做具体的准备工

隆美尔神话

"紧急情况下可以指望迪特里希。"泽普·迪特里希（中），1944年7月17日

作。他的注意力主要放在党卫军装甲师的一线指挥官身上。隆美尔必须查明，在"自主决断"的情况下，希特勒的精英部队会采取何种态度。7月17日，隆美尔利用视察卡昂以南前线阵地的机会分别与党卫军第2装甲军团和第1装甲军团司令官，党卫军集团领袖威廉·比特里希（Wilhelm Bittrich）和党卫军上级集团领袖约瑟夫·"泽普"·迪特里希（Josef "Sepp" Dietrich）进行了谈话。

9 魔 力

比特里希毫不吝啬地批评国防军最高指挥层，直至隆美尔提醒说："比特里希先生，您发表了一番危险的言论。"虽然比特里希向来与希姆莱关系紧张，这是众所周知的事情，但隆美尔仍需小心行事。直到比特里希本人再次提及，为了交换双方伤员，他曾违反上峰的命令与英国人达成过短暂的停战协定，隆美尔才终于放下心来说道："我也已尝试与英国人建立联系。"在离别之际，隆美尔把这位武装党卫军上将叫到一旁，私下与他推心置腹地讲："比特里希先生，我将为新的国家和国防军领导层效力——前提是，决不允许对元首采取刺杀行动！"

接下来在与泽普·迪特里希接触时，隆美尔更是小心翼翼。迪特里希出身于下巴伐利亚（Niederbayern）地区的一个农民家庭，他是希特勒最老的追随者之一。迪特里希的勇敢和鲁莽不仅享有盛名，且已到了臭名昭著的地步。与迪特里希指挥的装甲师，即第1"阿道夫·希特勒警卫旗队"装甲师打交道时，隆美尔在1943年意大利战场曾有过痛苦的经验。但即便是希特勒的老战友，他也不能对法国战场的局势视而不见。当隆美尔试探性地问道，迪特里希是否将一直遵从他的命令，即便他的命令与"元首"的命令相违背时。隆美尔简直不敢相信自己的耳朵，只听这位党卫军上级集团领袖操着浓厚的巴伐利亚口音说道："元帅，您就是我的最高指挥官。不管您打算干什么，我都唯您马首是瞻。" 在返回拉罗什盖恩城堡的路上，隆美尔满意地向他的副官说道："紧急情况下他可以指望"迪特里希。

17时许，隆美尔抵达了今天中途停留的最后一站：西线装甲集群作战司令部。他在军营驻地找到了装甲兵上将海因里希·艾伯巴赫（Heinrich Eberbach）。隆美尔开门见山地说道："艾伯巴赫，我想听听您关于战争局势的不加任何粉饰的高论。"艾伯巴赫和隆美尔一样，也是施瓦本人，自1944年7月接替盖尔担任现职。他总共见过元帅两次，他也对扭转西线的战败结局不抱任何幻想。

隆美尔神话

隆美尔轻轻点了一下头,然后说道:"同意!您想象一下,如果希特勒还待在台上,敌人有可能与我们开展某种形式的和谈吗?"艾伯巴赫作出了否定的回答:"肯定不行。希特勒必须下台!"这恰恰是隆美尔希望的答案。隆美尔言简意赅地向艾伯巴赫描绘了从西线停战直至在东线继续跟俄国人作战的场景。在艾伯巴赫还想继续详细询问之前,隆美尔又再次出发了。"可惜,我现在必须赶回我的参谋部。过后我们可以再次谈论有关细节。但我信任您。为了我们的德国人民,在这件事情上我们必须合作。"

自隆美尔发出他的最后通牒已过去了两天时间,他不能再耽误时间了。他已做好了准备,即便不实施刺杀行动,他也会采取自主行动。

以苏格兰城市格拉斯哥(Glasgow)命名的英国皇家空军第602中队于1944年6月25日移防法国。几个小时以来,第602中队的6架喷火战斗机(Spitfire)已在利瓦罗(Livarot)上空盘旋,伺机歼灭地面上的一切移动目标。道路上堆满了燃烧的汽车残骸,还有被击毙的德军士兵的尸体。18时许,两名喷火战斗机飞行员雅克·瑞姆林格(Jacques Remlinger)和布鲁斯·奥利弗(Bruce Oliver)发现了隆美尔乘坐的敞篷霍希军用吉普车,它正全速行驶在由利瓦罗通向维穆捷(Vimoutiers)的公路上。

同时,隆美尔的空中侦察员一等兵卡尔·胡尔克(Karl Hulke)也发现了英国人的歼击机。隆美尔的司机卡尔·丹尼尔(Karl Daniel)上士几乎不假思索地将油门一踩到底。他想尝试着冲向前方300米处的一条山谷小路,以将车辆带往安全地。此刻,隆美尔遵循在非洲养成的一个旧习,他跳将起来用手扶着吉普车前的挡风玻璃。两架喷火战斗机已改变了航向,急速向目标俯冲而来。几秒钟后,吉普车进入了机长瑞姆林格瞄准器的视野。瑞姆林格机载20毫米机关炮发出的火舌朝隆美尔的霍希吉普车飞去,炮弹击中了参谋军官诺伊豪斯(Neuhaus)少校的骨盆,但诺伊豪斯并

9 魔力

未致命。弹片从他的皮质手枪套弹回,钻进了吉普车司机的左肩胛。弹头的冲击力是毁灭性的。丹尼尔的左肩几乎全部失去。他失去了对车辆的控制。隆美尔的头部重重撞击在了挡风玻璃上,随后被甩出车外。他的传令官赫尔穆特·朗格与卡尔·胡尔克立即从车里跳了出去。隆美尔躺在地上,动弹不得,鲜血从眼睛和鼻子中流出。朗格和胡尔克成功地将昏厥的隆美尔元帅拖到了路边的矮树丛中,捡回了一条性命。

45分钟之后,朗格才征用到了一辆过路的汽车。在利瓦罗的一家修会医院,隆美尔进行了必要的包扎处理,此后又被转运到位于贝尔奈(Bernay)的空军野战医院。最初的X照片显示,隆美尔颅

确凿无疑的前兆。隆美尔的霍希敞篷军用吉普车,1944年7月17日

隆美尔神话

底严重骨折，脸骨太阳穴附近两处骨折，颧骨碎裂。第二天早上，隆美尔才重新苏醒过来。他的司机丹尼尔因伤势过重而身亡。施蒂尔普纳格尔在巴黎获悉了这次事故的发生，在极度震惊和悲伤之余，他失魂落魄地说道："这件事发生得可真不是时候！"

虽然隆美尔伤得不轻，医生仍安慰他说，很快就能康复。隆美尔头疼欲裂，即便如此，他的思绪却早已飞到了前线以及参与反抗运动的将士们那里。他再次在关键时刻缺席了。历史因为隆美尔被束缚于病榻之上而再次改变了行进轨迹。恩斯特·云格尔在他的两卷本《魅力四射》的"序言"中写道："隆美尔是一个单纯得可怕的男人。在1944年7月17日前往利瓦罗的路上所中的头彩，打乱了这个男人的计划。这是一个确凿无疑的前兆。"

1944年7月21日早上，隆美尔的传令官赫尔穆特·朗格与往常一样来到他的长官的房间。左眼已不能睁开的隆美尔满怀希望地朝他的这位副官眨了眨眼睛。然而，这次朗格并未带来有关前线的任何新闻。就在昨日，有人在东普鲁士的元首大本营对希特勒实施了刺杀行动。这位独裁者幸运地活了下来。纵使在30年之后，朗格依然能清楚地回忆起隆美尔当时作出的非同寻常的反应："元帅面如死灰"。

10
真　相

　　1944年7月20日上午早些时候，西线新任参谋次长巴黎办公室的电话响了。艾伯哈特·芬克上校——以施蒂尔普纳格尔上将为核心的反抗圈子成员之一——拿起了听筒。"演习。"一个声音从电话那头传来，接着就挂断了。"演习"，这是跟柏林同谋者约定的密码的第一部分。颠覆行动近在眼前。14时刚过，传来了第二个关键词："结束。"这代表已成功实施针对希特勒的刺杀行动——政变开始了。芬克立即前往驻扎在圣日耳曼的西线最高指挥官大本营。然而，此时的陆军元帅克鲁格正身处前线视察。隆美尔受伤后，他接管了B集团军群的最高指挥权。芬克将发生在元首大本营的刺杀事件告知了西线参谋长京特·布鲁门特里特。在芬克眼里，布鲁门特里特对刺杀行动是不知情的。

　　布鲁门特里特立即要求接通拉罗什盖恩城堡的电话。接电话的是隆美尔的参谋长汉斯·施派达尔。短暂寒暄之后，布鲁门特里特说道："柏林出事儿了。"然后又特意压低嗓门补充了一句："死了。"施派达尔立即心领神会，不过他迟迟没有应答。只见他慌张地摇晃着电话机的手柄，仿佛线路不好一样，不断重复呼叫着，好像他什么也没听懂似的。然后，他挂断了电话。

　　很多证据都能表明，不是施派达尔对隆美尔产生了影响，相反，恰是这位陆军元帅给予了他的这位参谋长以更多的支持。7月20

隆美尔神话

日，施派达尔显然六神无主。虽然西线前线好久都没有这么安静过了，但施派达尔后来却依然坚称，当时德军在圣洛和卡昂陷入了防御危机，处理军务耗费了他非常多的时间，以至于他对事件的进展情况均为后来知晓。

17时42分，德国新闻社（Deutsches Nachrichten Büro）国内新闻部第一次报道，希特勒遭遇了一次刺杀行动，但"元首"还活着。之后不久，克鲁格从前线回到了拉罗什盖恩城堡。施派达尔立即向他汇报了局势的进展情况。18时许，有人给克鲁格打来一通重要的长途电话。电话那边是陆军大将路德维希·贝克。贝克是柏林反抗运动的头目之一，他宣称刺杀行动已经成功，帝国已宣布实施紧急状态。他恳请克鲁格加入颠覆行动："冯·克鲁格先生，这关乎着德国的命运！"克鲁格请求贝克让他考虑一下，并允诺说考虑好后立即回电。

克鲁格面临两个选择，因为贝克说刺杀行动成功了，而德新社报道元首还活着。他先是防备性地请驻防巴黎的集团军指挥官施蒂尔普纳格尔上将于20时赶到拉罗什盖恩城堡进行一次重要的商谈。接着他穷追不舍地打电话向陆军总司令部询问，陆军总司令参谋部就位于离"狼堡"不远处的"毛尔森林"（Mauerwald）。克鲁格关心的是"元首是否已经死亡"。同为反抗运动成员之一的陆军少将赫尔穆特·史蒂夫（Helmuth Stieff）呼吸紧促地回答说："没有。我的作战参谋……在刺杀行动发生1小时之后曾跟他（希特勒）讲过话。"

在接下来的几个小时里，他一直犹豫，是否要依靠自己的力量尝试与盟军在西线实现和平。机会似乎不大，与魅力四射的隆美尔不同，西线陆军唯克鲁格马首是瞻的可能性太小。尤其是武装党卫军，以及德国海军和空军部队，它们在很大程度上依然效忠希特勒。最后，也许会出现德国士兵在战争中相互射杀的情况。

"克鲁格是一位伟大的士兵，绝对正派且有教养，"就像身为军

10 真相

事反抗组织成员之一的鲁道夫 – 克里斯托弗·盖尔斯多夫男爵（Rudolf-Christoph Freiherr von Gersdorff）在战后所说的那样，"但是，他却不能胜任命运赋予他的革命者和政治家的角色。"

当施蒂尔普纳格尔临近20时在霍法克尔和霍斯特的陪同下抵达拉罗什盖恩城堡之时，他作出了决定。在同一个房间，就像与隆美尔在7月9日所谈论的那样，霍法克尔又一次发表了慷慨激昂的讲话，但克鲁格不是隆美尔。针对霍法克尔滔滔不绝的讲话，克鲁格简明扼要地评述道："说得很好，先生们，可刺杀行动失败了！"他没有继续就此展开，而是在霍法克尔汇报完之后请大家共进晚餐。一股压抑的气氛笼罩在他的客人中。开始时，克鲁格还试图向大家报告他的前线之行，以此来推进他们的谈话。接着，他也沉默不语了。他不知道的是：施蒂尔普纳格尔此刻已没了退路。在出发之前，他下达了启动颠覆计划的命令。就在诸位将领在拉罗什盖恩城堡一言不发地端坐在餐桌前的那一刻，巴黎方面已逮捕了超过1200名盖世太保和情报人员。最后，施蒂尔普纳格尔鼓起勇气，请求允许跟克鲁格单独谈话。

当克鲁格听到在巴黎开展的逮捕行动之后，他咆哮起来，气急败坏地要求："必须立即撤回命令！否则我可什么也不能保证，什么也不能！"一切都太晚了。来自巴黎的报告，部队已经开拨，行动已不可能被阻止了。现在，克鲁格除了继续享用他的晚餐外，无计可施。23时许，这场幽灵般的宴席终于结束。霍法克尔最后一次呼吁克鲁格要对得住自己的良心："元帅先生，您亲手葬送了您的诺言与您的名誉。整个军队的荣誉以及数百万人的命运都掌握在您的手中。"克鲁格默不作声。他早就作出了决定，西线颠覆计划最终失败了。

当希特勒在7月21日凌晨1时通过电台向"他的"人民发表演说的时候，柏林第一批反叛者已被绞死。陆军大将路德维希·贝克被逼自杀，施陶芬伯格伯爵和其他参与反抗运动的军官未经临时军事法庭审判就被直接枪杀。刚从拉罗什盖恩城堡返回巴黎的施蒂尔普纳格尔，在"拉斐尔酒店"俱乐部凝神静气地聆听了"元首"的讲话。"一小撮野心勃勃、肆无忌惮，同时又罪恶深重、愚蠢至极的军官策划了一场想要清除我的阴谋……"施蒂尔普纳格尔笔直地站立在扬声器跟前，默不作声。表面看来，他没什么异常。只有在场的阿尼姆伯爵（Graf Arnim）中尉注意到，这位上将双手攥拳如此之紧，以至于"手指节骨都变白了，指甲掐进了肉里"。希特勒用他沙哑的声音继续说道："这是由一帮犯罪分子组成的一个极小的团伙，他们将被无情地连根拔除。"就这样，施蒂尔普纳格尔获悉了自己的死刑判决。

被捕的盖世太保当天晚上就被重新释放。刺杀行动的第二天伊始，巴黎办事机构内部好像什么事情也没发生一样。对反叛者来说，行之有效的规则是：切忌引人注目！纵使沮丧与失望犹如千钧重担压在心头，也要维持假象！正如在11天前还在为隆美尔起草投降声明的瓦尔特·巴加茨基后来回忆的那样，他在7月21日起床之后立马给他的父母写了一封信。他写这封信的目的是为了进行自我防护，因而全无真情可言："我亲爱的父母：我们这里，全笼罩在针对元首的刺杀行动所造成的恐怖氛围中。今天凌晨，通过电台收听到元首镇定自若的声音，是我一生中最伟大的经历之一。有关这一事件的一切都尚未明朗。一小撮人胆大妄为。我们在巴黎什么也没觉察，直至最初的电台消息流传开来。"

这天早上，当隆美尔在贝尔奈空军野战医院从他的传令官朗格那里获悉针对元首的刺杀行动之后，他很快从震惊中醒悟过来。就连他也必须想方设法弄一份属于自己的生命保险。朗格在7月21日的例行报告中记录道："针对元首的刺杀行动的消息让元帅感到震惊。他表示，我们要感激上帝的旨意，元首为了德国人民而活了下来。"三天后，隆美尔在给妻子的信中再次提及："在我遭遇事故之际，针对元首的刺杀行动让我感到无比震惊。谢天

10 真相

```
                                          Am 24.7.1944.


     Liebe Lu!
          Besten Dank für Deine Briefe vom 17., 2o. und 21.
     Ich bin nun in einem Lazarett und dort recht gut aufge-
     hoben. Man muß natürlich Ruhe halten bis ein Weitertrans-
     port möglich ist, was in 14 Tagen etwa der Fall sein
     wird. Mein linkes Auge ist moch zugeklebt und zugeschwollen,
     wird aber nach ärztlichem Gutachten doch wieder in Ordnung
     kommen. Der Kopf macht noch bei Nacht zu schaffen, bei
     Tage jedoch fühle ich mich wesentlich freier. Zu meinem
     Unfall hat mich das Attentat auf den Führer besonders
     stark erschüttert. Man kann Gott danken, daß es so gut
     abgegangen ist. Kurz zuvor hatte ich noch meine Ansicht
     über die Lage nach oben gegeben.
          Um Daniel tut es mir unendlich leid, denn er war ein
     hervorragender Fahrer und ein pflichtgetreuer Soldat.
          Dir und Manfred recht herzliche Grüße und gute
     Wünsche.
                                     Dein
```

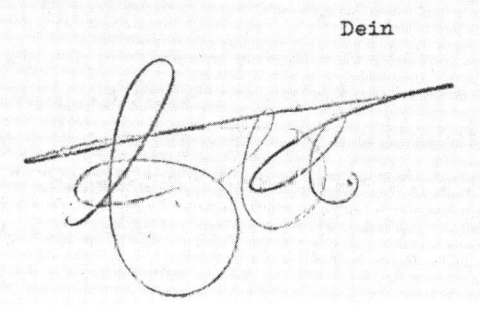

生命保险。隆美尔书信，1944 年 7 月 24 日

谢地，总算有惊无险。"希特勒没有以这种方式死去，或许的确让隆美尔有些如释重负。毕竟在很长一段时间内，他是拒绝对希特勒实施刺杀行动的。然而，隆美尔已成为针对希特勒的反抗运

隆美尔神话

隆美尔书信:

1944年7月24日

亲爱的露（西）！

非常感谢你17日、20日以及21日的来信。我现在身处一家野战医院，在那里有人悉心照料。14天之内，有可能被继续转移。在此之前，我必须保持静养。我的左眼仍然粘连、肿大，但经医生鉴定很快即可恢复正常。晚上的时候，我的头依然会疼痛，不过白天的时候，感觉会好很多。在我遭遇事故之际，针对元首的刺杀行动令我感到震惊。谢天谢地，总算有惊无险。不久前，我还向上面反映过我对时局的看法。

丹尼尔之死，令我无尽悲伤，因为他是一名杰出的驾驶员和一名忠于职守的士兵。

向你和曼弗雷德致以衷心的问候和良好的祝愿！

你的隆美尔（签名）

动的一部分，他的态度并无任何改变。骰子已经掷下，事已至此，木已成舟，现在已没有回头路了。迈出错误的一步，或者说出一句草率的话，都可能让他付出生命的代价。

尽管医生叮嘱他要卧床休息，但隆美尔却急躁不安地在他昏暗的病房里来回踱步。他的左半边脸肿得厉害，眼睛皮下充血，说话也显得困难。即使这样，他内心也无法获得片刻安宁。前线战局的不确定性，令人忧心忡忡，心烦意乱。在攻陷圣洛和卡昂之后，盟军向德军防线的进攻态势比以往更加凌厉了。德军防线的崩溃也就是几天之内的事情。然后，英国和美国的军队会像隆美尔之前预测的那样，如潮水般涌入法国的开阔腹地。贝尔奈野战医院

10 真相

离前线近在咫尺。出于安全原因，用假名登记住院治疗的隆美尔，担心自己会在目前状态下陷入敌人之手。对英国人而言，这位陆军元帅可称得上一份辉煌的战利品。

7月21日，施蒂尔普纳格尔上将从巴黎出发踏上了返回柏林的旅程，他奉命"回国述职"。当执勤警卫11时许在位于克勒贝尔大街（Avenue Kléber）的"曼捷斯帝酒店"的富丽堂皇的大门前向其举枪致敬的时候，他们不会意识到，这位法国集团军指挥官走到了人生终点。施蒂尔普纳格尔乘车行进在前往梅斯的国道（Route Nationale）上。临近下午，他命令司机绕道行驶。施蒂尔普纳格尔指挥座驾驶向凡尔登前方的战场。第一次世界大战期间，他曾作为一名年轻的上尉在这里的战壕中栖身并战斗过。在经过一个名为瓦谢罗维尔（Vacherauville）的小村庄大约1公里后，施蒂尔普纳格尔命令停车。这位陆军上将想下车步行一段路程，并请大家在下一个地点等他。没过多久，只听一声枪响划破了空无人烟的寂静的山谷。"在某些情况下，"施蒂尔普纳格尔之前曾对恩斯特·云格尔提道，"抛弃生命对于卓越之人而言是一种义务。"

然而，这位勇敢的卡尔-海因里希·冯·施蒂尔普纳格尔的苦难历程远未终结。很快，司机和传令兵发现了这位上将的躯体漂浮在马斯河的一条支流中，看上去已经死亡。他头部周围的水体已被鲜血染红。施蒂尔普纳格尔被从水中捞出并被送往凡尔登的一处野战医院。医生挽救了他的生命，只是他的眼睛受到了永久损伤。施蒂尔普纳格尔射瞎了自己的双眼。

7月21日星期五。乍看起来，施蒂尔普纳格尔上将好像是遭遇了游击队的袭击。但医生的检查结果不容置疑。24小时后，施蒂尔普纳格尔自杀的消息甚至传到了巴黎。这种自杀行为，意味着自我确认有罪，逮捕1200名盖世太保并非"误会"，而是一个有预谋的圈套。毫无疑问，施蒂尔普纳格尔就是参与7月20日密谋行动的同谋者。巴黎上空虚假的宁静过去了。从星期六到

隆美尔神话

星期天的那个夜晚，负责政治情报的党卫军保安处位于福煦大街（Avenue Foch）的办公室内开始了审讯。清晨时分，第一位目击证人，施蒂尔普纳格尔的司机因不能自圆其说而出现了心理崩溃。司机供认，在这位前集团军指挥官的参谋部里，人们非常清楚地知道这是一次自杀未遂事件。施蒂尔普纳格尔的参谋长汉斯·奥特弗里德·冯·林斯托（Hans Otfried von Linstow）上校在司机接受审讯之前曾逼迫他："您现在得去党卫军保安处办公室接受调查。劳您大驾，您决不能对自杀未遂一事透露半点风声。在这件事上，我们对我们的上将是负有责任的。"

密探已察觉出了一些蛛丝马迹。林斯托——跟施蒂尔普纳格尔一样也是反抗运动成员之一——在同一天也遭到了审讯并被软禁。盖世太保已触及巴黎同谋者的心脏。从现在开始，就像倒下的多米诺骨牌一样，施蒂尔普纳格尔身边的人一个接一个地落入了刽子手的爪牙。凯萨·冯·霍法克尔仍然逗留在这座城市。出于对家人安全的顾虑，他放弃了藏匿的机会，这是一个既荣耀又危险的决定。从林斯托到霍法克尔仅是一个小步伐，而从霍法克尔那里，线索可以直接指向隆美尔。

星期天，1944年7月23日的早上，大概就在施蒂尔普纳格尔的司机在巴黎作出致命供述的那个时刻，陆军元帅隆美尔被用救护车转移到了圣日耳曼以东的勒韦西内（Le Vesinet）野战医院。正如他之前经常做的那样，这位固执的施瓦本人在贝尔奈也违背了医生的叮嘱，在病房中紧张地踱步。下午早些时候，隆美尔的故交海军上将鲁格拜访他。鲁格为了让隆美尔宽心，带了一本当时的消遣文学书籍，书名为《在丹贝克城堡过周末》（*Wochenende auf Schloss Denbeck*），讲的是一对美国夫妇在一个极其优雅的英国家庭所拥有的一座城堡中发生的"有趣"故事。鲁格给元帅朗读起来。后来，鲁格在日记中不加修饰地写道："这并未引起他太多兴趣，但看上去，似乎起到了一定的镇定作用。"

10 真 相

隆美尔心不在焉，并最终中断了这次阅读。"他谈起了局势，"正如鲁格在日记中所写的那样，"并且谈起了他的愿望，希望不久之后（在改善局势方面）能够有所转机，以便能当面向元首进行汇报。"第二天，鲁格记录道："隆美尔坚持唯有与一方缔结和平才是解决之道，这样在另一方面才能全力自卫"。

这位陆军元帅依然没有完全放弃向希特勒当面直陈的希望。当他曾经的参谋军官汉斯·拉特曼来勒韦西内拜访他的时候，隆美尔更加详细地向拉特曼讲述了他的意图："如果我现在能身体康复，我将去元首那里，清楚地告诉他，你必须作出了断，因为德国人民已作出了巨大的牺牲。不能再这么继续下去了，德国人民已气力殆尽。"这当然是一个十足虚幻的计划。

自1939年9月突袭波兰至1944年7月，总计有270万德国官兵阵亡。这是一场已然输掉但仍在继续的毫无意义的战争。1944年7月至1945年5月8日德国投降的10个月时间，德军阵亡官兵总计270万人，这与此前5年阵亡人数几近相同。在这样的情况之下，竟然没有一位高级军官公然拒绝希特勒的命令，从而避免自己的士兵在优势敌人面前白白送死。就西线而言，原本居住在那里的德国平民可以期待获得盟军士兵的人道对待，然而战争持续造成的唯一后果是：它延长了德国人民的苦难，数百万人为此搭上了性命。

7月23日，陆军元帅克鲁格终于将隆美尔的最后通牒发往了元首大本营，克鲁格补充了自己对当下时局的看法，他的态度与隆美尔一样悲观。7月24日，他到访了勒韦西内。克鲁格和隆美尔当天的实际谈话内容已无从查证。不过，可以肯定的是，两位陆军元帅已事先知道了对元首实施的刺杀行动。

就在克鲁格在这个星期一的下午重新抵达圣日耳曼的时候，巴黎的参谋军官们正注视着穿便服的林斯托上校是如何被一位警官从"拉斐尔酒店"的住处带走的。与此同时，受伤的施蒂尔普纳

隆 美 尔 神 话

格尔在凡尔登野战医院已处于党卫军的监视之下,也是众人皆知。绳套收紧了。7月25日,盖世太保插手了。中午时分,凯萨·冯·霍法克尔在他的一个朋友的寓所被捕。不久后,法国党卫军和警察的高级领袖——党卫军上级集团领袖卡尔－阿尔布莱希特·奥伯格(Carl-Albrecht Oberg)电话通知布鲁门特里特说:"今天下午3时许,请您来我们这里一趟,我们要审讯一个人。在电话里不方便对您说,但我觉得,您亲自到场是非常必要的,因为审讯中将提到一些事情和一些名字,您可以亲自听听"。

因职责所系——作为西线最高指挥官的参谋长——布鲁门特里特在此之前曾参与过此类审问工作。当布鲁门特里特临近下午3时抵达"曼捷斯帝酒店"时,他震惊了。在一股轻松的氛围中,只见奥伯格正与巴黎党卫军保安处处长、党卫军旗队领袖赫尔穆特·克诺亨博士(Dr. Helmut Knochen)以及霍法克尔围坐在酒店一间交谊室的圆桌旁。这次"审讯"一直持续至深夜。香烟云雾缭绕,还有利口酒可供享用,黄昏时分甚至还提供了一顿丰盛的晚餐。霍法克尔将刺杀希特勒一事以及发起暴动的背景和盘托出。不过,他并未对这一事件表达出后悔之意。他将自己描述为整个巴黎暴动过程中除施蒂尔普纳格尔之外的另一位主要负责人。这样,他成功地将盖世太保的注意力转移到了自己身上,掩护了其他同谋者。很多参与巴黎反抗运动的人士因为霍法克尔的这一勇敢举动得以保全了性命。

霍法克尔就隆美尔和克鲁格是否知情一事却在第一次讯问时作了不同的暗示。一方面,霍法克尔本人与两位元帅之间的联系,对盖世太保来说已非秘密,比如7月9日他与隆美尔在拉罗什盖恩城堡的碰面;另一方面,两位元帅的军衔和地位应能适当保护他们不致遭受迫害。布鲁门特里特在战后依然能准确地记起,奥伯格当时是如何震惊地向他报告,"在他抵达之前,霍法克尔提及了克鲁格甚至还有隆美尔的名字。"

10 真相

身处勒韦西内野战医院的那位病人还未意识到自己已乌云压顶。隆美尔的身体康复非常缓慢，他感到无聊至极。忠实的鲁格每天都会来医院陪伴隆美尔，以便给隆美尔在野战医院单调乏味的日常生活带来消遣。要么是鲁格给隆美尔阅读，要么是隆美尔给鲁格讲从马塔尤尔山到阿拉曼的滑稽故事。在此期间，隆美尔还不时地用他的便鞋追打一只令人生厌的苍蝇。鲁格提醒隆美尔，医生只允许他小心翼翼地做一些舒缓运动。隆美尔笑着回答："我知道。"不管怎样，这位陆军元帅看上去心情不错。7月30日，就像鲁格所说的那样，"他（隆美尔）受伤后第一次表达了这样的思想，他很高兴事情进展到现在这个样子"。是因为他遭遇的事故帮他推卸掉了责任吗？

在这些天里，大概没人愿意处在隆美尔的继任者，陆军元帅克鲁格的位置上了。7月31日，美军第3集团军成功突破了阿夫朗什（Avranches）防线。就像之前所预测的那样，敌人持续不断、势不可挡地涌入了法国的开阔腹地。克鲁格苦涩地向他的参谋部军官发表讲话："先生们，美国人的突破，对我们以及对德国人民来说，意味着苦难终结的开始。我看不到任何阻止敌人进攻的可能性。请您记住我说的这些话，如果您将来有机会回忆这一时刻的话。"

隆美尔以他自己的方式作出了反应。他知道，离巴黎陷落之日不远了。他坚决要求医生同意他出院回家。医生们驳斥了他的请求，因为这位陆军元帅仍需静养。然而，隆美尔却粗暴地吼道，"他是陆军元帅"。正如鲁格在其回忆录中有关这次逃跑所记录的那样，"他知道自己有几斤几两，他会为自己承担责任"。直至第二天，汉斯·施派达尔居中介入调停后，隆美尔才屈从了医生的意见，答应延后一星期回家。

这期间，凯萨·冯·霍法克尔被转移到了位于柏林阿尔布莱希特王子大街（Prinz-Albrecht-Straße）臭名昭著的盖世太保监狱。

隆美尔神话

据信，在这里审讯是以另一种方式进行的。霍法克尔成功地将他的几件内衣从柏林监狱转交给了他以前的一位办公室职员。内衣上干燥的血迹清晰地表明：霍法克尔遭到了刑讯。

霍法克尔的供词，与几乎所有盖世太保关于1944年7月20日密谋行动所制作的档案一样，时至今日依然下落不明。在所谓的卡尔滕布鲁纳报告中，我们可以发现一些踪迹。在这些报告中，帝国保安总局局长恩斯特·卡尔滕布鲁纳（Ernst Kaltenbrunner）向鲍曼和希特勒就案件的调查进展情况作了汇报。诚然，这些报告并非全为真相。然而，霍法克尔的供词还是能相对准确地得到重构。曾经看过霍法克尔审讯记录的威廉·凯特尔、阿尔弗雷德·约德尔以及恩斯特·迈泽尔将军在战后各自独立地就有关7月20日密谋行动的审讯内容作过报告。他们的供述在之前我们曾引用过的鲍曼文件备忘录中得到了充分证实。根据三位将军的报告以及鲍曼文件备忘录，霍法克尔向盖世太保描述了他与隆美尔在拉罗什盖恩城堡谈话的诸多细节，因而在一定程度上关联了这位陆军元帅。

1944年8月1日下午5时许，希特勒打电话让国防军指挥参谋部参谋长阿尔弗雷德·约德尔上将到他那里去。"元首让我阅读，"约德尔随后在日记中写道，"卡尔滕布鲁纳呈送的关于霍法克尔中校与克鲁格和隆美尔谈话的报告。（元首）将在隆美尔身体康复之后向其询问有关情况，然后悄无声息地将其解职。"第二次世界大战之后，约德尔在纽伦堡国际军事法庭的庭审中再次忆时说道："元首对陆军元帅隆美尔的背叛深感震惊……他不想对德国人民做出将隆美尔送上法庭接受审判这样的事来，毕竟他（隆美尔）在德国人民心中拥有卓越的声望。"

第二天，约瑟夫·戈培尔造访"狼堡"。看来希特勒对此事依然没有完全明晰，隆美尔到底在多大程度上参与了政变行动。如果隆美尔坦承自己是政变的同谋者，那么，对这位独裁者来说将

10 真相

左眼皮瘫痪。隆美尔在勒韦西内野战医院，1944 年 7 月

隆美尔神话

意味着一种政治破产。在与希特勒会谈之后，戈培尔在日记中写道："元首确信，隆美尔虽未参与刺杀行动的筹备，但他应为此事的知情者。我要说的是，这是除柏林警察局长沃尔夫·海因里希·冯·海尔多夫（伯爵）（Wolf Heinrich Graf von Helldorf）之外，最令我感到沮丧的事情。不过，我早就料到，他（隆美尔）不是一匹有耐力的赛马。他有些离奇古怪的政治想法。顺风顺水时，他可以作为帅才使用；危机降临时，他并不具备内心阻抗能力。"

与希特勒谈话之后，这位帝国宣传部长向柏林发出指示，开始拆毁他之前一手塑造的隆美尔英雄形象。于是，在8月3日，媒体第一次通报之前一直被严加保密的隆美尔受伤之事。公告中说，陆军元帅不幸遭遇车祸而受伤。隆美尔愤怒地在例行报告中记录道："陆军元帅以最坚决的态度对柏林公布自己受伤的……方式方法予以拒绝。显然是有人不愿意承认，集团军群的最高指挥官竟因盟军的低空飞机而折戟的事实。"

至少从现在起，隆美尔意识到他再次失宠了。在返回赫尔林根之前，他的一位老朋友——他们曾共同在德累斯顿度过了一段时光——库尔特·黑塞来拜访他。隆美尔立刻滔滔不绝地谈论起来，他首先谈到的是自己的遭遇，接下来谈到的是他对元首的行动方针（Demarche）的看法以及目前的总体局势。后来，黑塞就其与隆美尔的这次会面写道："在这次会谈中，隆美尔说了一句切中要害的话，'他（阿道夫·希特勒）必须离开。他是德国的不幸。'当我在离别之际说，希望他（隆美尔）能很快康复，并在另外一个重要的位置上再次见到他时，他回答说：'希望届时不会太晚！'"

就在隆美尔于8月8日从巴黎被运回德国的同时，在柏林"人民法庭"针对8名参与7月20日密谋行动的主要领导人的诉讼程序已近尾声。除了陆军元帅埃尔温·冯·维茨莱本、彼得·约克·冯·瓦腾堡伯爵（Peter Graf Yorck von Wartenburg）之外，还有7月20

10 真相

回到家中。 在隆美尔位于赫尔林根的家前边,1944 年

隆美尔神话

日傍晚时分在"毛尔森林"接听克鲁格电话的赫尔穆特·史蒂夫少将也出庭受审。在"人民法庭"主席罗兰德·弗莱斯勒博士（Dr. Roland Freisler）具有表演性质的有辱人格的导演之下，法庭按照苏联的公开审判模式进行了审理。8位被告均被判处绞刑，并判立即执行。垂死者的临终痛苦由《新闻周刊》的摄影师现场录音录像。8月8日晚上，希特勒让人在他的大本营放映了录制的影片。

隆美尔变得警觉起来。到家之后，为了保护妻子，他向露西隐瞒了真相。他伪装的完美程度，从下述事实中可见一斑，即便在战争结束之后，露西·隆美尔也仍然不愿相信，她的丈夫卷入了针对希特勒的刺杀行动。1945年9月9日，露西发表了一份声明。在这份声明中她否认隆美尔与反抗运动之间存在任何联系："我想再次确认的是，我的丈夫没有参与1944年7月20日密谋行动的筹划或者实施。作为一名士兵，他绝不会走这样一条道路……作为一名士兵，他只服务于他的人民。"

隆美尔不想让他的儿子曼弗雷德因知晓自己的父亲在刺杀行动中所扮演的角色而受到威胁。在他父亲身体康复的这段时间，正在炮兵部队服预备役的曼弗雷德被准予休假。在父亲与儿子之间的多次长时间谈话中，隆美尔从未提及任何对希特勒实施的刺杀行动。

隆美尔最大的忧虑在于这场已变得毫无疑义的战争的牺牲品身上。他曾多次愤怒地对他的儿子讲道："我们在西线的每一次射击，击中的都是我们自己！"与此同时，他向儿子吐露心声，他在法国时曾打算，"为敌人开辟……通往德国的道路"。每当他收到那些处于监禁之中的"非洲人"的信件（这种事情经常发生），他都会表现出伤感并说："上帝终究比我们人类聪明。"隆美尔忆及当年德国－意大利军队被遗弃在突尼斯之时，他的心情简直沮丧到了极点。"现在他才意识到，"就像他对儿子曼弗雷德所说的那样，"或许监禁对他们来说是最好的选择，至少不用白白送死了。"

10 真相

梅尔希奥·冯·施利彭巴赫
（MELCHIOR VON SCHLIPPENBACH）
法国战场军官

"每个星期，西线集团军参谋部都会派人去他（隆美尔）位于赫尔林根的家里，一是向他汇报，二是向他请教，我就去了两次。在一次聊天中，他说漏了嘴，'施利彭巴赫，你不觉得，如果7月20日如愿以偿，情况会更好一些吗？'我不知道该如何回答这个问题。因为我完全不知道，他所站的立场。我小心翼翼地回答，大致是这样说的，'是的，就像元帅先生您说的那样。'我没有表明自己的观点。我可以肯定地记得他使用了这个词：'如愿以偿。'他所指为何，是监禁或是刺杀行动和谋杀，我不得而知。他使用了'如愿以偿'这个词。"

　　哪怕是隆美尔这样的元帅就军事局势或政治发表言论，也是极度危险的。尽管如此，他依然不能克制自己的批判性评论，如遇上发脾气，则更加不能控制。8月中旬，乌尔姆市党部头目威廉·迈尔（Wilhelm Maier）拜访他的时候，他就没能管住自己的嘴。

　　这次拜访虽然带有官方性质——乌尔姆地方党部首脑转达巴登-符腾堡（Baden-Württemburg）省党部首脑对这位声名卓著的陆军元帅的亲切问候，但由于隆美尔与迈尔在学生时代就相识，他们之间的谈话很快就带入了私人性质。隆美尔毫无顾忌地发泄自己心中的怒火：战争已经失败了，希特勒身边净是些半吊子之

隆美尔神话

人！"元首,"隆美尔说道,"从未现身诺曼底,我们的士兵多么期望能看到他;相反,丘吉尔倒是去了入侵海岸多次。"这位地方性党部头目试图缓和气氛:"如果失去了对元首的信任,我们会彻底绝望的。"但隆美尔现在已没有心思再听什么冠冕堂皇的废话,他就事论事地补充道:"反正已经没有希望了。我自1942年亲身经历元首的所作所为以来,就产生了这样的印象,他(元首)的智力衰退了"。按照隆美尔的儿子曼弗雷德——他是这次谈话的见证人——的描述,这位市党部头目听到这些话差点从椅子上跌落下来。他祈求隆美尔,在任何场合都不要重复这种亵渎神明的言辞了。

露西·隆美尔对她丈夫的这种坦率所造成的影响忧心忡忡。迈尔走了之后,她急切地请求她的丈夫"说话要有分寸"。太晚了。迈尔的造访对隆美尔来说成了压死骆驼的最后一根稻草。就这次谈话给他留下的印象,这位市党部头目向他的一位朋友——海登海姆市长鲁道夫·迈埃尔博士(Dr. Rudolf Meier)吐露心声,"连陆军元帅隆美尔都不再相信'最后胜利'之类的鬼话,帝国的没落看来是无可避免了"。但迈埃尔博士却有着与迈尔不同的忧虑。"陆军元帅的态度"引发了他的高度关注。在未告知威廉·迈尔的情况下,他向一位值得信赖的党内同志科隆穆勒(Kronmüller)求助。科隆穆勒气愤不已,这事必须向上面汇报。

这样,隆美尔在毫不知情的状况下,陷入了被两面夹击的境地。一方面,一位狂热的党员同志计划告发隆美尔的这种失败主义态度。隆美尔的言论放在任何普通市民身上,都够他们在集中营待上几年了。另一方面,盖世太保因霍法克尔的供述而开展了对隆美尔的卧底调查。就在市党部头目威廉·迈尔到隆美尔的家拜访之前,乌尔姆的党卫军保安处已在秘密调查,"陆军元帅隆美尔是否对战事发表了一些消极的言论"。8月14日,党卫军帝国领袖希姆莱现身元首大本营向希特勒汇报工作。这次汇报所用的便

10 真相

完美伪装。隆美尔与家人在一起,1944年8月

笺被保留了下来。汇报的第 5 条出现了克鲁格和隆美尔的名字。很显然,在针对巴黎反抗成员的审讯中,盖世太保获取了新的情报。就在这天,希特勒的武装党卫军联络官、党卫军集团领袖赫尔曼·费格赖恩(Hermann Fegelein)在元首大本营没完没了地用隐晦的暗示性语言描述自己掌握了"与 7 月 20 日政变有关联的其他几位将军和元帅的罪证"。

第一个受到牵连的是克鲁格。一件偶发事件决定了他的命运。8 月 15 日,也即希姆莱在元首大本营向希特勒汇报的第二天,克鲁格的车队在法莱斯(Falaise)以南遭到了敌人低空飞机的攻击。他的敞篷式军用吉普车以及无线电台被摧毁。克鲁格与外界失去了联络,此时只有一辆汽车可以继续前行。最后一次接收到克鲁

隆美尔神话

格的无线电信号是在9时30分。直到22时许,他才抵达了此行的目的地——海因里希·艾伯巴赫的装甲集群作战司令部。由于遭到了敌人的持续空袭,这位陆军元帅花了整整16个小时才走完这段长度仅为80公里的路程。

属下向希特勒汇报说,克鲁格失踪了。对希特勒来说,这太值得怀疑了,这位有重大嫌疑与7月20日密谋人士沆瀣一气的陆军元帅或许正企图与盟军建立联系,以便单方面与敌人作停战协定的谈判。8月17日,陆军元帅瓦尔特·莫德尔(Walter Model)令人惊讶地抵达法国出现在克鲁格面前。他随身携带了一份措辞严厉的解职公函,莫德尔将接替克鲁格的职位。几个星期以来,

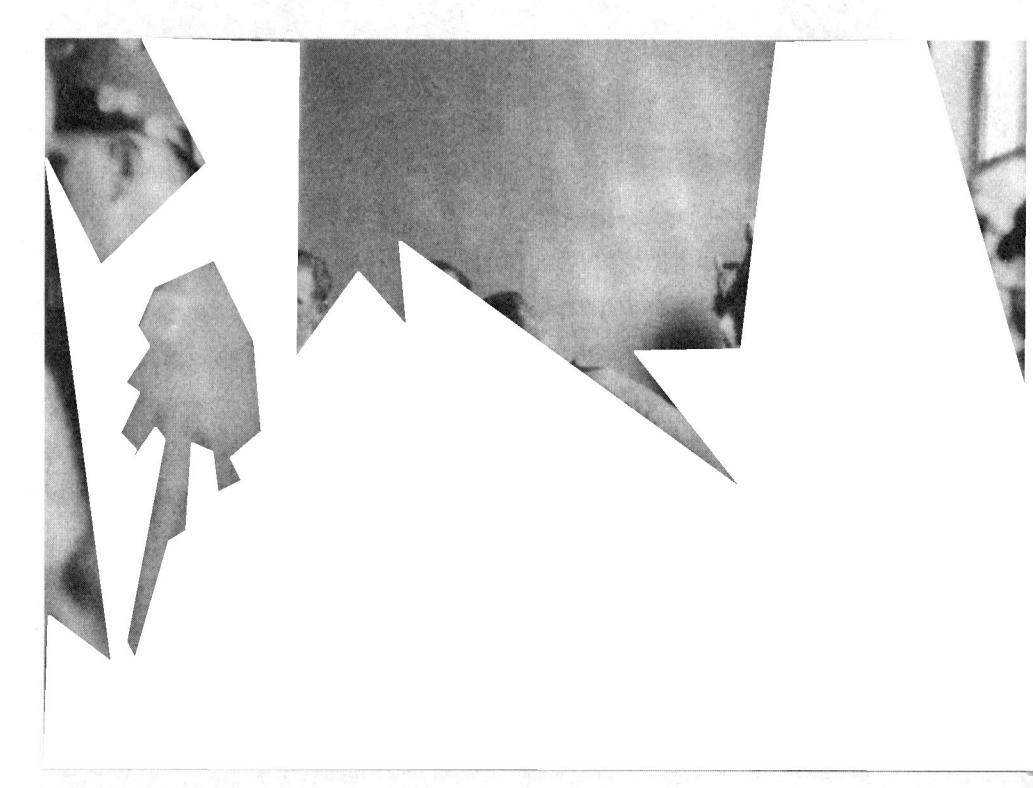

"现在关乎的是我的性命。"
霍法克尔(左二)与林斯托(前屈者),在"人民法庭",1944年8月29日

在前线几次差点送命的克鲁格心中充满苦闷。他不明白希特勒为什么会这样对待自己，法国战场为什么会出现这样的军事局面。虽然这种局面的造成跟他并无关系，但他却不得不一概承受。8月19日，他服用氟化钾（Zyankali）自杀身亡。装有毒药的小玻璃瓶自7月20日晚上以来就一直带在他的身边。

克鲁格给希特勒留下了一封信，在信中，他再次冷静地总结了造成当下危局的原因。这封信的精彩之处在于克鲁格的恳切呼吁："（德国）人民已然承受了无可名状的痛苦。是时候去终结这种恐怖了。"在信的末尾处，或许是出于保护其家人的缘故，避免这位独裁者迁怒于他们，克鲁格对希特勒进行了热情洋溢的赞美——"我的元首，我就要与您告别了。在我内心深处，我对您比您自己所预料的还要依恋。我清楚地意识到，我已尽我所能履行了我的职责。"

8月29日，在柏林"人民法庭"开始了针对巴黎反抗人士的主审判程序。眼睛上缠着一圈白色绷带的巴黎反叛者首领冯·施蒂尔普纳格尔上将刚直不阿地站立在弗莱斯勒法官面前。就连那些盖世太保的密探们也不得不对他的举止肃然起敬。他拒绝在主审判中提及任何参与者的名字。至于隆美尔和克鲁格，他没好气地说道："两位陆军元帅不在讨论之列！"凯萨·冯·霍法克尔的话也充满了挑衅意味，"我要说的是，主席先生，'现在关乎的是我的性命，一年之后关乎的就是你的性命了'。"

施蒂尔普纳格尔、霍法克尔、芬克、林斯托以及其他4位被告均被判处死刑。隆美尔和克鲁格的涉案情况，弗莱斯勒只在他的判决书中略微提及。比如，关于反叛者在柏林的碰面，弗莱斯勒写道："霍法克尔在那里就西线战事陈述了他的失败主义观点，为了支撑他的论点，他滥用了两位陆军元帅的名字"。这当然与盖世太保获得的情报有很大的出入。许多证据表明，不仅隆美尔卷入反抗运动的疑点重重，就连他试图与盟军缔结和平的计划也

隆美尔神话

开始浮出了水面。8月31日在元首大本营举行的一次局势协商会上,希特勒提及此事时说道:"隆美尔做了一件在这种情况下对于一个士兵来说最糟糕的事情:另寻他路,而不是寻找军事出路。"

对待克鲁格的问题,据称是为了维护国防军的声誉,希特勒要求保守克鲁格自杀的秘密。同样,这位独裁者在如何对待隆美尔一事上仍不愿真实公开,即公开让隆美尔承担责任。1944年9月3日,这位陆军元帅被正式解除B集团军群最高指挥官的职务,并被转入"领袖预备役"。这件事本身对于一位在战场上负伤的军官来说并没什么大惊小怪。就身体健康而言,隆美尔也远未恢复到受伤之前的状态。他罹患剧烈的头痛且严重失眠。虽然肿胀症状已消失,伤口也已愈合,但他的左眼皮自事故发生那天起一直瘫痪至今。隆美尔被定期带往图宾根(Tübingen)大学附属医院进行后续治疗,这才成功地逐渐睁开了左眼皮。接着,隆美尔骄傲地对那些来拜访他的人宣称,他现在通过左眼也能看清东西了。

9月6日,汉斯·施派达尔令人惊讶地出现在赫尔林根。两天之前,他在拉罗什盖恩城堡被莫名其妙地解除了B集团军群总参谋长的职务。看来,在他身上要发生什么事情了。9月7日,施派达尔在位于弗洛伊登施塔特的家里遭到了盖世太保的逮捕并被解往柏林。审讯于9月8日早上9时开始,持续了72个小时,其间只有几次短暂的中断。尽管他被折磨得疲惫不堪,盖世太保甚至还威胁他说要向他的妻子和孩子"伸手",施派达尔至审讯结束之时概不承认自己知情刺杀行动。

然而,盖世太保手中还有一张王牌。一名戴着镣铐的难友被带进了审讯室,他的身上有遭受严重虐待的痕迹。施派达尔惊异地认出了眼前的这个骨瘦如柴的男人:凯萨·冯·霍法克尔。他是针对巴黎反抗圈子的诉讼程序中唯一一个被宣判死刑却仍未被绞死之人。很显然,调查人员期望能从他身上攫取更多有价值的情报。在施派达尔与霍法克尔对质3个小时之后,盖世太保终于从施派

10 真相

达尔那里得到了他们想要的东西。施派达尔供认，他从7月9日造访拉罗什盖恩城堡的霍法克尔那里得知了实施刺杀行动的计划。

荣誉法庭曾举行过一次会议，这次会议引证了汉斯·施派达尔的供述。陆军大将海因茨·古德里安和陆军中将海因里希·基希海姆当时作为陪审团成员参加了这次会议。施派达尔陈述，他在当天就向他的上司陆军元帅隆美尔告知了霍法克尔的秘密。但他并不清楚隆美尔是否继续向上报告。这样，他虽然提供了隆美尔的罪证，但并未背叛隆美尔。

施派达尔当时并不知道，战后也更不可能知晓的是：他的供述对盖世太保来说毫无新意。隆美尔是刺杀行动的知情人一事，早就由别的被捕者，比如施蒂尔普纳格尔、霍法克尔以及克鲁格的女婿卡尔·恩斯特·拉特根斯（Karl Ernst Ratgens）作出了供述。他们比施派达尔走得更远：隆美尔不但知晓刺杀计划，还同意了这项计划，且愿意在政变之后建立的新政府中效力。施派达尔的内心深处也许终其一生都遭受着这件事的折磨，即他认为是自己出卖了自己尊敬的陆军元帅。事实上，并非他想得那样简单。

两周后，原本微不足道的一件小事打破了僵局，即8月中旬隆美尔与乌尔姆市党部头目威廉·迈尔之间展开的那次谈话，隆美尔在谈话中对希特勒和时局进行了轻蔑的评价。那位过度狂热的党员同志科隆穆勒绞尽脑汁地想要找到一种告发隆美尔的方法。最终，他在1944年9月19日直接向马丁·鲍曼寄送了一份有关这次谈话内容的报告。这位元首秘书高兴得不行，他早就对隆美尔充满了猜疑。在隆美尔功勋卓著之时，这位"阅兵将军"对他来说是神圣不可侵犯的，但现在是时候给隆美尔以致命一击了。

9月27日，鲍曼在"狼堡"向他的"元首"呈送了科隆穆勒的报告。9月28日，他撰写了一份文件备忘录，在这份备忘录中他再次记录下了自己的立场。这份文件备忘录的绝大部分内容与他向希特勒所作的汇报一致，其中充满了半真半假的陈述和对

隆美尔神话

隆美尔的严重不实的指控。

这位陆军元帅的声誉全拜他围绕自身进行的"非比寻常的吹嘘"所赐。"我本人,"鲍曼写道,"从未将隆美尔看作什么军事天才。"他还拿奥地利蒂罗尔省党部头目安德里亚斯·霍费尔对隆美尔所作的控诉做文章——他指责隆美尔在驻防意大利北部期间发表了带有悲观主义色彩的言论。除此之外,鲍曼还指责隆美尔在担任希特勒青年团联络官时的行为不当,称其绝不能被视为国家社会主义者。鲍曼继续写道:"我……觉得隆美尔是一个爱慕虚荣之人,他乐于从早到晚让人拍照。根据我的经验,这种爱慕虚荣之人决不可能位居最干练之人的行列。因为一个真正的干练之人,不会认为在相机面前持续不断地出风头是必要之事。"

甚至就连隆美尔的近视,鲍曼也大做文章,"隆美尔出于虚荣之心,从不戴眼镜。因此,只有将文件放置鼻子跟前时,他才能看清文字。"最后,鲍曼满意地记录道:"昨天,我恪尽职守,将科隆穆勒的报告转呈给了元首,接着元首就报告的内容与陆军元帅凯特尔、党卫军帝国领袖希姆莱以及布格多夫上将进行了讨论。后续处置交由陆军元帅凯特尔负责。"

最后一句话的措辞意味着,受鲍曼鼓动,希特勒终于下定决心要对隆美尔卷入反抗运动一事作个了结。作为国防军最高统帅部总参谋长的陆军元帅威廉·凯特尔在战后接受纽伦堡国际军事法庭审判时回忆,希特勒告诉他:"只有两个选择:一个是由您告知(隆美尔);另一个是由您将其逮捕,并立即对其提起法庭诉讼程序。"告知隆美尔,意为让隆美尔自己作决定。"他作为一名军官,"正如凯特尔所说,"应该知道,他需要承担什么样的后果。"隆美尔应该自杀,如果他拒绝自杀,则会被送上"人民法庭"接受审判。只不过,他们必须阻止后一种情况的发生。逮捕隆美尔的选项在当前状况下被排除在外。希特勒与凯特尔在这一点上的意见是一致的。他们明白,如将这位声名远扬且受人

10 真 相

承担后果。1944 年 8 月

隆美尔神话

爱戴的陆军元帅逮捕并送上人民法庭接受审判，德国将激起一桩惊世骇俗的丑闻。

隆美尔肯定也觉察到了，危险正向他逼近。9月6日，也就是施派达尔令人惊讶地从法国前来拜访他的那天下午，一位邻居报告说，他看见两个可疑人物在距离隆美尔家不远的地方来回游荡。只要有路人靠近他们，他们就会快速消失在树林中。这位陆军元帅的副官，赫尔曼·阿尔丁格（Herman Aldinger）上尉，不久之后成功抓获了这两个人。油墨未干的通行证件表明，他们都是工程师，为躲避盟军轰炸从雷根斯堡（Regensburg）迁移到赫尔林根，以建立一座新的兵工厂。阿尔丁格除了将这两个可疑人士放走之外，无计可施。

此刻，隆美尔所意识到的，经由一份时至今日尚未公开的战后审讯记录得到了证实：自9月7日起，隆美尔受到了两名来自慕尼黑的盖世太保的24小时监视。事实上，这两名特务配备了全新的通行证和一辆悬挂施瓦本牌照的汽车，甚至还有驻慕尼黑的第7装备检查所（Rüstungsinspektion VII）的证件。针对隆美尔的监视代号为"卢美尔"（Rummel）。监视情况必须每天经由信使送往慕尼黑，再从慕尼黑转发至柏林，被直接送到党卫军高级突击队中队领袖约阿希姆·哈曼（Joachim Hamann）的案头上。这位帝国保安总局的部门负责人在袭击苏联时恶行累累，"经受住了考验"。他的"哈曼突击队"要为谋杀超过7万名立陶宛犹太人负单独责任。时下，他在臭名昭著的帝国保安总局第四局A处第3分队负责处理与德国"右翼反对势力"有关的事务。在7月20日刺杀行动之后，这里变得异常忙碌。

自盖世太保特务事件之后，隆美尔在散步时总在大衣兜里揣一把手枪。他在家门口安排了军事岗哨，他预料到自己或将被逮捕。除此之外，正如他的儿子曼弗雷德回忆的那样，他常常将在法国期间的所有重要材料带在身边，为的是时刻准备着用这些材料证

10 真 相

明自己在防御盟军入侵失败这件事上没有任何罪责。自 1944 年早些时候，他就有这样的想法了。当时，他开始让人在拉罗什盖恩城堡的塔楼上秘密制作所有命令和拟稿的副本。

隆美尔非常清楚的是，希特勒虽然由于战争失利而将无以计数的元帅和将军解职，甚至让他们提前退休，但希特勒从未迫害、逮捕，更别说处死他们。从目前为止传到他耳边的为数不多的信息中，隆美尔能勾勒出有关自己处境的一幅非常清晰的图景：他受伤的消息被当作一起普通的交通事故卖给新闻媒体；克鲁格自杀；施蒂尔普纳格尔和霍法克尔被判处死刑；施派达尔被捕；他本人被盖世太保监视。所有这些证据都清楚地表明，隆美尔已进入了调查人员的视野。这并非源于军事失误——毫无疑问，调查动机应是他对政变的知情与同意。

隆美尔知晓后果的严重性。在他长时间的散步中，无数次想象，希特勒会如何反应。他与这位独裁者都明白，针对他的事件决不会发起一场诉讼，他决不会被送上"人民法庭"接受审判。"这样的话，"隆美尔对他的儿子说道，"对希特勒来说将意味着终结。"

10 月 1 日，他向希特勒提出了最后一个请求。在写给这位独裁者的一封信中，他公开为自己被捕的参谋长说好话。在详细陈述了施派达尔的正直为人及其建立的功勋之后，隆美尔毫无恶意地强调："我想象不出，究竟是何故导致陆军中将施派达尔被解职，然后被逮捕。"隆美尔在这份文件的结尾处写道："我始终怀有一个信念，那就是为您的新德国战斗并取得胜利。万岁，我的元首！埃尔温·隆美尔。"

可以肯定的是，隆美尔已不再相信希特勒的新德国能创造什么未来，这封信无非是过往的一种陈词滥调而已。不过，它还是揭示出了隆美尔内心深刻的精神分裂。在整封信中，隆美尔都偏执于这样的想法：或许仍有可能让这位独裁者回归理性。然而，这种希望并未维持多久。隆美尔口授完这封信不久，即将其束之高阁。

隆美尔神话

理智再次占据了上风——希特勒终究不会相信他。

1944年10月初,隆美尔开始了他的战争回忆录最后一章的写作。与往常一样,露西端坐在打字机旁,将她丈夫口述的句子敲打成文字,还是与盟军入侵相关。隆美尔罗列了所有导致防御失败的已知的、正当的理由,在回顾诺曼底战役时,他得出了一个引人注目的结论:"不管怎样,我相信,我们……终将输掉这场战役,因为我们发起的反攻均被敌人的舰炮和空军击溃,我们的炮兵和掷弹兵阵地被盟军疯狂地逐个端掉。"

接着,他作出了一个大胆的结论,他将整个战争的失败归咎于对非洲战场的忽视。按照隆美尔的观点,当时如能提供更好的补给和更多的士兵,或许可在非洲成功击败英国军队并夺取苏伊士运河、埃及、东非、叙利亚以及美索不达米亚。这样,轴心国不仅可以获取数以百万吨计的石油,占领波斯湾的港口城市巴士拉(Basra),还将严重破坏美国人为俄国提供的补给。最重要的是,还有可能对俄国南线形成背后偷袭之势。

作为统帅,隆美尔心中依然还没有放弃这样的梦想,如何才能引领希特勒的战争走向胜利,即便他清楚地知道这种妄想的结果。在他的回忆录的结尾处,隆美尔写道:"我们已不能承受同时在两条战线作战的负担。在东线,俄国人已突破了我们的防线,消灭了我们的多个作战师并正向西挺进。在东线和西线,新的前沿部队只能用最后的预备役艰难地拼凑。我们的周围变得一片昏暗。"

10月4日,位于柏林的所谓荣誉法庭召开了一次有关陆军中将汉斯·施派达尔的会议。荣誉法庭,这一由高级军官组成的会议,创始于7月20日刺杀行动之后,目的是保持陆军相对于党卫军帝国领袖统辖的机构的独立自主性。荣誉法庭变成了某种唯命是从的辅助性陪审团,其职责是将陆军中的可疑军官驱逐出国防军,然后将他们移送"人民法庭"接受审判。

帝国保安总局局长、党卫军上级集团领袖恩斯特·卡尔滕布鲁

10 真相

最后的照片。图宾根大学附属医院，1944年10月

纳亲自代表控方出席了这次会议。他认为施派达尔陈述的——施派达尔将霍法克尔有关刺杀行动的消息转告了隆美尔，但对这位陆军元帅没有就此继续向上汇报一事一无所知——是"不可信的"。施派达尔位居参谋长要职，隆美尔不可能对其隐瞒他打算秘密处置霍法克尔报告的想法。"假如施派达尔将计划报告给国防军最高统帅部，"按照卡尔滕布鲁纳的观点，"刺杀行动一定会提前得到阻止。正是因为他按下不报，致使刺杀行动成为可能。作为刺杀行动的知情者和帮凶，他是有罪的。"主持这次会议的陆军

元帅凯特尔补充道,"元首已表达了他的观点,施派达尔是有罪的,这一点不容置疑"。

房间里弥漫着尴尬的沉默气氛。凯特尔敦促在场的军衔最低的陆军中将海因里希·基希海姆第一个作出判决。基希海姆犹豫了一会儿,然后声音洪亮、字正腔圆地说道:"无罪,消除嫌疑。"施派达尔是幸运的,不少陪审将军出于维护荣誉法庭名声的缘故会选择顺水推舟,防止事态进一步恶化。当凯特尔厉声抨击在他眼中这一判决太过温和时,在场的陆军大将海因茨·古德里安也附和了基希海姆的意见。在经过激烈的辩论之后,在场的6位高级军官不顾凯特尔和卡尔滕布鲁纳的抗议最终一致判决"无罪",施派达尔得救了。然而,除了2个星期的圣诞假期的中断之外,施派达尔一直被监禁。1945年4月29日,在经历穿越德国的历险漂泊之后,施派达尔最终在施瓦本地区的乌尔瑙(Urnau)被法国军队解放。

针对施派达尔的审理程序对隆美尔的命运来说已无关紧要。早在10月初,恶名昭彰的约阿希姆·哈曼已第一次现身赫尔林根。当时,他就预先通知盖世太保的密探们,"监管必须更加严密,时间已越来越紧迫"。现在,这位陆军元帅将再无逃跑的可能。

1944年10月7日,星期六上午,隆美尔位于赫尔林根的家里的电话响了。隆美尔的传令官赫尔穆特·朗格接听了电话。电话那边是陆军元帅威廉·凯特尔。凯特尔在电话中说,希望隆美尔能来柏林参加一次重要的会谈。星期一早上,为了隆美尔北上将有一趟专列停靠在乌尔姆火车站。朗格擅自应对说:"眼下这不具有可行性,因为陆军元帅的身体还未康复。""那您就等着瞧吧!"说完,凯特尔怒不可遏地将听筒甩到了托架上。

隆美尔得知此事后,暴跳如雷。当天,朗格不得不离开了隆美尔的家。隆美尔的怒火平息后,他承认,他的传令官的应对方式并未错误到如此严重的地步。这天,他对自己的儿子曼弗雷德说道:

10 真 相

"我不该这么粗鲁地对待朗格先生。"隆美尔甚至想到,他是否应该前往图宾根大学附属医院住院。最终,他打电话给他的医生,让他们开具证明,说他还不适合长途奔波。然后,他让人接通了元首大本营的电话。接电话的不是凯特尔,而是国防军陆军人事局局长威廉·布格多夫(Wilhelm Burgdorf)上将。隆美尔早在德累斯顿期间就认识布格多夫了。布格多夫告诉他,他应该来柏林谈谈他以后的调遣之事。

"很遗憾,"隆美尔回答说,"我的医生暂时禁止我履行公务。必要时,你可以给我派一个值得信任的军官"。隆美尔并未真正安定下来。恰恰相反,他担心自己性命难保。

海军上将鲁格通报,他将于接下来的星期三,1944年10月11日拜访隆美尔。能够见到这位从拉罗什盖恩城堡来的密友,让隆美尔感到高兴。露西为客人准备了一桌以烤鹿肉为主菜的小型盛宴,并将餐桌布置得像过节一样。宴席结束后,两位先生躲进了陆军元帅的办公室。隆美尔端着一杯香槟,谈起了来自柏林的电话。他说,出于健康原因,他回绝了前往柏林的请求。然后,隆美尔补充道:"我知道,我将不会活着前往。"鲁格认为,这位陆军元帅不过是在开玩笑,借着隆美尔健康状况的由头回答说:"还没有糟糕到这种程度吧。"隆美尔跳过了鲁格这一笨拙的评论,岔开了话题。直到隆美尔死后,鲁格或许才领悟到了隆美尔这句话的真正含义。第二天早上,这位陆军元帅亲自陪同鲁格到了火车站。此后,隆美尔与鲁格再未相见。

10月13日,隆美尔夫妇在隔了很长一段时间之后进行了一次远足。他们到阿尔高地区拜访了隆美尔的老友奥斯卡·法尼。处在他那样的境地,隆美尔选择去探访法尼,似乎并非偶然。隆美尔对法尼充满了信任。私下,隆美尔向法尼坦白,他怀疑由于7月20日发生的刺杀事件,自己正遭受迫害。法尼愤怒地说道:"希特勒还不敢碰你!"隆美尔展现得相当冷静:"不,他想要除掉我。"

接下来，隆美尔表达了他的最后一个愿望："假如我有什么不测，我请求你照料一下我的儿子。"

傍晚时分，隆美尔在露西的陪伴下回到家里，他的传令兵鲁道夫·路易斯特尔用一个不好的消息迎接他的归来。当隆美尔出门的时候，布格多夫上将打电话通知，他将在明天12时至13时在另一位先生的陪同下抵达赫尔林根。隆美尔意识到，他生命中的最后时刻来临了。他表面上看起来镇静自若。这天晚上，他还与他的副官赫尔曼·阿尔丁格一起坐了很长时间。隆美尔说，"要利用布格多夫这次到访的机会澄清，诺曼底前线为何会崩溃"。"他请求我，"就像阿尔丁格所说的那样，"准备好一套卡片，这样，他就能依据提纲向将军们汇报情势的进展情况。"隆美尔的伪装还是起到了作用的。直到1947年阿尔丁格在慕尼黑去纳粹化诉讼中还认为："我们觉得，这应该是某种形式上的为法国战场所作的辩护。陆军元帅问了我多次：'您准备好了吗？您准备好这张还有那张卡片了吗？'"

当天21时许，威廉·布格多夫、恩斯特·迈泽尔两位将军，以及安东·埃恩施佩格（Anton Ehrnsperger）少校抵达了英戈尔施塔特（Ingolstadt）。稍晚时候，约阿希姆·哈曼也加入了诸位军官的行列。哈曼从柏林带了6名盖世太保，目的是确保明天行动不出纰漏。当他们再次详细讨论了行动的所有细节后，这些人返回了各自的房间。

11月14日，隆美尔很早就起床了。当他的副官阿尔丁格6时30分来到隆美尔家的时候，他看到这位陆军元帅已站在露台上了。隆美尔的目光正焦躁不安地盯着敌人的几架歼击轰炸机，飞机在空中形成的凝结尾迹就像粉笔画出的线条。他的儿子曼弗雷德一个星期之前返回了位于乌尔姆的炮兵预备役军营，今天早上即将搭乘早班火车回家度周末。阿尔丁格去乌尔姆办了几件事，大约10时45分返回了赫尔林根。此时，曼弗雷德已经到家了。他的父

10 真 相

亲神色凝重地迎接他说："或许今天晚上我就将死去。"

11时许，12名身着便衣的盖世太保密探悄无声息地各就各位，将隆美尔的家围了起来。除了哈曼从柏林带来的6个人，又从慕尼黑加派了4个。他们得到的命令是，"用武力阻止任何逃跑的企图"。在通往隆美尔家的维平格小径（Wippinger Steige）的入口处，盖世太保将一辆运货马车一推，这辆马车立即滚到了大街上。这样，唯一一条隆美尔可资利用的逃跑路线也被封锁了。第二次世界大战后，一名党卫军成员作证，当时就连附近的一条从慕尼黑到斯图加特的高速公路也被临时封闭了，就是为了防止隆美尔在最后时刻搭乘飞机逃脱。

12时，布格多夫和迈泽尔乘坐一辆黑色的1.7升排量的梅赛德斯（Mercedes）汽车来到隆美尔的庄园。他们让司机在花园大门口处停车，步行抵达正门。鲁道夫·路易斯特尔开门迎接两位将军并引导他们进入屋内。几位先生甚至没有脱下他们的大衣，就请求立即与隆美尔会谈。陆军元帅隆美尔与他的妻子正在书房静候

曼弗雷德·隆美尔 当时15岁

"我是早上到家的，想利用周末时间帮他做点事情。接着，我父亲对我说：'或许今天晚上我就将死去，这种可能性很大。'他同我谈了些事情，然后那些人就来了。一开始的时候并无什么特别，之后，他们请求单独与他谈话。可见，他已预料到了，这一点是很清楚的。"

时代见证人 ZEITZEUGEN

他们的到来。带着一丝令人感动的不明就里的表情，露西·隆美尔问道，客人们是否要留下来用餐。布格多夫谢绝了，然后请她离开房间，因为他和迈泽尔要与她的丈夫谈论一些公务。

露西退出去之后，布格多夫解释说，"他受'元首'委托，因'隆美尔参与了7月20日反抗运动的准备工作'而前来造访。"布格多夫朗读了数份供词，这些供词长达两页多。除了其他几位的报告之外，主要是霍法克尔关于两人在拉罗什盖恩城堡会晤的报告加重了这位陆军元帅的罪责。

隆美尔面色变得苍白起来。布格多夫请求他现在作出选择：自杀或者被送上人民法庭。隆美尔站了起来，在房间里默不作声地走来走去。然后，他作出了让步并宣称："我会承担责任。"将军们沉默了。他坐了一会儿后又站了起来。与此同时，他几乎语带歉意地说道："我爱元首，现在还爱他！"

作为希特勒专制政权的一名忠实的奴仆，陆军中将恩斯特·迈泽尔即便在战后因其帮助谋杀隆美尔而被提起的诉讼中，也不忘在审讯记录中揶揄说，当年隆美尔的这番言论有多么地令他"作呕"。忠诚于希特勒的迈泽尔，认为这是一种"虚伪"。迈泽尔绝不相信，一位反抗运动人士的内心会迷恋于希特勒而不能自拔。无论时空如何变换，无论从哪个角度审视，埃尔温·隆美尔的一生都充满矛盾。

在其陈述的最后，布格多夫请求允许单独与陆军元帅待一会儿。当迈泽尔离开房间之际，隆美尔对布格多夫说："……恐怕我不能很好地使用手枪。"此时，布格多夫很有可能对隆美尔坦承，他随身带了氰化钾胶囊。布格多夫可能对隆美尔作了安抚：他的家人不会遭受迫害，而他本人最终将被体面地安葬。当布格多夫说完之后，隆美尔请求允许与自己的妻子和儿子道别。

隆美尔沿着楼梯，摸索着走向二楼。他在卧室里找到了自己的妻子。"我无法用语言形容，"后来露西·隆美尔写道，"他当时脸上的那种神情。"她不安地问道："出了什么事吗？"隆美尔心不在焉地回答："15分钟后，我将死去。"

阿尔丁格上尉过后不久也从楼梯走了上来，他听到露西·隆美尔"在悲伤地哭泣"。门虚掩着，他看到隆美尔沮丧地在房间里站着，"脸上血色全无"。此刻，曼弗雷德·隆美尔也来到了父亲身边。阿尔丁格不想打扰他们，轻轻地回到了自己的房间。隆美尔跟随他走了进来，一只手臂搭在了他的肩膀上。早在第一次世界大战时，阿尔丁格就在隆美尔的山地连作战，两位同龄人之间产生了深厚的友谊。隆美尔轻声说道："阿尔丁格，现在是结束的时候了。"这位忠诚的副官热泪盈眶。隆美尔简短描述了与两位将军之间的谈话，并总结道："我认为自己是无罪的。我没有参与刺杀行动。我的整个生命都报效给了祖国，并尽了自己的全力。请您替我向我的施瓦本人民，特别是我亲爱的山地连老朋友们致以问候。"

当隆美尔再次回到底楼时，他看上去已泰然自若。曼弗雷德和阿尔丁格帮他穿好大衣。隆美尔在衣兜里摸到了他的钱包，然后问道："我应该带着吗？"阿尔丁格看起来快哭了，嘟哝着说："这些都不重要了。"最后，隆美尔拿起了他的元帅手杖，戴上了他的帽子。隆美尔还习惯性地抓起了一把房门的备用钥匙。

他犹豫了一会儿，然后将钥匙塞到了儿子的手中。隆美尔、布格多夫、迈泽尔三人一起向汽车走去。隆美尔坐在后排右边，紧挨着布格多夫。车门关上了，梅赛德斯汽车发动了。

大约行驶了500米之后，汽车停在一片小树林中的一个废弃的砾石坑旁。布格多夫让恩斯特·迈泽尔将军和司机海因里希·多泽（Heinrich Doose）下车并离车远点儿。大约5分钟后，布格多夫喊两位重新回到车上。根据后来多泽的描述："我看到隆美尔在后排坐着，很明显正处于弥留之际，无意识地瘫倒在座位上抽噎——不是喘息或呻吟，而是'抽噎'。"

汽车全速驶往乌尔姆。伴随隆美尔死亡而来的是一场病态

隆美尔神话

> Plötzlich und unerwartet verschied nach seiner schweren Verwundung vom 17. 7. 1944 im 53. Lebensjahr mein geliebter Mann und der treueste Freund seines Sohnes, unser lieber Bruder, Schwager und Onkel
>
> **Generalfeldmarschall Erwin Rommel**
> Ritter des Ordens Pour le Mérite
> Inhaber des Ritterkreuzes mit Eichenlaub, Schwertern und Brillanten, des goldenen Verwundetenabzeichens und anderer hohen Auszeichnungen.
>
> Sein Leben war Dienst am Vaterland.
>
> In tiefer Trauer im Namen aller Angehörigen
> Frau **Lucie-Maria Rommel**
> **Manfred Rommel**, z. Zt. Luftwaffenhelfer.
>
> Herrlingen b. Ulm, am 14. 10. 1944.
>
> Von Beileidsbesuchen wird gebeten, Abstand zu nehmen.

讣告。1944 年 10 月 14 日

的表演。轮胎发出刺耳的急刹声，汽车停在位于瓦格纳学校（Wagnerschule）的野战医院前。两名被召唤而来的卫生兵将隆美尔的遗体抬到手术室。手足无措的上尉军医弗里茨·布莱德霍夫博士（Dr. Fritz Breiderhoff）被告知，隆美尔在来乌尔姆的途中

10　真　相

讣告：

  1944年7月17日身受重伤之后，我心爱的丈夫，他儿子最忠实的朋友，我们敬爱的哥哥、妹夫和伯伯、舅舅不期暴卒，享年53岁。

陆军元帅埃尔温·隆美尔
蓝马克斯骑士勋章
钻石双剑银橡叶骑士铁十字勋章、
金质重伤勋章及其他各种高级奖章获得者。

他毕生为祖国效力。

以全体家属名义致以沉痛哀悼
露西－玛丽亚·隆美尔女士
曼弗雷德·隆美尔，现为炮兵预备役

乌尔姆近郊赫尔林根，1944年10月14日。

吊唁时请保持距离。

脏病突发。布莱德霍夫立即采取了措施，将一剂强心针注射到了隆美尔的心脏部位，毫无反应。于是，布格多夫上将赶往乌尔姆市警备司令部，打电话向人在元首大本营的陆军元帅威廉·凯特尔报告了整个行动的实施过程。

用谎言织就的大弥撒。乌尔姆，1944 年 10 月 18 日

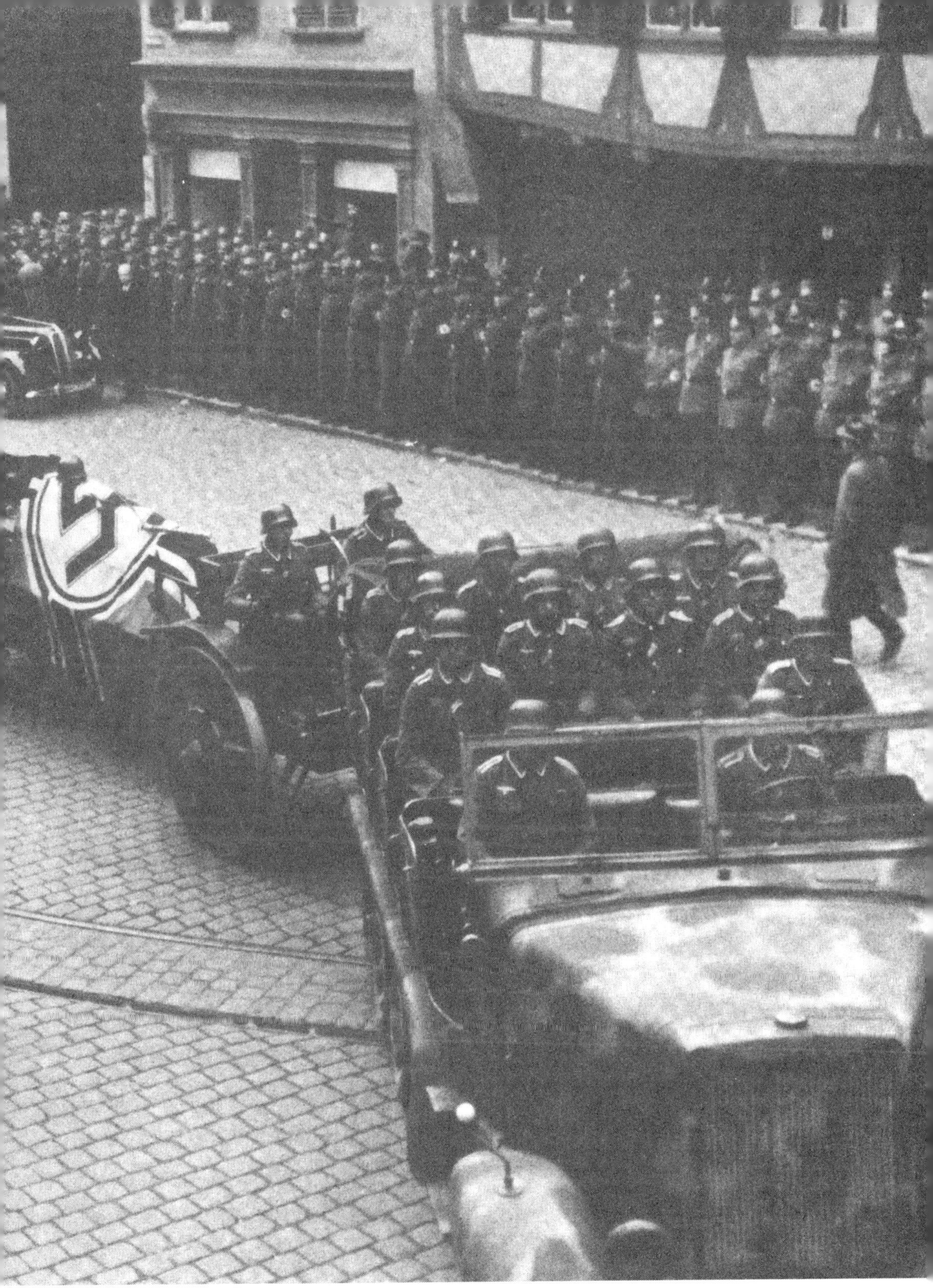

隆美尔神话

希特勒的唁电。1944 年 10 月 16 日

希特勒的唁电：

元首发给露西·隆美尔女士的电报

收报时间：1944 年 10 月 16 日
收报地点：多瑙河畔乌尔姆近郊赫尔林根

值此您因丈夫去世而遭受重大损失之际，请您接受我诚挚的哀悼。陆军元帅隆美尔的大名，将永远和他在北非开展的英勇战斗联结在一起。

阿道夫·希特勒

10 真相

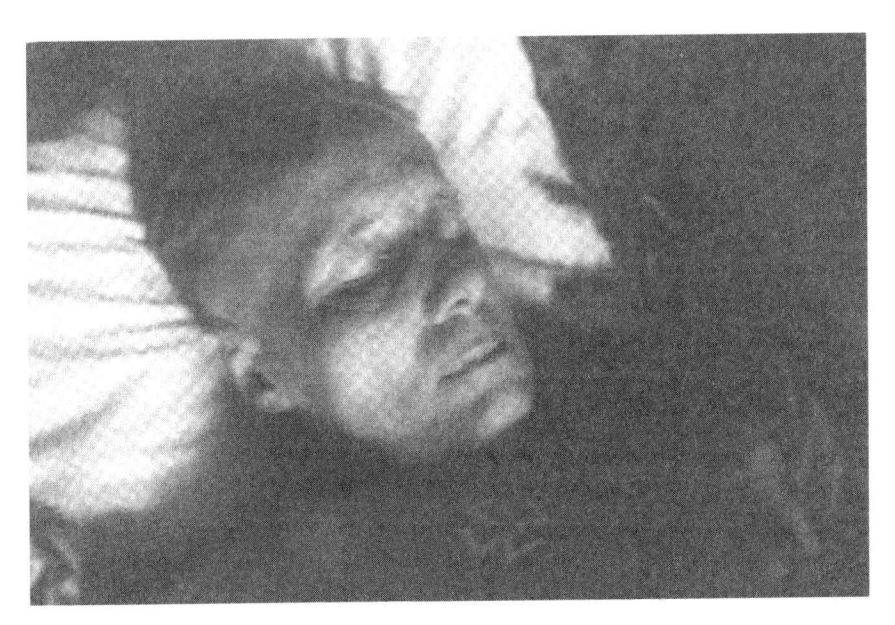

在临终床上。

党卫军高级突击队中队领袖约阿希姆·哈曼不知从何处冒了出来，突然出现在手术室，他请求与布莱德霍夫博士私下谈谈。谈话的内容显然跟签发隆美尔死亡证书有关。布莱德霍夫拒绝为隆美尔的死亡提供不实证明。无论如何，隆美尔的死亡证书上还是获得了另一位乌尔姆医生——一位信得过的党员同志——的签名。在死亡原因一栏，这位医生写道："因在西线遭遇工伤事故而造成心脏骤停。"

在此期间，一名护士小姐正在手术室里无微不至地照料着死者。她擦掉隆美尔嘴边残留的白色泡沫，替他重新整理制服，将脱落的骑士铁十字勋章围到他的脖颈上，用几朵快速从房前采摘的紫菀装饰了一下临终床。

与此相比，10月18日在乌尔姆市政厅上演的一幕哀悼大戏何其冷漠。隆美尔的灵柩上覆盖着帝国军旗。隆美尔的元帅手杖、钢盔，以及佩剑摆放在军旗之上。在一张修会座椅的软垫上，隆

隆美尔神话

美尔世俗荣耀的象征之物熠熠闪光:蓝马克斯勋章、钻石双剑银橡叶骑士铁十字勋章。希特勒和他的圣骑士们理所当然地缺席了葬礼。为此,人们开始更加关心隆美尔之死。几乎没人意识到,究竟发生了什么。只有几个人注意到,曼弗雷德·隆美尔和他的母亲呆若木鸡地站在那里。两人除了通过出席葬礼来为这场由谎言织就的大弥撒背书之外,没有别的选择。

陆军元帅格尔德·冯·伦德施泰特被命令代表元首前往乌尔姆。这位老人并不清楚,他的这位法国战场的部下是在什么情况下死去的。他感到少许不安,他与隆美尔之间的联系太少,在隆美尔的葬礼上扮演这样一个引人注目的角色并不适宜。他的讲话笨拙生硬,缺乏人情味。伦德施泰特讲话的最精彩部分是:"这名不屈的战士充满了国家社会主义精神,这种精神诠释了他行为的力量源泉和基础。他的心属于元首。"第一句话无非是一种惯用的陈词滥调,它不可能恰如其分地刻画出隆美尔的个性。伦德施泰特的第二句话倒是无心讲出了关于隆美尔的一个真相:隆美尔的心属于元首。然而,更为重要的是,当希特勒的命令违背他的良心时,隆美尔总能显现出力量和勇气,作出抵制希特勒的决定。这是关于埃尔温·隆美尔的另一个真相。

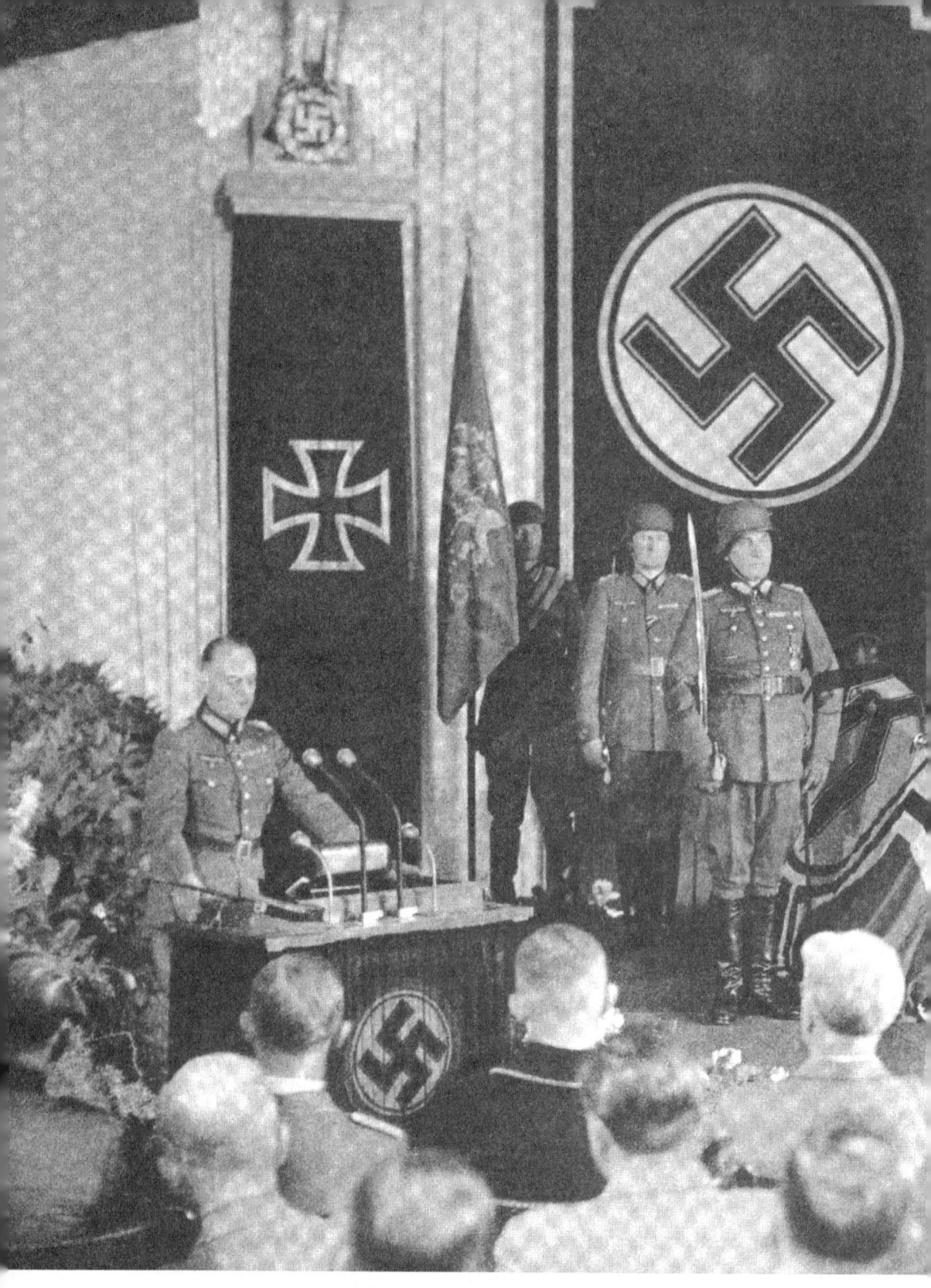

他的心属于元首。伦德施泰特致悼词。乌尔姆，1944 年 10 月 18 日

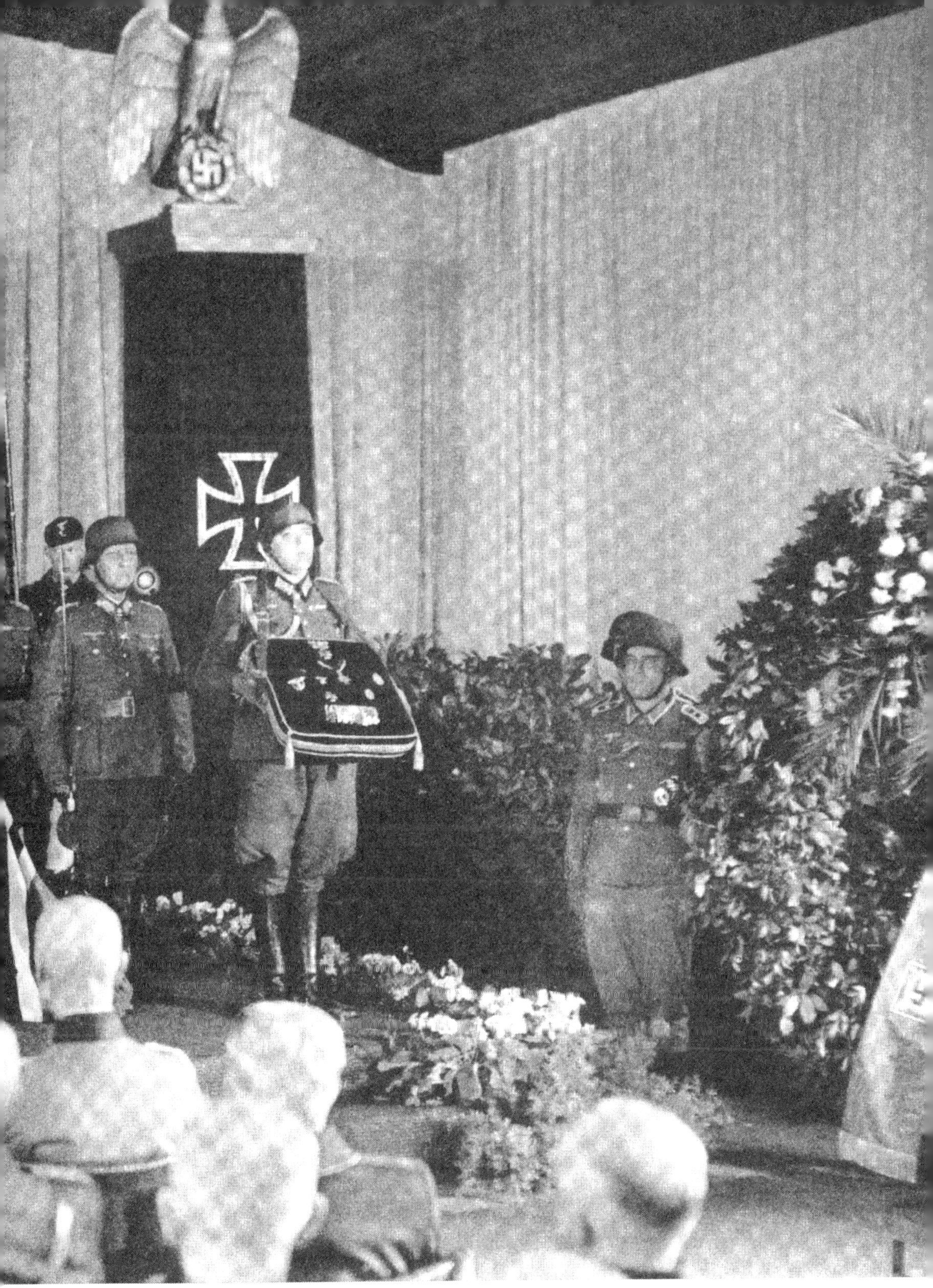

后　记

　　第二次世界大战之后,隆美尔的儿子曼弗雷德在大学学习了法律专业,并获得了博士学位。他成为了一名基督教民主联盟党(Christlich Demokratische Union,简称 CDU)的活跃分子,在斯图加特市长任上成为老德意志联邦共和国(Bundesrepublik Deutschland,简称 BRD)时期一位知名的地方政治家。在 1977 年 10 月 18 日星期二的那个晚上,"红军派"(Rote Armee Fraktion,简称 RAF)恐怖分子安德雷亚斯·巴德尔(Andreas Baader)、古德伦·恩斯林(Gudrun Ensslin)和扬-卡尔·拉斯佩(Jan-Carl Raspe)在斯图加特-施塔姆海姆(Stuttgart-Stammheim)监狱自杀。接下来的几天,人们就死者应被安葬于何处爆发了激烈的争执。10 月 20 日,当恩斯林的家人向市长曼弗雷德·隆美尔求助,请求在多恩哈尔登墓园(Dornhaldenfriedhof)得到一块墓地时,他快速、灵活地作出了决定,满足了家属们的心愿。"死亡,"曼弗雷德·隆美尔说道,"终结一切仇恨。"为此,他遭受了甚至来自他自身所在政党的猛烈抨击。在坚持人道主义立场上,曼弗雷德·隆美尔不为所动。

　　曼弗雷德·隆美尔的态度在很多方面让人想起了他的父亲。在生命的最关键时刻,埃尔温·隆美尔不受任何外界影响,遵从自己的良心采取行动。面对希特勒的谋杀命令,隆美尔作出了人道

隆美尔神话

主义的反应——他阻止了那些谋杀命令的执行。当时的情况是，他并未对他所服务的体制质疑，但他知道，这一体制要求他执行的命令显然是犯罪。

在阿拉曼，隆美尔用了 24 个小时作出决定，违背希特勒的命令实施了大撤退。他遵从于自己的良心，做了他认为正确的事情。目的是为了拯救他的士兵的生命，当然也是出于军事方面的考量。一支被俘的军队不会再有战斗力。

隆美尔所作出的很多决定并无惊讶。只是当时的很多德国人没有像他那样采取行动。隆美尔知晓并同意实施针对希特勒的刺杀计划，事实上非常平常。甚至连政变成功后，隆美尔是否会在新政府中效力在隆美尔心中也并不重要，这并不是他蜕变为一名反抗人士的真正原因。

隆美尔奉行了自己的一项旨在终止战争的计划。在作出这一决定之前，他走过了很长的一段路。从阿拉曼开始，隆美尔就不再相信"最后胜利"。在接下来的几个月里，他渐渐确信，唯一摆脱覆没的出路是与西方盟军签订单方面和平协定。但是，这并不意味着隆美尔赞同在东线继续开展希特勒的灭绝战争。隆美尔所希望的是有效防守德国的东部边境，他不愿苏联红军踏上德国的土地。

如果说，1943 年秋天在意大利，隆美尔还只是将这一解决方案作为一项应急措施来考虑的话；那么，到了 1944 年初，隆美尔则希望通过成功防御盟军入侵为德国创造一个相对强势的谈判地位，由此与英国和美国达成一份尚可接受的和平协议。尚在盟军登陆之前，隆美尔就尝到了现实的苦果——他多次尝试与希特勒会谈，以说服希特勒相信签署单方面和平协定的必要性。在他们的最后一次会面中，这位独裁者竟然让隆美尔连嘴都插不上。

主要存在三个因素鼓励隆美尔实施反抗行动：其一，对未来德国的忧虑——当失败迫近时，充斥其脑海的全是对德国和人民的

后 记

担忧，而并非军事野心。其二，他对获悉的希特勒政权所实施的残暴行为表示愤怒。其三，1944年所有接近他的那些反抗人士的态度为隆美尔带来了深远影响，这些人来自形形色色的、各式各样的德国反抗运动圈子和团体。

他最终构想出了一个令人难以置信的计划：隆美尔意欲独当一面，向盟军开放西线。隆美尔从未将全部希望寄托于刺杀，事实上，霍法克尔在7月9日与隆美尔在拉罗什盖恩城堡会谈时尚不清楚具体的刺杀日期。隆美尔作出了一项孤独的决定，即便没有刺杀行动，他也会坚决地执行。隆美尔头脑冷静地开展着自己的准备工作，西线大多数军事指挥官们已站到了他这一边。他预料到蒙哥马利会作出善意的回应。

如果隆美尔足够幸运，可以实施他的计划，其结果或许会使盟军快速挺进到帝国边境，希特勒政权则将不可避免地崩溃。隆美尔认为，这种方案执行的成功率远大于刺杀希特勒行动。数百万人的生命将因此而得到拯救。所有这些希望均出人意料地因1944年7月17日盟军的一次低空空袭毁于一旦。隆美尔的计划就这样落空了。

对隆美尔来说，实施这一计划的风险并不亚于针对希特勒的刺杀行动。他甚至短暂地设想过将自己的家人接到法国，以便在行动之日逃脱希特勒的报复。但隆美尔放弃了，因为这将引发希特勒的怀疑。后来，人们责备他说，1944年10月14日，出于对家人安全的顾虑他选择了自杀而不是现身"人民法庭"。他错过了以法庭方式挑战这位独裁者的机会。这样的谴责罔顾了事实。在隆美尔濒临死亡的时刻，他只有自杀或者被杀两个选择。希特勒决不允许隆美尔被送上"人民法庭"接受审判。就其参与的反抗行动而言，隆美尔是不会轻言妥协的——就算面对他的家人也是一样。为此，他付出了自己的生命。

隆美尔对希特勒个人的态度却没有这么截然分明。自1939年

隆美尔神话

在波兰担任元首大本营指挥官时,他就开始不加批判地推崇这位独裁者。那时,希特勒的统治,尤其是给德国和奥地利的犹太人带来的严重迫害,隆美尔不可能全然不知。隆美尔对此进行了谴责,然而他并未向这些处于困境中的人们施以援手。对他来说,希特勒政权的虚假成功胜过了它的阴暗面。这是一种糟糕的妥协。他必须继续妥协下去吗?被蓄意误导的隆美尔并未意识到对波兰发动闪电攻击乃是希特勒策动第二次世界大战的开始。事实上,隆美尔也并未参与针对苏联的灭绝战争计划。1941年6月22日,德军突然对苏联发动进攻时,隆美尔正身处托布鲁克前方的沙漠。

非洲一直是个"副战场"。然而,确定无疑的是,如果非洲集团军能成功地向巴勒斯坦推进,那么,阿道夫·艾希曼的刽子手们也会如影随形地来到这片土地,其后果的恐怖程度将不堪设想。这点,隆美尔估计也很难完全预料。希特勒针对犹太人的迫害,他知道的程度也非常有限。原因在于,他待在"人迹罕至的"非洲太长时间。直到1944年2月,他才从斯图加特市长施特罗林那里获知了事情的全部真相。隆美尔对这一罪行进行了坚决否定。或许,直至生命的最后,隆美尔都在自我安慰:希特勒并非这些罪行的始作俑者。隆美尔一直保持着对希特勒的忠诚,即便这种忠诚自阿拉曼以来不再是不加任何批判的了。直至他生命的最后一刻,他都纠缠于这种情感而不能自拔。

希特勒从一开始就在某些方面利用了这位幼稚的施瓦本人。隆美尔的声誉,"隆美尔神话",变成了体制的一部分。情非所愿,隆美尔或许从未真正意识到这点,隆美尔成为了这一残忍政权的帮凶。这使他作为统帅所取得的功绩被置于罪恶的阴影之下,但这并非一种个体责任。

在奥德河畔法兰克福(Frankfurt an der Oder)有一个小村庄,村庄的名字叫弗里德斯多夫(Friedersdorf)。那里有座乡村教堂,教堂里悬挂着一则古老的墓志铭。这则墓志铭让人想起了腓特烈

后记

大帝的一名中校——约翰·弗里德里希·阿道夫·冯·德·马尔维茨(Johann Friedrich Adolf von der Marwitz),他就葬在这里。在"七年战争"中,马尔维茨在德累斯顿前方拒绝执行他的国王发出的作为报复行动的烧毁胡贝图斯堡宫(Schloss Hubertusburg)的命令。为此,他遭到了革职处理,马尔维茨死于1781年12月14日。他的墓志铭上写着:"(我)选择了失宠,在那里服从不会带来荣耀。"这句话也适用于埃尔温·隆美尔。

致　谢

我要特别感谢恩斯特·海因里希·施密特博士（Dr. Ernst Heinrich Schmidt），他曾担任过位于拉施塔特（Rastatt）的军队历史博物馆（Wehrgeschichtliches Museum）馆长，位于波茨坦的军事历史研究局（Militärgeschichtliches Forschungsamt）博物馆专员，以及阿拉曼战役博物馆重新布展项目经理。作为顾问，他全程参与了本书的创作和纪录片的录制。他的宝贵建议，以及他对军事技艺本质的深刻洞见归功于他渊博的军事历史知识。就此而言，他对于还原隆美尔这一人物形象作出了无与伦比的贡献。

我要衷心感谢在幕后工作的赖因哈德·施通普夫博士（Dr. Reinhard Stumpf），他或许是最杰出的第二次世界大战北非战场专家。祝愿他关于沙漠战争的专著能够早日出版，以便广为公众所知。

我要感谢德国非洲军团联合会（Bundesverband Deutsches Afrika-Korps e.V.）副主席汉斯-京特·史塔克（Hans-Günther Stark），他孜孜不倦地对我的项目提供了亲密无间的支持。

我要感谢曼弗雷德·隆美尔博士（Dr. Manfred Rommel）多次富有启发性的谈话。他通过对事物的明晰洞察以及对本书底稿的批判式评论，在帮助理解他父亲的问题上提供了重要帮助。

我要感谢罗尔夫·穆宁格（Rolf Munninger）和罗尔夫·维尔纳·福尔克（Rolf Werner Völker），他们热情且耐心地传授了他们来自北

隆 美 尔 神 话

非战场的经验并使获取关于埃尔温·隆美尔的重要认知成为可能。

我要感谢温里希·贝尔（Winrich Behr）在他家中对我的亲切接待，感谢他极富启迪的对话，及其关于隆美尔1943—1944年在法国停留这段时间为我提供的真知灼见。

同时，我还要感谢温里希·贝尔以及海因里希·冯·艾恩西德尔伯爵（Heinrich Graf von Einsiedel）对斯大林格勒这一主题所作的重要指摘。

我要对以下人士表达我的谢意：海因茨－鲁特格·博格特博士（Dr. Heinz-Ludger Borgert），联邦档案馆分馆，路德维希斯堡；鲁伊特伯德·冯·布劳恩（Luitpold von Braun），慕尼黑；海因里希·比歇勒尔（Heinrich Bücheler），因齐格科芬（Inzigkofen）；米夏埃尔·布德鲁斯（Michael Buddrus），德国当代历史研究所柏林分部；玛格丽特·艾歇尔曼（Magarete Eichelmann），德意志民主共和国国家安全部档案联邦托管处，柏林；赫里伯特·恩克尔（Heribert Engl），慕尼黑；曼弗雷德·克里希博士（Dr. Manfred Kehrig）、库尔特·埃尔德曼（Kurt Erdmann）、芭芭拉·基索（Babara Kiesow），联邦档案馆之军事档案馆，弗莱堡；沃尔夫冈·艾奇曼博士（Dr. Wolfgang Etschmann），陆军历史博物馆（Heeresgeschichtliches Museum），维也纳；法学博士伯恩哈德·冯·法肯豪森男爵（Dr. jur. Bernhard Freiherr von Falkenhausen），埃森（Essen）；迪特尔·弗里泽博士（Dr. Dieter Friese），哥斯拉；卡尔－海因茨·弗里泽尔博士（Dr. Karl-Heinz Frieser）、格哈德·P. 格罗斯博士（Dr. Gerhard P. Groß），军事历史研究局，波茨坦；阿西姆·福克斯（Archim Fuchs），巴伐利亚档案馆，第四馆藏部：战争档案；克劳斯－于尔根·赫尔曼博士（Dr. Klaus-Jürgen Herrmann），施瓦本格明德市档案馆；阿尔弗雷德·冯·霍法克尔（Alfred von Hofacker），伊京（Icking）；卡尔·海因茨·霍夫克斯（Karl Heinz Höffkes），格舍尔（Gescher）；海

致 谢

纳·卡勒（Heiner Kahle），隆美尔博物馆（Rommel Museum），赫尔林根；卢茨·克林克哈默尔博士（Dr. Lutz Klinkhammer），德国历史研究所（Deutsches Historisches Institut），罗马；史蒂芬·屈迈尔（Stefan Kühmayer），德国国防军战争损失与战争俘虏问讯处，柏林；米夏埃尔·朗格（Michael Lang），摩格林根（Mögglingen）；霍斯特－京特·朗格（Horst-Günter Lange），哥斯拉；约尔克·莱斯特博士（Dr. Jörg Leist），阿尔高地区旺根；乌韦·罗曼（Uwe Lohmann），魏因加腾市档案馆；哈特穆特·梅林格博士（Dr. Hartmut Mehringer）、迪特尔·波尔博士（Dr. Dieter Pohl）、薇罗妮卡·耶奈特（Veronika Jaehnert）、乌尔里克·塔莱（Ulrike Talei）、赫尔曼·魏斯（Herrmann Weiß），德国当代历史研究所，慕尼黑；弗朗茨·摩格勒－霍法克尔（Franz Mögle-Hofacker），斯图加特主国家档案馆；席比勒·彼得（Sybille Peter），慕尼黑；贝丽特·皮斯托拉（Berit Pistora），科布伦茨联邦档案馆图片资料室；弗里德里克·冯·伯尔尼茨男爵夫人（Friederike Freifrau von Pölnitz），慕尼黑；瓦尔特·罗勒（Walter Roller），德国广播电台档案馆，美因河畔法兰克福；弗兰克·所罗门（Frank Salomon），德国战争墓地维护委员会（Deutsche Kriegsgräberfürsorge），卡塞尔（Kassel）；鲁道夫·施耐德（Rudolf Schneider），施陶希茨（Stauchitz）；彼得·舒伽博士（Dr. Peter Schyga），汉诺威（Hannover）；汉斯·H. 施派达尔（Hans H. Speidel），波茨坦；阿尔弗雷德·陶森普芬德博士（Dr. Alfred Tausendpfund），慕尼黑国家档案馆；阿达尔伯特·冯·泰森（Adalbert von Taysen），高廷（Gauting）；克里斯托弗·泰普伯格博士（Dr. Christoph Tepperberg）、彼得·布鲁切克（Peter Broutzec）、格哈德·阿特尔博士（Dr. Gerhard Artl），维也纳战争档案馆（Kriegsarchiv Wien）；约翰内斯·图赫尔博士（Dr. Johannes Tuchel），德国反抗运动纪念馆，柏林；汉斯·贡特·福

隆美尔神话

格特（Hans Gunter Voigt），联邦档案馆之影片档案馆，柏林；西格弗里德·韦斯特法尔（Siegfried Westphal），慕尼黑；伯尔诺·魏施曼教授博士（Prof. Dr. Berno Wischmann），巴德索贝恩海姆。

我要感谢纪录片的责任编辑沃尔夫冈·兰特格莱伯（Wolfgang Landgraeber），西德意志广播电台（WDR）；托马斯·费舍尔博士（Dr. Thomas Fischer），德国西南广播电台（SWR）；西尔维娅·古特曼（Silvia Gutmann），北德意志广播电台（NDR）；阿奈特·坎茨勒（Anette Kanzler）、马丁·胡普纳（Martin Hübner），中德意志广播电台（MDR）。他们在文献资料方面为我提供的帮助大大加深了我对这一主题的理解。

我还要特别感谢我的同事们，他们在超过一年的时间里竭尽全力为这一项目进行细致的调查研究。我要感谢托马斯·施泰勒（Thomas Staehler），他帮助我们以一种经得起检验的方式，自信地使某些迄今为止未被澄清的关于埃尔温·隆美尔生平的真相大白于天下。

我想特别感谢彼得·克莱默（Peter Kremer），他坚持不懈并极具天赋地在浩如烟海的档案和私人收藏中搜寻，有时会用异乎寻常的收获带给我们惊喜。他是这一项目的顶梁柱之一。

我要感谢意大利的塞西莉亚·皮蒂（Cecilia Piti）、英国的克里斯蒂·伍德（Kristie Wood）、法国的马克·布莱钦格（Mark Blezinger），与他们的合作使我受益匪浅。

我要感谢菲利普·阿尔茨曼（Philipp Alzmann），他对这一项目充满激情，所做工作远超了他作为制片人的任务领域，他还亲赴利比亚获取第一手重要资料。

我要感谢克里斯蒂安·奥古斯丁（Christian Augustin）、科琳娜·贝拉尔特（Corinna Belart）、卡尔-安东·柯尼希斯（Karl-Anton Koenigs）、胡贝图斯·洛温斯坦（Hubertus zu Löwenstein）、安德里亚·格勒梅尔斯（Andrea Gremels）以及瓦内萨·乌特曼（Vanessa

致 谢

Uthmann），感谢他们忘我的投入。

我想对乌尔里克·尼德尔－瓦伦霍尔茨（Ulrike Nieder-Vahrenholz）表达诚挚的谢意。她一如既往地秉承专业、耐心和负责任的态度，解除了我们许多后顾之忧，由此为项目的成功作出了巨大贡献。

我感谢李斯特出版社（List Verlag）的技术团队，尤其是哈拉尔德·贝克（Harald Becker）和海尔加·舍尼希（Helga Schörnig），以及排版者米夏埃尔·亨佩尔（Michael Hempel）。他们的倾情投入让我直至付梓前最后一刻还能修订此书成为可能。

我要感谢莱昂内尔·冯·克奈泽贝克（Lionel von dem Knesebeck），没有他则不会有本书的产生。我要衷心地感谢多丽丝·雅恩森博士（Dr. Doris Janhsen），因为她所作的贡献很大，为我们确定了前进的方向。

最后，我要对本书编辑安婕·塔费尔特博士（Dr. Antje Taffelt）表示最诚挚的谢意。作为专业人士，她才华出众，善解人意，乐于助人，数月以来无论白天黑夜，一直用思想和行动给予我无微不至的支持。

慕尼黑，2002 年 2 月